HASTA QUE RUJA EL LEÓN

FIRMES EN LA BATALLA POR LA VERDAD

HASTA QUE RUJA EL LEÓN

MIGUEL NÚÑEZ

Vida
Colección Integridad & Sabiduría

La misión de Editorial Vida es ser la compañía líder en satisfacer las necesidades de las personas con recursos cuyo contenido glorifique al Señor Jesucristo y promueva principios bíblicos.

HASTA QUE RUJA EL LEÓN
Publicado por Editorial Vida – 2022
Nashville, Tennessee

Edición y diseño interior: *Interpret the Spirit*

ISBN: 978-0-82977-181-7
eBook: 978-0-82977-175-6

Número de Control de la Biblioteca del Congreso: 2022934064

CATEGORÍA: Religión / Vida Cristiana / Guerra espiritual

CONTENIDO

PREFACIO

Ciertamente, el arma más poderosa de Satanás en su guerra contra la Iglesia es el error religioso. No hay arma más eficaz. Al difundir doctrinas falsas, Satanás confunde a la gente y, por lo tanto, se obstaculiza la verdad del evangelio y el progreso de la Iglesia. En Efesios 6:11 el apóstol Pablo nos advierte que estemos alerta, ya que tenemos que lidiar con un adversario astuto, mucho más poderoso que nosotros, y que emplea trampas y trucos para atrapar y derrotar a la Iglesia. Creo que una de las trampas más efectivas que usa el diablo para este propósito es precisamente difundir el error religioso. El diablo ha usado herejías contra la Iglesia de Cristo desde su nacimiento, y siempre con resultados nefastos. De hecho, fue usando este método que pudo seducir y engañar a la primera pareja, introduciendo el pecado en el mundo (Gn 3:4-5; 2 Co 11: 3; 1 Ti 2:14).

En su visión de la isla de Patmos, el apóstol Juan vio claramente que este método tiene efectos devastadores. Casi nada más consigue destruir la fe y la pureza de la Iglesia tanto como el error religioso "autenticado" por demostraciones sobrenaturales. Esta es una receta sumamente exitosa para atraer y engañar a los hombres, hecha por el "seductor de todo el mundo" (Ap 12:9). A la vista de los hombres, y que los llevó, convencidos por tal despliegue de poder sobrenatural, a hacer y adorar una imagen (Ap 13:11-15; cf. Dt 13:1-3), obreros de señales, y que son parte de las legiones malvadas que salen a combatir a Cristo y Su Iglesia (Ap 16:13-14). El apóstol reconoció el poder del diablo para producir señales y prodigios mentirosos, para apoyar el error religioso (véase también 2 Ts 2:9-10). El diseño del maligno es alejar a la Iglesia de la verdad de Dios. Por lo tanto, debemos estar alertas.

Mucha gente ha sido víctima de las trampas del error religioso. No solo de las sectas que existen, sino del error religioso que surge dentro de la misma iglesia. Es interesante que el movimiento moderno de "batalla espiritual" haya enfatizado la operación de los demonios en afligir el cuerpo y el alma de las personas, mientras que poco o nada se ha dicho sobre la estrategia satánica de destruir mentes a través de falsas doctrinas. Se habla mucho de "liberación", pero aparentemente esto no incluye liberarse de las falsas doctrinas estudiando y aprendiendo correctamente las doctrinas bíblicas, rechazando las herejías.

Aunque el movimiento moderno de "batalla espiritual" ha despertado en cierta medida a la iglesia al carácter demoníaco del conflicto en el que se encuentra, tiene esta debilidad inherente, que es identificar el mal que actúa principalmente con enfermedades, depresión, problemas financieros y otras enfermedades ocasionales, olvidando que la acción más dañina del diablo es justamente la propagación de la mentira, y que contra esta actividad satánica no hay una solución fácil como "atar" o "reprender" a este o aquel diablo.

La única defensa contra esta trampa del diablo es usar la verdad de Dios, como el cinturón que los legionarios usaban alrededor de sus cinturas, para proteger sus vientres y llevar sus armas (Ef 6:14). El cinturón de la verdad es la primera pieza que Pablo nombra en la armadura de Dios. ¡La verdad! Comienza exactamente con la verdad, porque solo cuando la Iglesia profesa y cree la verdad es capaz de resistir el error religioso. Los obreros cristianos pueden "atar" tantos demonios como quieran, y determinar y declarar la caída de tantas fortalezas como haya, pero si no están revestidos de la verdad, de la doctrina bíblica correcta, estas declaraciones son inútiles. Por lo tanto, es parte del equipaje de la Iglesia, en su lucha contra las huestes de la oscuridad, conocer las astutas trampas del diablo a medida que avanza para esparcir el error, ya sea que se propague a través de sectas conocidas o dentro de la iglesia misma.

Sin embargo, lo que prevalece hoy en muchas iglesias evangélicas es la falta de definición doctrinal, precisión y profundidad teológica. Y todo en nombre de la tolerancia cristiana piadosa, pero ingenua. No intento generalizar. Sé que hay excepciones por las que damos gracias a Dios. Sin embargo, creo que todos están de acuerdo en que este es el "espíritu de la época", una tendencia general a evitar una doctrina y una teología claramente definidas, como si fueran enemigos de la vida espiritual, del celo, del fervor, del avivamiento. Son pocos los que se dan cuenta de la importancia de una evaluación precisa de las posiciones doctrinales. Prevalece un "evangelicalismo" vacío e indefinido.

Es en este contexto que las iglesias históricas de todo el mundo han sido desafiadas en las últimas décadas a responder al énfasis de un movimiento dentro de sus filas que ha llegado a ser conocido como el "movimiento de 'batalla espiritual'". El nombre mismo sugiere lo que es: es un movimiento cuyo énfasis principal está en la lucha de la Iglesia de Cristo contra Satanás y sus demonios, un conflicto de naturaleza espiritual, en términos de métodos, armas, estrategias y objetivos.

Si bien debemos dar la bienvenida a todos y cada uno de los movimientos de la Iglesia que nos ayuden a prepararnos mejor para enfrentar los ataques de las huestes malignas contra la Iglesia, este controvertido movimiento ha suscitado serias preocupaciones para los pastores, eruditos y líderes evangélicos de todo el mundo. No solo de iglesias evangélicas históricas tradicionales, sino incluso de iglesias pentecostales clásicas.

Hay varias razones para esta preocupación. La mayor es que el movimiento, donde ha ganado la adhesión de pastores y comunidades, ha producido un tipo de cristianismo en el que la actividad satánica se ha convertido en el centro e incluso la razón de ser de la existencia de estos ministerios e iglesias. En estos casos, aunque generalmente las doctrinas fundamentales de la fe cristiana no han sido negadas (hay excepciones), son, por regla general, relegadas a un segundo plano, desapareciendo de la enseñanza y la liturgia. El resultado es un cristianismo distorsionado y deformado, donde doctrinas como la salvación solo por la fe, mediante el sacrificio redentor, único y expiatorio de Cristo se descuidan; como también la doctrina de la persona de Cristo, su mediación y oficios, y doctrinas como la caída, la depravación del hombre, la santificación progresiva por los medios de la gracia. No es que estas iglesias y defensores del movimiento necesariamente nieguen estos puntos; pero ciertamente no les dan el énfasis necesario y debido, que reciben en las Escrituras mismas.

Por este motivo esta obra del Dr. Miguel Núñez es tan importante y relevante para la Iglesia de Cristo en América Latina, donde este movimiento ha ganado mayor expresión y mayor número de seguidores. *Hasta que ruja el León* analiza bíblicamente el concepto de la batalla espiritual y demuestra que la verdadera batalla es por la verdad. Sin negar la realidad de la acción demoníaca hoy, el Dr. Núñez demuestra que la lucha es por la mente de las personas, no por la salud, la prosperidad financiera y la seguridad material. Me siento muy honrado de presentar este libro y estoy seguro de que será instrumento de Dios para que permanezcamos firmes en la batalla por la verdad.

Rev. Augustus Nicodemus Lopes, Ph. D.
Primera Iglesia Presbiteriana de Recife, Brasil

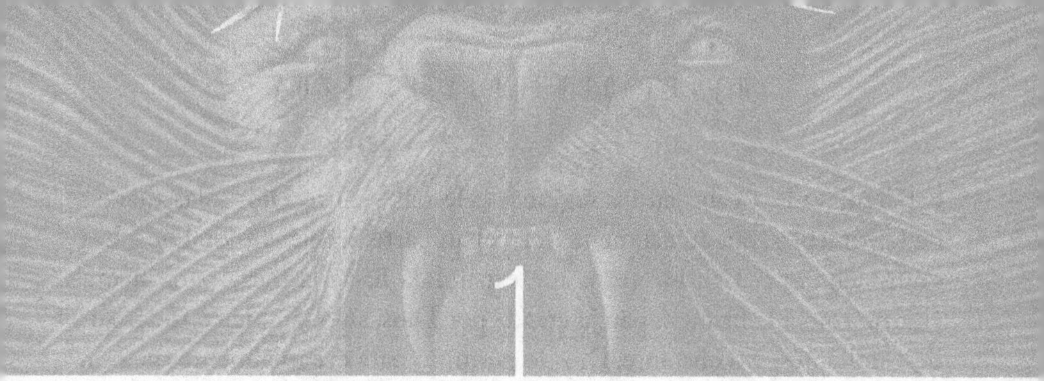

1

LA BATALLA POR Y EN LOS LUGARES CELESTIALES

> "¡Cómo has caído del cielo, oh lucero de la mañana, hijo de la aurora! Has sido derribado por tierra, tú que debilitabas a las naciones. Pero tú dijiste en tu corazón: «Subiré al cielo, por encima de las estrellas de Dios levantaré mi trono, y me sentaré en el monte de la asamblea, en el extremo norte. Subiré sobre las alturas de las nubes, me haré al Altísimo»". (Is 14:12-14)

Un aspecto importante de la guerra espiritual es reconocer que ciertamente hay una influencia que las fuerzas espirituales de maldad ejercen sobre la faz de la tierra, pero no debemos olvidar que la Palabra de Dios afirma que nuestra lucha no es contra carne ni sangre, sino contra principados, potestades y fuerzas espirituales de maldad en las regiones celestes (Ef 6:12). Por revelación divina, nosotros sabemos que en esas regiones celestes se han librado importantes batallas en el pasado y las habrá también en el futuro, aunque desconocemos cómo esas luchas se están desarrollando en el presente porque tienen lugar en una dimensión que escapa a nuestro entendimiento.

Aunque la mayoría del desarrollo de este libro está relacionado a la guerra espiritual que libramos aquí en la tierra, es vital que veamos la primera batalla llevada a cabo en las regiones celestiales entre Dios y las fuerzas de las tinieblas, que inicialmente formaban parte del ejército de Dios. Esa gran lucha inicial en los cielos fue expandida hacia la tierra para involucrar no solo a la primera pareja creada por Dios, sino también a todos sus descendientes. No obstante, Dios lo permitió para eventualmente traer un mayor bien a sus hijos, aunque ahora no podamos entenderlo.

Tomando lo anterior en consideración y a fin de entender mejor el conflicto que existe entre el reino de Dios y el reino de las tinieblas, revisaremos en detalle lo que las Escrituras revelan acerca de una rebelión que tuvo lugar antes de la fundación del mundo, antes de que Adán y Eva pecaran, y las implicaciones que esa primera rebelión ha tenido hasta el día de hoy. Si Satanás no cayó antes de la fundación del mundo, su caída tuvo que haberse dado después de Dios declarar Su creación "buen[a] en gran manera" (Gn 1:31). Sabemos por la Palabra que los ángeles fueron creados anterior a la creación de la tierra (Job 38:6-7). Los últimos dos pasajes nos dan un punto de referencia en cuanto al momento de la caída de Satanás. La Biblia no especifica el momento exacto, y por eso, debemos ser cautelosos al afirmar algo como esto.

Esa parte de la historia tiene que ver con una batalla en y por los lugares celestiales, pues para nadie es un secreto que la intención detrás de la rebelión de Satanás era desplazar a Dios de Su trono y usurpar Su lugar como único soberano sobre todo lo creado.

EL ORIGEN DE SATANÁS

Si Dios es el Creador de todo lo que existe, ¿implica eso que Dios creó a Satanás como él existe hoy? La respuesta es un rotundo no, pues, aunque siempre ha existido un debate sobre el origen de Satanás, todos los académicos ortodoxos están de acuerdo en que Satanás no fue creado como el ser malvado que hoy es, sino como un ángel poderoso y sin pecado llamado Lucifer ("lucero de la mañana", Is 14:12). Sin embargo, hubo un momento de la historia en que dicho lucero se rebeló contra el Creador y a partir de entonces se convirtió en el principal y mayor enemigo de Dios.

Ahora bien, donde las opiniones de los teólogos difieren es en si existen o no pasajes de las Escrituras que describan los sucesos relativos a la rebelión de Satanás. Siempre han existido textos en la Palabra que a lo largo de la historia han sido interpretados de diferentes formas, y algunos de ellos están relacionados justamente con el origen de Satanás. En el libro del profeta Ezequiel aparece un personaje claramente identificado como *el príncipe de Tiro*, cuyo orgullo y caída son descritos en Ezequiel 28:2-10. Inmediatamente después, en Ezequiel 28:11-19, el relato bíblico parece hablar de otro personaje, identificado como *el rey de Tiro* (no el príncipe) que los padres de la iglesia primitiva interpretaron como Satanás en su rebelión inicial. De igual manera, en el pasaje de Isaías 14:14-19 se habla de un personaje que muchos han identificado como una alusión a Satanás al momento de su caída.

Si estudiamos la historia de la Iglesia primitiva, veremos que según Orígenes (185-254 d. C.), Tertuliano (155-220 d. C.) y Gregorio el Grande (540–604 d. C.), así como otros padres de la iglesia, pensaron que los personajes mencionados en Ezequiel e Isaías hacen referencia a la persona de Satanás. Otros han concluido que los pasajes citados hablan de personajes humanos que fueron influenciados por Satanás a comportarse de una manera arrogante y malvada, y que Dios de una forma profética y simbólica estaba revelando por medio de sus historias que lo mismo había ocurrido con Satanás en los lugares celestiales. Contrario a la interpretación anterior, muchos de los intérpretes de la Reforma y muchos de los académicos contemporáneos entienden que los personajes bíblicos mencionados más arriba se refieren exclusivamente a figuras humanas.[1] Nuestra posición es la de los padres de la iglesia primitiva que veían estos pasajes como la narración de la caída de Satanás. El pasaje de Apocalipsis 12:9 menciona que Satanás engañó a un tercio de las estrellas del cielo, y esta narración ha sido interpretada por muchos como alusiva a un arrastre de un tercio de los ángeles del cielo que se unieron a Satanás en su rebelión.[2]

Veamos los textos de los profetas Ezequiel e Isaías:

"Vino a mí de nuevo la palabra del Señor: «Hijo de hombre, eleva una elegía sobre *el rey de Tiro* y dile: "Así dice el Señor Dios:

---

1. *The Expositor Bible Commentary*, Vols. 6 y 7 bajo Isaías 14 y Ezequiel 28 (Grand Rapids: Zondervan, 2008 y 2010 respectivamente).

2. Grant R. Osborne, *Revelation* (Grand Rapids: Baker Academic, 2002), pp. 454-466.

'Tú eras *el sello de la perfección,* lleno de sabiduría y perfecto en hermosura. *En el Edén estabas, en el huerto de Dios;* toda piedra preciosa era tu vestidura: el rubí, el topacio y el diamante, el berilo, el ónice y el jaspe, el zafiro, la turquesa y la esmeralda; y el oro, la hechura de tus engastes y de tus encajes, estaba en ti. *El día que fuiste creado* fueron preparados. Tú, querubín protector de alas desplegadas, Yo te puse allí. *Estabas en el santo monte de Dios,* andabas en medio de las piedras de fuego. *Perfecto eras en tus caminos desde el día que fuiste creado hasta que la iniquidad se halló en ti.* A causa de la abundancia de tu comercio te llenaste de violencia, y pecaste; *Yo, pues, te he expulsado por profano del monte de Dios,* y te he eliminado, *querubín protector,* de en medio de las piedras de fuego. *Se enalteció tu corazón* a causa de tu hermosura; corrompiste tu sabiduría a causa de tu esplendor. *Te arrojé en tierra,* te puse delante de los reyes, para que vieran en ti un ejemplo. *Por la multitud de tus iniquidades,* por la injusticia de tu comercio, profanaste tus santuarios. Y Yo he sacado fuego de en medio de ti, que te ha consumido; *y te he reducido a ceniza sobre la tierra* a los ojos de todos los que te miran. Todos los que entre los pueblos te conocen están asombrados de ti; te has convertido en terror, y ya no existirás más'". (Ez 28:11-19, énfasis añadido)

Como ya señalamos, el capítulo 28 del libro del profeta Ezequiel inicia mencionando un personaje denominado "el príncipe de Tiro" (Ez 28:1). Luego, a partir del versículo 11, el personaje central parece cambiar y entonces habla del "rey de Tiro". La descripción que el texto hace de esta figura nos lleva a pensar que se trata de una figura no terrenal por múltiples razones detalladas a continuación.

En primer lugar, el texto se refiere a este "ser" como "el sello de la perfección, lleno de sabiduría y perfecto en hermosura", una descripción que resulta un tanto extraña si va dirigida a un ser humano que ha nacido en pecado, pero hace mucho sentido si tomamos en cuenta que Lucifer fue creado como Adán, sin pecado.

En segundo lugar, el pasaje continúa diciendo que este personaje estaba en el Edén, en el huerto de Dios, y nosotros sabemos por revelación divina que Satanás estuvo en el huerto de Dios tentando a Adán y a Eva por medio de una serpiente que le representaba. De manera que, si una criatura terrenal como la serpiente puede representar una figura celestial como Satanás, el personaje del rey de Tiro igualmente pudiera ser un símbolo más de Satanás aquí en la tierra.

En tercer lugar, la mención de piedras preciosas como parte de la vestidura de este personaje nos hace recordar las piedras preciosas que Aarón portaba en el pectoral como parte de su vestidura sacerdotal y nos lleva a pensar que quizás es una referencia a la función sacerdotal que Lucifer pudo haber desempeñado antes de su rebelión.

En cuarto lugar, el texto describe a este personaje como un querubín protector, perfecto en todos sus caminos, que Dios mismo colocó en su santo monte. Por lo que, una vez más, resulta difícil pensar que esta sea la descripción de una figura humana, sino que más bien parece narrar la condición de Satanás antes de su rebelión.

En quinto lugar, el pasaje relata cómo ese querubín se enalteció y se corrompió a causa de su hermosura, siendo entonces expulsado del monte de Dios y arrojado a la tierra. Muchos entienden, y así lo creemos, que esta es una referencia a la expulsión de Satanás del reino de Dios y de cómo él pasó a convertirse en el príncipe de este mundo.

En fin, las expresiones y frases usadas en el texto de Ezequiel 28:11-19 nos hacen pensar más en un personaje sobrenatural que en una figura humana, por lo que dudamos que se trate simplemente de una descripción del rey de Tiro. No hay duda de que Dios, por medio de las palabras del profeta Ezequiel, envía juicio al rey de Tiro, pero es claro que detrás de esta figura humana estaba un personaje celestial descrito por medio de un lenguaje simbólico, y ese personaje no puede ser otro que Satanás. En ese sentido, si el texto verdaderamente está haciendo referencia a Satanás, podemos entonces conocer la historia detrás de la caída de Lucifer.

LA REBELIÓN DE SATANÁS

Por otro lado, el libro del profeta Isaías relata un suceso muy similar al descrito por Ezequiel:

> "*¡Cómo has caído del cielo, oh lucero de la mañana,* hijo de la aurora! Has sido derribado por tierra, tú que debilitabas a las naciones. Pero tú dijiste en tu corazón: «*Subiré al cielo, por encima de las estrellas de Dios levantaré mi trono, y me sentaré en el monte* de la asamblea, en el extremo norte. *Subiré sobre las alturas de las nubes, me haré semejante al Altísimo*». Sin embargo, *serás derribado al Seol, a lo más remoto del abismo.* Los que te vean te observarán, te contemplarán y dirán: «¿Es este aquel hombre que hacía temblar la tierra, que sacudía los reinos, que puso al mundo como un desierto, que derribó sus ciudades, que a sus prisioneros no abrió la cárcel?». Todos los reyes de las naciones, todos ellos yacen con gloria, cada uno en su sepulcro. Pero tú has sido echado de tu sepulcro como vástago desechado, como ropa de muertos traspasados a espada, que descienden a las piedras de la fosa, como cadáver pisoteado". (Is 14:12-19, énfasis añadido)

Una vez más, las expresiones y frases usadas para describir al personaje central de este texto nos hacen pensar en un ser angelical antes que en un ser humano. Dicho personaje, tal como se describe en Ezequiel 28, fue expulsado del cielo y derribado a tierra por causa de su orgullo. Particularmente, note la arrogancia, el egocentrismo y el sentido de autonomía de este personaje cuando dice en su interior: "Subiré al cielo"; "levantaré mi trono"; "me sentaré en el monte"; "subiré sobre las alturas de las nubes"; "me haré semejante al Altísimo". ¿No fue esto último lo que Satanás le dijo a Eva que sucedería si ellos comían del fruto del árbol, que serían como Dios? (Gn 3:5). De modo que, si este pasaje en verdad se refiere a Satanás, y así lo creemos, podemos concluir que el pecado de Satanás y el pecado de Adán y Eva fueron semejantes: quisieron ser como el Dios Altísimo. Esta es la razón por la que constantemente enseñamos que la criatura no tolera ser criatura; no tolera ser dependiente, sino que busca su autonomía. Y esto lo vemos aun a temprana edad cuando el niño de dos años se niega a que su madre le ayude a amarrarse los zapatos porque él piensa que puede hacerlo solo; pero necesitamos aceptar que como criaturas siempre seremos dependientes del Creador.

Finalmente, el pasaje de Isaías describe el estado de vergüenza en que quedó este ser luego de haber sido derribado y lanzado a lo más remoto del abismo por intentar suplantar a Dios. Por consiguiente, entendemos que tanto el pasaje de Ezequiel como el de Isaías con toda probabilidad describen las causas que dieron lugar a la rebelión de Satanás y, como resultado, al inicio de la guerra espiritual entre el reino de Dios y el reino de las tinieblas.

De ser un hermoso querubín al servicio de Dios, Lucifer pasó a convertirse en una figura antagónica, expulsada de la presencia de Dios y condenada por la eternidad. Observe una vez mas cómo el libro de Ezequiel relata dicha transición: "Yo, pues, te he expulsado por profano del monte de Dios, y te he eliminado, querubín protector, de en medio de las piedras de fuego" (Ez 28:16b). Asimismo, en el libro de Isaías encontramos la siguiente expresión referente a Satanás: "¡Cómo has caído del cielo, oh lucero de la mañana!" (Is 14:12a). Ambos pasajes describen las consecuencias de la rebelión de Satanás: su caída, su expulsión y su derrota.

Al presente, la guerra espiritual entre el reino de Dios y el reino de las tinieblas continúa siendo librada en las regiones celestiales, pero el campo de batalla se ha extendido hasta alcanzar una tremenda influencia en todo el planeta Tierra. Producto de la rebelión de Satanás, toda la creación está bajo la influencia de fuerzas espirituales de maldad que actualmente están librando una batalla contra el reino de Dios en las regiones celestiales (Ef 6:10-20). El traslado de esta batalla desde las regiones celestiales hasta la Tierra se puede ver claramente en Génesis 3, donde leemos que Satanás, por medio de una conversación engañosa, logra derrotar a Adán y a Eva al llevarlos de la sumisión a la rebelión contra Dios. Así se expandió la guerra espiritual del cielo a la Tierra.

Además, en Génesis 3:15 vemos cómo Dios anuncia la batalla espiritual que en un futuro Cristo libraría contra Satanás y sus demonios precisamente en la Tierra: "Pondré enemistad entre tú y la mujer, y entre tu simiente y su simiente; Él te herirá en la cabeza, y tú lo herirás en el talón" (Gn 3:15). Todos los académicos ortodoxos están de acuerdo en que la simiente de la mujer no es otro que Cristo Jesús, lo cual concuerda con la interpretación que anteriormente compartimos sobre el pasaje de Apocalipsis 12. Con esta declaración, Dios anuncia las buenas nuevas del evangelio de Cristo y la derrota final de Satanás, pues aunque la serpiente lograría causar una herida visible a la simiente de la mujer, cuando Cristo asestó el golpe contra la serpiente, Satanás y las fuerzas espirituales de maldad fueron desarmadas en la cruz como leemos en Colosenses 2:15.

LA CONTROVERSIA SOBRE GÉNESIS 6:1-4

Con relación a la influencia que las fuerzas espirituales de maldad ejercen en la esfera terrenal, vale la pena revisar otro evento que también se encuentra registrado en el libro del Génesis y que a lo largo de la historia de la Iglesia ha sido controversial debido a las posibles interpretaciones que dicho suceso ha tenido.

> "Aconteció que cuando los hombres comenzaron a multiplicarse sobre la superficie de la tierra, y les nacieron hijas, *los hijos de Dios* vieron que *las hijas de los hombres* eran hermosas, y tomaron para sí mujeres de entre todas las que les gustaban. Entonces el Señor dijo: Mi Espíritu no luchará para siempre con el hombre, porque ciertamente él es carne. Serán, pues, sus días 120 años". (Gn 6:1-4, énfasis añadido)

Cuando en la Palabra de Dios nos encontramos con pasajes oscuros como el anterior, es inevitable que existan distintas interpretaciones de ese pasaje dentro del pueblo de Dios. Existen dos posiciones sobre el significado de la expresión "los hijos de Dios". Por un lado, algunos estudiosos de la Palabra piensan que dicha expresión se refiere a los descendientes de Set, el tercer hijo de Adán y Eva, las cuales fueron personas piadosas.

Por otra parte, la mayoría de los académicos contemporáneos entienden que los hijos de Dios es otra manera de referirse a los ángeles caídos que fueron echados del cielo por unirse a la rebelión de Lucifer. En lo personal, esta segunda posición es la que hemos adoptado por considerarla más consistente con el resto de lo que las Escrituras revelan.

Al leer Génesis 6:1-4, lo primero que notamos es que hay una marcada diferencia entre la procedencia de los hombres y las mujeres involucrados en este evento, pues el texto dice que los hombres eran "hijos de Dios" y las mujeres eran "hijas de los hombres". En ninguna circunstancia deberíamos pensar que esto tiene algo que ver con una jerarquía entre hombres y mujeres, sino que el texto más bien enfatiza que el suceso descrito involucra a dos grupos diferentes. En ese sentido, los denominados "hijos de Dios" tradicionalmente han sido vistos como seres angelicales que copularon con mujeres descendientes de Adán y Eva que ellos consideraban atractivas, aunque muchos entienden que quizás sería más lógico pensar que se trataba de ángeles caídos que poseyeron cuerpos humanos masculinos y a través de ellos tuvieron relaciones sexuales con mujeres de la raza humana. En lo personal, me siento más de acuerdo con esta última visión del texto. Asimismo, se piensa por parte de muchos estudiosos que de esta unión se originó la raza de gigantes mencionada en Génesis 6:4.

La idea de que la expresión "los hijos de Dios" se refiere a ángeles caídos proviene de la interpretación dada a varios pasajes de las Escrituras que revisaremos a continuación. Por un lado, en el primer capítulo del libro de Job se cuenta que en un momento dado los "hijos de Dios" se presentaron delante del Señor y entre ellos estaba Satanás, que como todos sabemos es un ser angelical (Job 1:6). De manera que, en este pasaje la frase en cuestión está siendo utilizada para referirse a huestes angelicales en los lugares celestiales, lo que nos lleva a considerar la posibilidad de que los hijos de Dios mencionados en Génesis 6 eran realmente ángeles caídos. Ahora bien, este pasaje por sí solo no es suficiente para sustentar dicha posición, así que veamos qué otros textos bíblicos han llevado a diferentes académicos a concluir de esta manera.

En 1 Pedro 3 leemos lo siguiente:

> "En el espíritu también fue y predicó *a los espíritus encarcelados,* quienes en otro tiempo *fueron desobedientes* cuando la paciencia de Dios esperaba *en los días de Noé,* durante la construcción del arca, en la cual unos pocos, es decir, ocho personas, fueron salvadas por medio del agua". (1 P 3:19-20, énfasis añadido)

No hay duda de que hoy en día existe un grupo de ángeles caídos o espíritus malignos que están encarcelados en prisiones de oscuridad esperando el día del juicio final (Mt 25:41; Ap 20:10), pero es importante destacar que en este pasaje el apóstol Pedro especifica que dichos espíritus fueron encarcelados porque desobedecieron a Dios en los tiempos de Noé, y resulta que el evento narrado en Génesis 6:1-4 sucedió precisamente en la época de Noé, antes de que ocurriera el diluvio que Pedro menciona en su carta.

Por otro lado, en su segunda epístola, Pedro afirma que si Dios "no perdonó a los ángeles cuando pecaron, sino que los arrojó al infierno y los entregó a fosos de tinieblas, reservados para juicio" (2 P 2:4), Él tampoco dejaría sin castigo a todos los falsos maestros que a través de los años han intentado pervertir el evangelio y destruir a los creyentes por medio de mentiras y engaños. Con estas palabras, el apóstol reconoce una vez más que hay ángeles encarcelados en fosos de tinieblas porque pecaron contra Dios, y con toda probabilidad esta es otra referencia a la desobediencia ocurrida en los días de Noé que Pedro mencionó en su primera carta. Ahora, por la Palabra nosotros sabemos que no todos los demonios guardan prisión de manera permanente, sino que hay espíritus malignos que deambulan por cielo y tierra haciendo el mal, lo que nos lleva a concluir que el pecado cometido por este grupo de ángeles fue tan grave y perverso que Dios determinó que no debía dejarlos libres sobre la faz de la tierra porque quizás su influencia sobre los hombres sería demasiado poderosa.

En la epístola escrita por Judas, el medio hermano de Jesús, encontramos un pasaje donde el autor cita una profecía registrada en un documento hebreo conocido históricamente como el libro de Enoc (Jud 1:14-15), el cual ha sido aceptado por la comunidad judía como un libro de sabiduría del cual podemos sacar provecho, aunque el mismo no es considerado como un libro inspirado por el Espíritu de Dios y, por tanto, no forma parte del canon de las Escrituras. Con relación a esta cita hecha por Judas, el autor Gene L. Green, reconocido y respetado erudito del Nuevo Testamento, comentó lo siguiente: "El libro que contiene la reflexión más extensa sobre estos ángeles caídos es 1 Enoc, una obra que Judas cita en los versículos 14-15... Primera de Enoc 6-12 relata la historia de los ángeles que vinieron a la tierra, tomaron esposas humanas y engendraron niños malvados que eran los gigantes. El diluvio fue el juicio que vino sobre el mundo a causa de este atroz pecado.[3]

---

3. Gene L. Green, *Jude and 2 Peter, Baker Exegetical Commentary on the New Testament* (Grand Rapids: Baker Academics, 2008), pp. 66-70.

El texto de Judas que cita el primer libro de Enoc dice lo siguiente: "*Y a los ángeles que no conservaron su señorío original,* sino que abandonaron su morada legítima, *los ha guardado en prisiones eternas bajo tinieblas* para el juicio del gran día" (Jud 1:6, énfasis añadido). De manera que, en la epístola de Judas vemos otra referencia más a estos seres angelicales que se rebelaron contra el diseño original de Dios y que como resultado fueron confinados en prisiones eternas, muy similar a lo que Pedro menciona en sus cartas con relación a la desobediencia ocurrida en los días de Noé. En la época de Judas, la interpretación de Génesis 6:2 como una referencia a seres angelicales era bien conocida. Entonces, como señala el erudito Peter H. Davids: "La extrañeza de la tradición para nuestros oídos no significa que fuera extraña para los lectores de Judas".[4] Es por esto que el pasaje de Judas 1:6 es otro de los textos usados para sustentar la posición de que "los hijos de Dios" mencionados en Génesis 6:2 son realmente ángeles caídos que poseyeron cuerpos humanos y se unieron sexualmente con las mujeres de la tierra, dando origen a una raza de gigantes. Esta posición tiene un gran peso exegético porque fue la posición adoptada por el pueblo judío desde antes de que Cristo viniera y hasta el segundo siglo de nuestra era. Asimismo, esta ha sido la interpretación dada por el pueblo cristiano desde la época de Jesús y hasta aproximadamente el siglo V. Judas, el autor de la epístola que lleva su nombre en el Nuevo Testamento, citó a 1 Enoc como mencionamos más arriba, a pesar de este ser un libro apócrifo. Los autores de la Biblia, bajo inspiración de Dios, se sintieron en libertad de citar ciertos autores apócrifos, cuyos escritos habían sido ampliamente aceptados por la comunidad de aquel entonces. Prestemos atención a este comentario de una fuente respetada: "Primero, no hay nada inusual en que los escritores bíblicos se refieran o citen libros que no están en nuestras Biblias. En el Antiguo Testamento encontramos referencias al Libro de todas las guerras del Señor, los registros del profeta Natán y del vidente Gad, los anales de los reyes de Israel y los anales de los reyes de Judá".[5]

---

4. Peter H. Davids, *The Letters of 2 Peter and Jude, The Pillar New Testament Commentary* (PNTC), (Grand Rapids: Wm. B. Eerdmans Publishing Co., 2006), p. 49.

5. Dick Lucas y Christopher Green, *The Message of 2 Peter & Jude* (Downers Grove, IL, 1995), versión Kindle, pos. 3189 de 5326.

SATANÁS INTERACTÚA CON DIOS

Como habíamos mencionado anteriormente, Satanás es un enemigo en los cielos con gran influencia en el plano terrenal. Con el interés de ilustrar lo que acabo de decir recordemos un pasaje altamente conocido por muchos y que se encuentra en el libro de Job 1:6-12:

> "Un día, cuando los hijos de Dios vinieron a presentarse delante del Señor, Satanás vino también entre ellos. Y el Señor preguntó a Satanás: «¿De dónde vienes?» Entonces Satanás respondió al Señor: «De recorrer la tierra y de andar por ella». Y el Señor dijo a Satanás: «¿Te has fijado en Mi siervo Job? Porque no hay ninguno como él sobre la tierra; es un hombre intachable y recto, temeroso de Dios y apartado del mal». Satanás respondió al Señor: «¿Acaso teme Job a Dios de balde? ¿No has hecho Tú una valla alrededor de él, de su casa y de todo lo que tiene, por todos lados? Has bendecido el trabajo de sus manos y sus posesiones han aumentado en la tierra. Pero extiende ahora Tu mano y toca todo lo que tiene, y verás si no te maldice en Tu misma cara». Entonces el Señor dijo a Satanás: «He aquí, todo lo que tiene está en tu poder; pero no extiendas tu mano sobre él». Y Satanás salió de la presencia del Señor". (Job 1:6-12)

Como es conocido, las calamidades sufridas por Job y su familia fueron fruto de un desafío que Satanás hizo a Dios y que Dios en su soberanía decidió permitir con un propósito específico en la vida de Job. Sin embargo, Job nunca estuvo al tanto de que todo lo que le estaba ocurriendo era parte de un conflicto cósmico que se estaba librando entre dos reinos. Esto nos da una idea de que al presente están sucediendo muchas cosas en las regiones celestiales de las cuales nosotros no estamos apercibidos y de las cuales probablemente permaneceremos ignorantes por el resto de la eternidad. Es importante que reconozcamos esta realidad porque lo que ocurrió en la vida de Job es consistente con lo que el apóstol Pablo revela en Efesios 6 cuando dice que nuestra lucha no es contra carne ni sangre, sino contra huestes espirituales en las regiones celestiales, algo que incluso escapa a nuestra imaginación.

Al leer el relato de la conversación que hubo entre Dios y Satanás, resulta interesante que cuando Dios le pregunta a Satanás de dónde venía, él responde que venía de recorrer la tierra y de andar por ella (Job 1:7). Esta respuesta es digna de nuestro interés porque es una evidencia más de que Satanás no es omnipresente (ver también 1 P 5:8), lo que implica que para él poder enterarse de algo tiene que transportarse de un lugar a otro o hacer uso de los ángeles caídos que se rebelaron con él y por medio de ellos enterarse de lo que está ocurriendo alrededor del planeta.

De igual manera, es importante destacar que en su diálogo con Satanás, Dios se refiere a Job como un hombre intachable y recto, temeroso de Dios y apartado del mal (Job 1:8). En otras palabras, Dios consideraba a Job como un hombre piadoso. Esto es significativo porque si nos vamos al Nuevo Testamento, resulta que cuando Pablo escribe su primera carta al joven Timoteo, él le advierte que todos los que quieren vivir piadosamente en Cristo Jesús serán perseguidos (1 Ti 3:12). Es decir, la vida de piedad hace que nos convirtamos en blanco de ataque para el enemigo. Satanás desea atacar y desacreditar a los que caminan piadosamente, como Job, porque los hombres que poseen un carácter piadoso ejercen gran influencia sobre los demás y son un fiel testimonio de la bondad de Dios. De hecho, una vida caracterizada por la piedad despierta celos y envidia en Satanás porque Dios se complace en bendecir extraordinariamente con dones, talentos y oportunidades a aquellos hombres y mujeres que caminan fielmente delante de Él. Entonces, como Satanás sabe que no puede destruir a Dios, él busca por todos los medios destruir a aquellos que le representan para de alguna forma lograr desacreditar el nombre de Dios.

Si continuamos analizando algunas de las frases del diálogo que hubo entre Dios y Satanás, podemos aprender varias lecciones acerca de la naturaleza de nuestro enemigo. Por un lado, la manera en que Satanás se dirige a Dios nos deja ver que él es un ser totalmente irreverente, sin ningún respeto hacia la autoridad divina. En su intento por provocar que Job blasfemara contra Dios, Satanás propuso a Dios lo siguiente: "Pero extiende ahora Tu mano y toca todo lo que tiene, verás si no te maldice en Tu misma cara" (Job 1:11). Con estas palabras, Satanás estaba insinuando que la única razón por la que Job permanecía fiel a Dios era por la protección y las bendiciones que recibía de Él, pero que Job le rechazaría una vez Dios removiera la valla que había puesto alrededor de él (Job 1:9-11). Como si fuera poco, Satanás no solo utiliza un lenguaje desafiante para dirigirse a Dios, sino que lo desafía enfrente de toda una corte celestial, pues recuerde que la Palabra enfatiza que esta conversación tuvo lugar en un momento en que los hijos de Dios vinieron a presentarse delante del Señor. Asimismo, el desafío lanzado por Satanás de manera tácita nos deja ver que él tampoco es omnisciente y no puede leer la mente humana, pues estaba seguro de que lograría hacer blasfemar a Job si Dios retiraba su cuidado y protección de él. Satanás desconocía la obra que Dios había hecho en el interior de Job y la calidad de su carácter.

Por otro lado, esta historia nos muestra que Dios es soberano sobre toda la creación, y, por tanto, como hijos de Dios no estamos a expensas de Satanás. Observe esto en el siguiente versículo: "Todo lo que él tiene está en tu poder; pero no extiendas tu mano sobre él" (Job 1:12). Dios tuvo que darle permiso a Satanás para que él pudiera interferir en la vida de Job, y aun así, Satanás estaba limitado por la soberanía de Dios en cuanto a lo que podía hacerle a Job. Esto es muy importante porque si hay algo que podemos comprobar a través de esta conversación cósmica es que Satanás es un personaje atrevido que no tiene consideración alguna por la vida humana. Si no fuera por los límites que Dios puso al ejercicio de su poder, el enemigo hubiese terminado con la vida de Job.

De hecho, luego de haber incitado a Dios para que arruinara a Job y terminara con todo lo que él poseía (Job 2:3b) y de ver que Job permanecía siendo fiel, Satanás le dijo a Dios: "«Extiende ahora Tu mano y toca su hueso y su carne, verás si no te maldice en Tu misma cara». Y el Señor dijo a Satanás: «Él está en tu mano; pero respeta su vida»" (Job 2:5-6). Satanás no tiene potestad sobre la vida de los hombres, pues solo Dios es soberano sobre la vida y la muerte, y lo único que el maligno puede hacernos es aquello que Dios permite con un propósito específico. De manera que, el campo de acción de Satanás está limitado por la soberana voluntad de Dios.

Nunca debemos olvidar que los eventos de la tierra usualmente tienen dos lecturas. Por un lado, pueden ser interpretados de acuerdo a cómo lucen desde aquí debajo y, por otro lado, conforme a cómo lucen desde los cielos. En otras palabras, hay una perspectiva terrenal y una perspectiva divina para cada cosa que sucede en nuestras vidas. Ahora bien, la lectura celestial siempre será la más confiable y verdadera, pues es la más completa, ya que Dios es el único que realmente conoce por qué las cosas están ocurriendo de la manera en que están ocurriendo y para qué propósitos están ocurriendo.

En ese sentido, la historia de Job es donde mejor podemos ver demostrada esta realidad. Tanto para Job como para sus amigos, las cosas que estaban sucediendo en la vida de Job y su familia eran incomprensibles. Al ver todo el mal que había venido sobre Job, sus amigos fueron a consolarlo y se sentaron en el suelo con él por siete días y siete noches sin que nadie le dijera una palabra, porque veían que su dolor era muy grande (Job 2:11-13). Sin embargo, luego estos amigos llegaron a conclusiones de todo lo que estaba ocurriendo en la vida de Job, pero sus conclusiones fueron erradas porque estaban interpretando las experiencias de Job a través de lo que académicos han denominado la teología de la retribución, que básicamente plantea que Dios recompensa o castiga a las personas conforme a cómo ellas se comportan. Esta teología estaba presente en los tiempos de Jesús y salió a relucir en el momento en que, al ver a un hombre ciego de nacimiento, los discípulos le preguntan a Jesús: "Rabí, ¿quién pecó, este o sus padres, para que naciera ciego?" (Jn 9:2). Lamentablemente, la idea de que "siempre" existe una retribución divina en base al comportamiento humano aún está presente en nuestros días a pesar de no tener sustento bíblico. Ciertamente, el pecado trae consecuencias sobre la vida de los hombres, pero nosotros desconocemos cuáles son las consecuencias que Dios directamente está imponiendo y por eso debemos ser cuidadosos al momento de juzgar su procedencia.

Los hijos de Dios debemos estar apercibidos de que nuestras vivencias en la tierra tienen otra connotación en los cielos. Asimismo, necesitamos entender que hay decisiones que Dios ha tomado con relación a nuestras vidas cuyas razones desconocemos por completo, pero que han sido tomadas porque Dios entiende que nosotros necesitamos pasar por esas experiencias y aprender a vivirlas conforme a lo que la Palabra de Dios revela, pues eso es lo que nos permite transitar por ellas correctamente.

EL FINAL DE LA HISTORIA

La Biblia tiene mucho más que enseñarnos acerca de esta batalla por y en los lugares celestiales, pero antes de continuar queremos afirmar una vez más que la derrota final de Satanás y sus demonios está garantizada. Entonces, gracias a que conocemos el final de la historia, hoy podemos vivir tranquilos y confiados sabiendo que Dios venció los poderes de las tinieblas por medio de Cristo y en Él garantizó nuestra victoria.

Al inicio de este capítulo vimos que en el libro del profeta Isaías hay un pasaje que ha sido interpretado como una alusión a la rebelión original de Satanás y el estado de vergüenza en que él quedó luego de su caída. Pues resulta que en dicho libro también encontramos un pasaje que relata el final de esa historia. Esto fue lo que Isaías profetizó:

> "Y sucederá en aquel día, que el Señor castigará al ejército en las alturas, y a los reyes de la tierra en la tierra. Y serán agrupados en montón como prisioneros en un calabozo; serán encerrados en la cárcel, y después de muchos días serán castigados". (Is 24:21-22)

Este texto de la Palabra afirma que llegará un momento en que Dios castigará en los cielos a ese grupo de ángeles caídos que actualmente permanece batallando contra Dios en las regiones celestiales. Asimismo, la profecía de Isaías también revela que habrá un juicio para los rebeldes de la tierra, y ambos grupos serán encerrados en prisión, como fueron encarcelados aquellos ángeles que pecaron en los días de Noé y que actualmente permanecen recluidos en fosos de tinieblas, hasta que su sentencia final sea pronunciada por el Señor y sean arrojados al lago de fuego donde permanecerán por toda la eternidad. De modo que, tanto los ángeles caídos como los seres humanos que mueren sin reconocer a Cristo como su Señor y Salvador experimentan un encierro temporal previo al castigo final de que habla el libro de Apocalipsis, así como múltiples otros pasajes de las Escrituras.

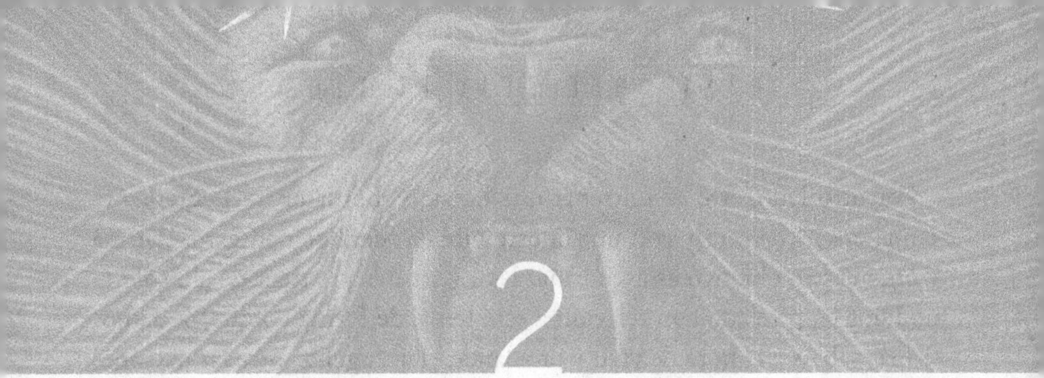

2

EL INICIO DEL CONFLICTO EN LA TIERRA

> "Porque nuestra lucha no es contra sangre y carne, sino contra principados, contra potestades, contra los poderes de este mundo de tinieblas, contra las fuerzas espirituales de maldad en las regiones celestes. Por tanto, tomen toda la armadura de Dios, para que puedan resistir en el día malo, y habiéndolo hecho todo, estar firmes". (Ef 6:12-13)

La narración bíblica comienza y termina con un conflicto espiritual entre dos reinos. Sin embargo, si hay un tema que ha sido relegado a un segundo plano por mucho tiempo, cuando debió haber sido algo prioritario para la Iglesia, es la existencia de un conflicto monumental y continuo entre el reino de Dios y el reino de las tinieblas. La guerra espiritual es un tema crucial que afecta todas las esferas de la vida, ya sea que lo percibamos o no. La Palabra de Dios insiste de manera categórica en el hecho de que los creyentes estamos continuamente bajo guerra espiritual, ya sea de un tipo o de otro, pues nos encontramos bajo el asedio continuo de influencias de seres espirituales que no podemos ver y de los cuales no nos podemos percatar.

Por otro lado, este es un tema que ha sido abordado frecuentemente de manera incorrecta y con un soporte bíblico fuera de contexto. Por esa razón, nuestro objetivo es escudriñar las Escrituras y extraer de allí solo lo que Dios ha revelado con relación a este tema, de forma tal que, podamos ser más sabios a la hora de vivir y proclamar el evangelio entre las naciones.

A manera de introducción, quisiéramos comenzar hablando acerca del inicio de la guerra espiritual en la tierra, que no es exactamente cuando la guerra inició. Anterior al encuentro de la serpiente con Adán y Eva, hubo una rebelión en los cielos como veremos en el próximo capítulo. Por ahora iniciemos con lo que ocurrió aquí debajo, que es la explicación a todo el mal que vemos hoy. Lo que se dio en el huerto del Edén continúa afectándonos hoy.

UNA DEFINICIÓN DE GUERRA ESPIRITUAL

Antes de continuar es preciso definir brevemente qué es la guerra espiritual. Diferentes estudiosos de las Escrituras han definido este concepto de manera distinta. Sin embargo, entendemos que algunas definiciones son más completas y más bíblicas que otras. En particular, la definición formulada por el autor Thomas B. White es bastante útil para ayudarnos a entender la complejidad de la dimensión de esta guerra. Según White: "La guerra espiritual es un conflicto multinivel entre el bien y el mal, iniciado en el plano sobrenatural con la rebelión prehistórica de Lucifer, y transferido al plano natural con la caída del hombre... Debido a que Satanás es el autor e iniciador del pecado original, y ya que él es el 'dios de este mundo', la guerra espiritual involucra una batalla constante y multidimensional contra el mundo (un sistema de valores no piadosos), la carne (el pecado inherente a nuestra humanidad), y el diablo (la personificación sobrenatural del mal)."[6]

Lo primero que esta definición nos permite ver es que la guerra espiritual comenzó en los cielos, antes de la creación del mundo. Además, White deja claramente establecido que se trata de una batalla continua y enfatiza que la misma es multidimensional, pues se libra contra tres esferas de oposición: el mundo, la carne y el diablo. Por lo general, nosotros tendemos a

6. Thomas B. White, *The Believer's Guide to Spiritual Warfare* (Ventura: California: Regal, 2011), pp. 40-41.

culpar al mundo y / o a Satanás de todo cuanto nos ocurre, sobre todo en medio de la generación tan difícil en que estamos viviendo. No obstante, ni el mundo ni Satanás son nuestros peores contrincantes. La realidad es que podemos tomar a una persona y aislarla del mundo, y ese individuo todavía tiene que librar una guerra espiritual en su interior debido a la naturaleza pecadora que heredó de nuestros progenitores. De modo que, nuestro principal enemigo somos nosotros mismos, es decir, el pecado que mora dentro de nosotros y que se manifiesta en los pensamientos de ira, resentimiento, odio, maldad, celos o envidia y demás que frecuentemente nos asaltan y que detonan una batalla en nuestro mundo interior. Ninguna palabra o acción sale de nuestros labios sin que haya sido procesado por nuestras mentes primero (Stg 4:1-2). La oposición proviene en primer lugar de nuestra carne; luego del mundo de pecado que nos rodea y, finalmente, de la mano de Satanás, quien también tiene un rol que jugar en nuestra contra.

LA REALIDAD DE LA GUERRA

Como ya hemos aludido, la mayoría de los creyentes viven poco apercibidos de lo que es la guerra espiritual, a pesar de que tenemos textos bíblicos muy claros y concluyentes sobre este tema. Uno de esos textos lo encontramos en la carta del apóstol Pablo a la iglesia en Éfeso, la cual dice:

> "Porque nuestra lucha no es contra sangre y carne, sino *contra* principados, *contra* potestades, *contra* los poderes de este mundo de tinieblas, *contra* las fuerzas espirituales de maldad en las regiones celestes". (Ef 6:12; énfasis añadido)

Este es un pasaje muy conocido y que muchos creyentes pueden incluso citar de memoria. Sin embargo, pocos son los que se detienen a reflexionar en las implicaciones de esta importante declaración bíblica. Lo primero que Pablo destaca para hacernos ver la oposición que todo creyente recibe en la guerra espiritual es hacer uso repetido de la preposición "contra" en un solo versículo. Por otro lado, note cómo el apóstol califica nuestro mundo como un mundo "de tinieblas", refiriéndose con esto al mundo de pecado en que vivimos. Asimismo, las fuerzas espirituales que nos asedian son descritas en dicho pasaje como "fuerzas espirituales de maldad". En otras palabras, no se trata de fuerzas que potencialmente pudieran hacernos daño, sino que la naturaleza misma de esas fuerzas es el mal. Ellas viven continuamente tramando y haciendo guerra en nuestra contra porque no hay nada bueno en su naturaleza. Y como si todo lo anterior no fuera suficiente, estas entidades están en las regiones celestes, lo que implica que nosotros, como seres humanos, somos incapaces de penetrar los lugares donde estas fuerzas existen y ver exactamente de qué manera se desarrollan y operan. Detrás de todo cuanto nos rodea hay una realidad mayor que frecuentemente no percibimos, pero que necesitamos conocer mejor si es que queremos triunfar en la batalla contra el pecado.

PREPARACIÓN DEL CAMPO DE BATALLA

Si algo sabemos es que Dios preparó el escenario donde el drama de la guerra espiritual tendría lugar. Afirmamos esto porque el relato bíblico revela que desde antes de la fundación del mundo Dios conocía que una rebelión habría de ocurrir. De hecho, en dos ocasiones distintas se habla de que Cristo es el Cordero inmolado que estaba preparado desde antes de la fundación del mundo (1 P 1:20; Ap 13:8). Y si Cristo fue inmolado desde antes de la fundación del mundo es porque Dios sabía de antemano que ocurriría una rebelión que requeriría la muerte de Cristo y posterior resurrección para terminar con la rebelión. De modo que, al crear el mundo lo que Dios hace es preparar el teatro donde el drama tendría lugar.

Preparado el teatro los primeros dos actores, Adán y Eva, fueron creados. Ambos fueron creados a imagen y semejanza de Dios y recibieron claras instrucciones de parte de su Creador. En el libro del Génesis leemos que *Dios los bendijo y les dijo*: "Sean fecundos y multiplíquense. Llenen la tierra y sométanla…" (Gn 1:28a). La primera encomienda para Adán y Eva fue procrear una descendencia que pudiera llenar toda la tierra de la imagen de Dios y ejercer dominio sobre todo lo que el Señor había creado. El planeta entero les "pertenecería" a ellos y ellos serían los regentes de Dios en la tierra. Lo único que necesitaban recordar es que Dios es el Señor y dueño del cielo y la tierra y, por tanto, todo lo que habría de ocurrir en la creación estaría bajo Su señorío.

Después de poner delante de ellos su propósito de vida, Dios les hizo una sola advertencia: "Y el Señor Dios ordenó al hombre: «De todo árbol del huerto podrás comer, pero del árbol del conocimiento del bien y del mal no comerás, porque el día que de él comas, ciertamente morirás»" (Gn 2:16-17). Este árbol, cuyo fruto estaba prohibido comer, fue colocado en el medio del huerto. Muchos pudieran cuestionar por qué Dios pondría delante de ellos la causa de la caída. ¿Por qué no ubicarlo bien apartado de ellos; en un lugar poco visible donde no llamara mucho la atención? Bueno, por la Palabra nosotros sabemos que el árbol en sí mismo no era una tentación porque ninguna tentación proviene de Dios (Stg 1:13). El árbol pudo haber sido una prueba y las pruebas ponen de manifiesto nuestra fidelidad a Dios. Si Adán y Eva no podían resistir la atracción de una fruta con tantos árboles disponibles, mucho menos resistirían una tentación mayor. Creo que esta primera prueba puso de manifiesto que la criatura desea ser autónoma y por tanto no dependiente de su Creador.

DOS REINOS SE ENCUENTRAN EN CONDICIONES DE PAZ, PERO CON INTENCIÓN DE GUERRA

El inicio de la guerra espiritual en la tierra está registrado en el capítulo 3 del libro de Génesis, donde vemos cómo en un día cualquiera, dos reinos opuestos se encuentran. El reino de Dios, representado en la tierra por Adán y Eva, y el reino de Satanás, quien en esta ocasión decide presentarse ante ellos en forma de serpiente. Según el relato bíblico, esto fue lo que sucedió:

> "La serpiente era más astuta que cualquiera de los animales del campo que el Señor Dios había hecho. Y dijo a la mujer: «¿Conque Dios les ha dicho: "No comerán de ningún árbol del huerto?"». La mujer respondió a la serpiente: «Del fruto de los árboles del huerto podemos comer; pero del fruto del árbol que está en medio del huerto, Dios ha dicho: "No comerán de él, ni lo tocarán, para que no mueran"». Y la serpiente dijo a la mujer: «Ciertamente no morirán. Pues Dios sabe que el día que

> de él coman, se les abrirán los ojos y ustedes serán como Dios, conociendo el bien y el mal». Cuando la mujer vio que el árbol era bueno para comer, y que era agradable a los ojos, y que el árbol era deseable para alcanzar sabiduría, tomó de su fruto y comió. También dio a su marido que estaba con ella, y él comió. Entonces fueron abiertos los ojos de ambos, y conocieron que estaban desnudos; y cosieron hojas de higuera y se hicieron delantales". (Gn 3:1-7)

La conversación entre la mujer y la serpiente parece darse en condiciones de paz, pero en esa conversación hay varias dificultades que no necesariamente se pueden observar a primera vista y que evidencian que la intención ulterior de la serpiente no era la paz ni el bien, sino la guerra. En primer lugar, vemos que en su audacia la serpiente le presentó a Adán y a Eva una supuesta bendición, un supuesto mejoramiento de su condición, pero todo el tiempo les ocultó las consecuencias funestas que vendrían producto de su desobediencia. Y así es como ocurre hoy en día en nuestras vidas. Cuando las tentaciones llegan a nosotros, del tipo que sean, la parte de la oferta que se ve es atractiva, halagadora y seductora. De modo que, las consecuencias ocultas detrás de ellas no pueden ser vistas desde el inicio, pues ese es precisamente el diseño de la tentación. Es como un regalo envuelto de forma muy hermosa, pero debajo del atractivo papel, bajo la supuesta bendición, hay un veneno escondido que nos puede llevar a la muerte. En este caso, una sola conversación trajo como resultado las primeras dos víctimas de la guerra. Su caída produjo la muerte espiritual no solo de ellos, sino también de toda su futura descendencia.

LA TENTACIÓN

Revisemos paso por paso cómo se dio esta primera tentación y caída del hombre para así poder entender cómo es que la tentación opera en nuestras vidas. Lo primero a notar es que Génesis 3 revela que la tentación llegó por medio de «algo» tan natural como un animal del huerto. Adán y Eva vivían en un huerto, por tanto, para ellos era normal estar rodeados de plantas y animales. De esa misma manera, cuando la tentación llega a nuestras vidas, esta usualmente se presenta por medio de algo o de alguien que nos resulta tan natural o familiar que no nos sentimos amenazados por la oferta, cualquiera que sea. De modo que, hay una gran verdad detrás de la popular frase en nuestra cultura que dice que «en la confianza es que está el peligro». Y es que, Satanás sabe muy bien cómo hace las cosas, pues cuando él decide tentar a Adán, la oferta la hace por medio de Eva, porque, ¿qué podía ser más natural para Adán que su propia esposa? Esto implica que cualquier persona o cosa en nuestro entorno puede ser usada por Satanás para hacernos caer.

Por otro lado, note que Génesis 3:1 dice que la tentación vino a través de la serpiente, que era más astuta que cualquiera de los animales del campo que el Señor había hecho. Este detalle no está ahí por accidente, sino que Dios tuvo el cuidado de dejarlo plasmado en su Palabra para advertirnos y ayudarnos a entender que Satanás es el ser más astuto contra el cual tendremos que luchar. Él conoce los efectos que la caída tuvo en el hombre y sabe muy bien cuáles son nuestras debilidades y cómo puede usarlas en nuestra contra. Por tanto, debemos estar siempre alerta para no dejarnos engañar por él.

De igual manera, el abordaje de Satanás también tiene algo que decirnos en cuanto a su manera de operar. Lo normal hubiese sido que él se acercara primero a Adán, pues en realidad su objetivo no era Eva, sino Adán. Eva pudo haber caído, pero si Adán no caía junto con ella, Dios podía comenzar de nuevo con Adán, pues fue con él que inició todo cuando de su costilla formó a Eva. De hecho, el libro de Romanos afirma que el pecado entró en el mundo por medio de un hombre (Ro 5:12), pues fue Adán quien directamente recibió el mandato de no comer del fruto del árbol. De ahí que, desde un principio la meta de Satanás era hacer caer a Adán. Sin embargo, él sabía que no debía ir directamente donde Adán porque era probable que su plan resultara ser muy obvio. En su astucia, Satanás sabía que la mejor manera de llegar hasta Adán era de forma indirecta, a través de Eva. La misma estrategia que él utiliza con Job cuando a través de su esposa le dice: "¿Aún conservas tu integridad? Maldice a Dios y muérete" (Job 2:9). ¡Claro! Porque, ¿quién sospecharía de la persona que se supone debe tener nuestro mayor bien en mente? Nuestro primer instinto nunca sería ver a nuestro cónyuge como un instrumento de Satanás, pero en ambos de estos casos así lo fue. Y lo mismo podríamos decir de Sarah cuando ofreció su criada a Abraham.

LA ESTRATEGIA: LA DISTORSIÓN DE LA PALABRA

Después de abordar a Eva, Satanás utiliza una pregunta para involucrarla en una conversación que ella jamás debió haber tenido. ¿Le ha pasado que en ocasiones se ha visto involucrado en conversaciones complejas que comenzaron con una pregunta muy sencilla? No hay forma más sutil de atraer la atención de alguien que haciéndole una pregunta. En este caso, la serpiente dijo a Eva: "¿Conque Dios les ha dicho: 'No comerán de ningún árbol del huerto'?" (Gn 3:1b). El enemigo comenzó hablándole de Dios, una estrategia muy astuta porque se trataba de alguien que a Eva le era familiar. Eso hizo que ella se interesara rápidamente en la conversación. El problema es que Satanás le estaba tendiendo una trampa a la mujer, pues en su pregunta se escondía una distorsión de la verdad de Dios.

No era cierto que Dios les había prohibido comer de todos los árboles del huerto. Por el contrario, Dios les dijo: "*De todo árbol del huerto podrás comer*, pero del árbol del conocimiento del bien y del mal no comerás, porque el día que de él comas, *ciertamente* morirás" (Gn 2:16-17, énfasis añadido). Esa es la misma estrategia de los falsos maestros de hoy en día. Toman la Palabra de Dios, la leen frente a la congregación, y luego la distorsionan. Y aquellos que no están alerta son fácilmente engañados porque la Palabra de Dios fue previamente leída, mas ellos no se percataron de que en un momento dado el predicador se despegó de la Palabra, comenzó a jugar con ella y terminó distorsionándola. Eso fue exactamente lo que Satanás hizo en el jardín del Edén.

Ahora bien, la conversación entre Eva y la serpiente se complica aún más cuando Eva decide agregarle y, a la vez, restarle algo a lo que Dios ya había revelado. Ella responde a Satanás diciendo: "Del fruto de los árboles del huerto podemos comer; pero del fruto del árbol que está en medio del huerto, Dios ha dicho: "No comerán de él, *ni lo tocarán, para que no mueran*" (Gn 3:2-3, énfasis añadido). Quizás, en su afán por no comer del fruto del árbol, entre Adán y Eva se habían puesto de acuerdo en ni siquiera tocar el árbol, pero en ningún momento Dios les prohibió tocar dicho árbol. Ellos agregaron algo "pequeño" a la revelación de Dios. Lo que pareció pequeño no era insignificante. Nunca debemos atrevernos a editar a Dios como algunos ya han dicho. Eso mismo ocurrió con los fariseos miles de años después. Quisieron preservar tanto la ley de Dios que terminaron agregándole cientos de reglas y mandamientos con el objetivo de evitar violentar dicha ley. Pero, tal y como sucedió con Eva, tan pronto nos atrevemos a agregar algo a lo revelado, hemos cruzado una línea. Igualmente ocurre si restamos a lo revelado por Dios. En ambos caos, sufrimos las consecuencias. Dios había advertido que el día en que ellos comieran del árbol, *ciertamente morirían*. Eva conversa con Satanás y le dice que Dios había prohibido tocar el árbol, y como dijimos, esto representó una adición a Su Palabra. Pero al mismo tiempo cometió el error (pecado) de dejar fuera la palabra "ciertamente", lo cual representó una substracción. Eva, restó sobriedad a la instrucción de Dios y así parece haber llegado a la conclusión de que la sentencia de muerte era tan solo una posibilidad. Y Satanás, una vez más, de forma astuta, elige usar la palabra que Eva dejó fuera para distorsionar aún más lo revelado y lograr engañar a la mujer. Y así dijo: *"Ciertamente no morirán.* Pues Dios sabe que el día que de él coman, se les abrirán los ojos y ustedes serán como Dios, conociendo el bien y el mal" (Gn 3:4-5, énfasis añadido). Satanás usó una palabra (ciertamente) usada por Dios para negar lo que Dios había afirmado.

LA ESTRATEGIA: CUESTIONAR EL CARÁCTER DE DIOS

Al distorsionar la Palabra de Dios, Satanás busca poner en duda el carácter de Dios. Él estratégicamente usa palabras que resultan familiares a Eva para con ellas cuestionar la bondad de Dios. Él trata de convencer a la mujer de que el objetivo de la prohibición de Dios era que ellos nunca llegaran a ser como Él. De manera que, Satanás les presenta la tentación (comer del árbol) unida a una supuesta bendición (ser como Dios). Entonces, "cuando la mujer vio que el árbol era bueno para comer, y que era agradable a los ojos, y que el árbol era deseable para alcanzar sabiduría, tomó de su fruto y comió" (Gn 3:6a).

La tentación entró por los sentidos y llevó a Eva a concluir erróneamente, pues la realidad es que Adán y Eva no necesitaban llegar a ser como Dios, ya que ellos fueron hechos a su imagen y semejanza. La propuesta de la serpiente le sonó atractiva porque ¿quién no desearía crecer en sabiduría?; ¿quién pasaría por alto la oportunidad de llegar a ser como Dios? De hecho, la promesa para nosotros los creyentes es que "cuando Cristo se manifieste, seremos semejantes a Él, porque lo veremos como Él es" (1 Jn 3:2). Sin embargo, Satanás les ofrece un atajo y les asegura que con tan solo comer del fruto del árbol ellos de inmediato serían como Dios. Esa fue la misma estrategia que él usó en el desierto cuando ofreció a Cristo todos los reinos de este mundo a cambio de su adoración (Mt 4:9), aun sabiendo que eventualmente todo sería entregado en manos del Hijo por el Padre. Contrario a Cristo, Eva no supo discernir que estaba frente a una tentación y terminó desobedeciendo a Dios pensando en todo momento que estaría recibiendo una bendición. Lamentablemente, la mayoría de los problemas de los hijos de Dios han llegado y seguirán llegando primordialmente por una falta de sabiduría y de discernimiento. Si conociéramos bien la Palabra de Dios y discerniéramos correctamente en base a lo revelado, no hay duda de que siempre escogeríamos bien.

ADÁN NO SUPO PERMANECER FIRME

Luego de comer del fruto, Eva "dio a su marido que estaba con ella, y él comió" (Gn 3:6b). Probablemente, Adán tenía todas sus barreras abajo porque quien le estaba dando a comer del fruto era su propia esposa, y a ningún esposo le pasaría por la mente que la cena que su mujer le ha preparado está envenenada y le va a provocar la muerte. En realidad, no sabemos con exactitud lo que Adán estaba pensando en ese momento, pero no hay duda de que él no supo permanecer firme en la posición que Dios le había entregado y por eso desobedeció y comió también del fruto prohibido. Tan pronto eso ocurrió, "fueron abiertos los ojos de ambos, y conocieron que estaban desnudos; y cosieron hojas de higuera y se hicieron delantales" (Gn 3:7).

En otras palabras, Adán y Eva se unieron a la rebelión de Satanás y como resultado se produjo la adquisición de una naturaleza pecadora que eventualmente sería pasada a sus futuros descendientes. Una rebelión que probablemente ocurrió en el interior de Eva antes que mordiera el fruto, aunque la Palabra no lo revela, pues tan pronto ella codició en su mente aquello que Dios había prohibido, ya estaba yendo en contra de lo que su Creador le había ordenado. Decimos esto porque más adelante, en el Nuevo Testamento, Cristo afirma que "todo el que mire a una mujer para codiciarla ya cometió adulterio con ella en su corazón" (Mt 5:28). Así como nosotros pecamos porque somos pecadores y no al revés, entendemos que Eva comió del fruto porque ya había pecado en su interior. Así pues, Adán y Eva pasaron de la sumisión a la rebelión.

Con estos nuevos "aliados", Satanás expande su guerra espiritual del cielo a la tierra. Todo porque Adán y Eva no permanecieron firmes en obediencia al mandamiento que Dios les había entregado. De ahí que, como veremos más adelante, el primer llamado de los creyentes en la guerra espiritual es a permanecer firmes en la fe para que podamos resistir las insidias del diablo (Ef 6:10-20). A nosotros no se nos ha llamado a ir avanzando y ganando terreno en el campo de batalla, sino a permanecer firmes en la posición que Dios nos ha entregado. Por tanto, no debemos movernos en ninguna circunstancia de la verdad que nos ha sido revelada.

LA IMAGEN DE DIOS MANCHADA

Como resultado de la rebelión ocurrida en el Edén, la imagen de Dios plasmada en el hombre fue manchada. Recuerde que cuando Adán y Eva comieron del fruto sus ojos fueron abiertos y conocieron que estaban desnudos. Entonces, ellos cosieron hojas de higuera y se hicieron delantales (Gn 3:7). Tan pronto el pecado entró en ellos, ambos se percataron de que algo andaba mal e instintivamente trataron de cubrirse. De esa misma manera, a lo largo de la historia, el hombre ha tratado de cubrir su vergüenza de diferentes formas, ignorando que nuestra vergüenza no es tanto externa, sino interna debido al pecado que mora en nosotros.

Adán y Eva fueron creados a imagen de Dios para reflejar dicha imagen y gobernar la creación bajo el señorío de nuestro Dios. Ellos eran el espejo que reflejaba la gloria del Creador. Sin embargo, el espejo de Dios le rechazó.[7] Desde el momento en que esta primera pareja cuestionó el carácter bondadoso del Señor, el espejo de Dios en la tierra fue quebrado, y la imagen que ellos estaban supuestos a reflejar comenzó a lucir distorsionada. Lamentablemente, hoy día nosotros nos comportamos de la misma manera que Adán y Eva lo hicieron al dudar de las intenciones de Dios para nuestras vidas. Cuando vemos que hemos estado caminando en obediencia y sirviéndole por años, pero aun así las cosas no resultan de la manera en que esperábamos, o no recibimos las bendiciones que otros creyentes parecen tener en abundancia, inmediatamente cuestionamos la bondad de Dios, tal y como lo hizo Lucifer en el principio y como lo hicieron Adán y Eva en el Edén.

Con relación a ese cambio de naturaleza que se produjo producto de la caída, Martín Lutero escribió lo siguiente: "Nuestra naturaleza, por la corrupción del primer pecado... [está] tan profundamente curvada hacia sí misma que no solo inclina los mejores dones de Dios hacia sí misma y los disfruta..., o más bien incluso usa a Dios mismo para obtener estos dones, pero tampoco se da cuenta de que tan perversamente, curvada y cruelmente busca todas las cosas, incluso a Dios, para sí mismo".[8] ¡Eso es deprimente! La naturaleza humana es tan egoísta, está tan centrada en sí misma, que continuamente busca a Dios de manera interesada y usa los dones que Él nos da para su propio beneficio en vez de darle toda la gloria a Dios. ¡Esa es la naturaleza humana! La única persona que ha pisado la faz de la tierra y no ha tenido ningún grado de egoísmo es nuestro Señor Jesucristo. Todos nosotros somos egoístas por naturaleza a partir de la caída de Adán y Eva. Por tanto, cuando alguien se acerque a usted y le diga que su manera de proceder en determinado momento fue un tanto egoísta, no comience a defenderse y acepte que posiblemente exista un elemento de verdad o toda la verdad detrás de lo que le está diciendo porque el egoísmo es la inclinación natural del ser humano.

---

7. Grant Horner, *What Happened in the Garden?: The Reality and Ramifications of the Creation and Fall of Man*, Abner Chou, ed. (Grand Rapids: Kregel Academic, 2016), p. 102.

8. Citado en Mark Johnston, *Saving God: Religion After Idolatry* (New Jersey: Princeton University Press, 2009), p. 88.

LA META DEL ENEMIGO: CAMBIARNOS

En la guerra espiritual, la meta del enemigo es cambiarnos. Para alcanzar su objetivo, Satanás tiene un plan estratégico en términos de por dónde él va a comenzar a cambiarnos. Y su primer objetivo siempre será cambiar nuestra forma de pensar, pues una vez logrado esto, él nos tiene en sus garras. En el caso de Adán y Eva, como ya mencionamos, la serpiente logró que la fruta resultara agradable y deseable a los ojos de ambos, y eso los llevó a cambiar su forma de pensar en cuanto a lo que Dios había ordenado y como consecuencia terminaron desobedeciendo a Dios. Pues, cuando cambiamos nuestra forma de pensar, cambiamos nuestra manera de vivir. Por esa razón, la Palabra de Dios insiste en que no nos dejemos moldear por el mundo. Si Dios cambia nuestra mente, caminaremos conforme a la verdad de Dios; pero si es Satanás quien logra cambiar nuestra mente, entonces andaremos conforme a las mentiras del príncipe de este mundo. De ahí que, como veremos unos capítulos más adelante, tanto para Dios como para Satanás, el campo de batalla en la guerra espiritual es la mente. Dios quiere darnos una mente espiritual, pero Satanás quiere que tengamos una mente carnal. Dios desea que tengamos una mente iluminada por Su Palabra, pero Satanás busca oscurecer nuestra mente con sus mentiras. Dios se complace en hombres y mujeres que tienen una mente piadosa, pero Satanás se goza en aquellos que tienen una mente pecaminosa.

LA METODOLOGÍA DEL ENEMIGO

La metodología usada por el enemigo en la guerra espiritual es, en primer lugar, la distorsión de la Palabra de Dios, como vimos que ocurrió en el huerto del Edén. Esa distorsión puede llegar a nosotros a través de un falso maestro o puede surgir en nuestra propia mente cuando comenzamos a cuestionar el carácter de Dios revelado en Su Palabra. Identificar esa distorsión es parte de la guerra espiritual que todo creyente tiene que librar en su diario vivir. Por eso, el apóstol Pablo exhorta a su joven discípulo Timoteo diciéndole: "Procura con diligencia presentarte a Dios aprobado, como obrero que no tiene de qué avergonzarse, *que maneja con precisión la palabra de verdad"* (2 Ti 2:15, énfasis añadido). Para poder identificar la mentira, necesitamos conocer y manejar con precisión la Palabra de Dios.

En segundo lugar, el enemigo tratará de una forma u otra de hacernos minimizar las consecuencias de nuestra desobediencia. ¿Cuántas veces hemos tenido una conversación con nosotros mismos y hemos minimizado la gravedad de nuestro pecado? Pensamos que aquello que vamos a hacer solo nos afectará a nosotros o que solo lo haremos una vez y luego todo seguirá igual, sin realmente ponderar los resultados que acarreará nuestra desobediencia. La razón por la que generalmente minimizamos las consecuencias de nuestra desobediencia es porque cuando experimentamos placer de cualquier tipo, los neurotransmisores que nos permiten tener dicha experiencia (dopamina, serotonina) se elevan a nivel cerebral, lo que nos mueve a perseguir aún más aquello que nos produce placer, y esa sensación nos hace ver la experiencia como algo bueno sin considerar las consecuencias.

En tercer lugar, el enemigo busca cuestionar el carácter de Dios para que dudemos de su buena voluntad para con nosotros, para que pensemos que Él se ha olvidado de nosotros o que no quiere bendecirnos y darnos aquello que anhelamos. Esos pensamientos negativos acerca del carácter de Dios no provienen de ningún otro lugar que no sea el mismo infierno. Satanás quiere que dudemos del carácter de Dios para que no esperemos en Él, sino que tomemos las riendas de nuestra propia vida y hagamos las cosas en nuestras propias fuerzas y conforme a nuestra propia sabiduría. Por eso nos advirtió Dios en Proverbios 3:5-7 que no confiemos en nuestra propia sabiduría.

Finalmente, Satanás quiere hacernos pensar en la tentación como una posible bendición. Mas antes de caer en sus trampas debemos recordar que la voluntad de Dios para nuestras vidas siempre será consistente con Su Palabra, con Su carácter, con Sus propósitos eternos, con la guía del Espíritu Santo y con Su llamado particular para nuestras vidas. De manera que, cuando algo luzca como una bendición caída del cielo, pregúntese primero si eso es consistente con la revelación de Dios.

CÓMO SE PRESENTA LA TENTACIÓN

La estrategia de Satanás es hacernos ver los supuestos beneficios de algo, ocultándonos en todo tiempo los efectos nocivos que se esconden detrás.

De modo que, la oferta luce piadosa, pero el propósito es maligno. Por eso entendemos que cuando una persona habla con un lenguaje piadoso, pero luego actúa perversamente, la única explicación es que Satanás está usando a esa persona para llevar a cabo sus propósitos. En el huerto del Edén, la serpiente logró que la fruta resultara agradable a los ojos de Eva y deseable para alcanzar sabiduría, pero minimizó y mantuvo escondido de ella el desenlace fatal que su desobediencia tendría. Es importante que tengamos esto presente. No todo lo que aparentemente va a mejorar nuestra condición actual es necesariamente una bendición que Dios está trayendo a nuestras vidas. Y como muestra de ello tenemos la historia de Abraham y Sarah. La idea de que Abraham tuviera descendencia por medio de Agar pudo haber lucido inicialmente como una bendición ante la infertilidad de Sarah, excepto que eso ponía en duda el carácter de Dios y violaba Su Palabra.

La historia anterior también nos sirve como ejemplo de que la tentación puede venir a través de alguien bien intencionado, como es el caso de una esposa hacia su esposo. El problema es que en ocasiones la persona bien intencionada ha sido engañada o está autoengañada. En el caso de Eva, es muy probable que su intención no fuera hacer caer a Adán, sino simplemente compartir con su esposo el supuesto beneficio que ella iba a recibir. Por eso insistimos en la necesidad de tener mucho cuidado al momento de considerar cualquier cosa que se nos esté ofreciendo, aun si parece bueno en gran manera. Y el mejor filtro para discernir estas cosas es la Palabra de Dios. Si la oferta que estamos recibiendo contradice lo que Dios ha revelado, no importa de parte de quién venga ni cuán atractiva luzca esa oferta, la misma no puede venir de parte de Dios.

Tristemente, aunque Dios nos ha dado Su Palabra como guía, los seres humanos somos maestros del autoengaño. Somos expertos en ver y creer solamente aquellas cosas que nos convienen. Por ejemplo, ¿cuántas veces hemos visto cómo una novia es advertida por otras personas, ya sean sus padres o sus líderes, sobre cosas preocupantes que han visto en el carácter de su pareja, pero esa joven enamorada decide no ver esas cosas y hacer caso omiso a las advertencias recibidas para eventualmente percatarse de que todo lo que le habían dicho era cierto? Y lo mismo ocurre en diferentes áreas de nuestras vidas porque el pecado que mora en nosotros nos ha llevado a convertirnos en maestros del autoengaño. El profeta Jeremías da testimonio de esto cuando declara: "Más engañoso que todo es el corazón, y sin remedio; ¿quién lo comprenderá?" (Jer 17:9). Solo la Palabra de Dios puede hacer esto y evitar que nos autoengañemos y engañemos a los demás.

Como si esto fuera poco, los seres humanos tenemos un problema aún mayor. Adán y Eva (así como Cristo) fueron tentados desde afuera, pero después de la caída nosotros somos tentados desde adentro y desde afuera. Y la razón por la que la tentación externa es tan efectiva es precisamente porque nuestra naturaleza pecadora con frecuencia nos lleva a desear el pecado mucho antes de que la tentación se presente. De hecho, Santiago dice en su carta que "cada uno es tentado cuando es llevado y seducido por su propia pasión" (Stg 1:14). De manera que, posterior a la caída, la tentación es terriblemente poderosa. La presencia constante de deseos malvados en nuestro interior hace que la tentación nos resulte sumamente atractiva. Entonces, "cuando la pasión ha concebido, da a luz el pecado; y cuando el pecado es consumado, engendra la muerte" (Stg 1:15). Por eso insistimos en decir que Eva pecó antes de morder el fruto y que el hecho de que lo mordiera solo reveló que ya había pecado en su interior al desear algo que era contrario a la ley de Dios. Su propia pasión la sedujo; por lo tanto, ella es la única responsable de su pecado.

LA META DEL ENEMIGO: CAMBIAR CÓMO PENSAMOS

El objetivo final de Satanás es hacernos caer, pero él sabe muy bien que para lograr esto primero necesita que cambiemos nuestra forma de pensar. Si él logra cambiar nuestra manera de pensar, pronto estaremos poniendo por práctica lo que pensamos. La manera como pensamos determina la manera como vivimos (Pr 23:7a). Por eso es importante reconocer que la batalla contra el pecado ruge principalmente en nuestra mente. Ahora bien, ¿cómo lució ese cambio de mente en el caso de Eva? Luego de su conversación con Satanás, Eva cambió 1) su idea acerca de Dios (el Creador no quiere que seamos como Él); 2) su idea acerca del árbol (comer de su fruto nos bendecirá); 3) su idea acerca de las consecuencias (ciertamente no moriremos). Una vez su mente fue transformada y apartada de la verdad, fue fácil para ella comprar la mentira de Satanás y rebelarse contra su Creador.

Sin darnos cuenta, Satanás logra cambiarnos por medio de ideas, enseñanzas, filosofías, corrientes de pensamiento, patrones de este mundo, sucesos observables, experiencias vividas y personas con las cuales interactuamos en nuestro diario vivir. Múltiples estudios han comprobado que las imágenes tienen la capacidad de entrar a nuestra mente y cambiar nuestra forma de pensar mucho antes de que nuestra conciencia —que debe ser el filtro de todo lo que entra y lo que sale de nuestra mente— haya podido registrar dichas imágenes. Cuando estamos frente al televisor y en cuestión de segundos somos expuestos a un sinnúmero de imágenes, sonidos y palabras, nuestra conciencia no es capaz de procesar todo lo que está percibiendo, por lo que termina siendo insensibilizada hacia la violencia, la sensualidad, el lenguaje profano, etc.; todo lo cual eventualmente ejercerá influencia en nuestra manera de pensar y vivir la vida. De igual manera, todas las ideologías que están surgiendo en los últimos años, como la famosa ideología de género, tienen como único objetivo cambiar nuestra forma de pensar, pues una vez esto ha ocurrido todo lo demás resultará fácil de alcanzar para aquellos que están promoviendo estas nuevas corrientes de pensamiento que buscan llamar al mal, bien y al bien, mal.

3

TRES FRENTES DE BATALLA: LA CARNE, EL MUNDO Y SATANÁS

Como ya hemos mencionado, la oposición en la guerra espiritual siempre será sentida en tres frentes de batalla: la carne, el mundo y Satanás. Por lo general, al que más atención se le presta es a Satanás, mientras descuidamos los otros dos. Es poco probable o quizás imposible que Satanás aparezca delante de usted una noche y le diga algo como esto: "¡Hola, soy Satanás, vine a enfrentarme contigo!". Eso sería muy obvio de su parte y nuestro enemigo es muy astuto como para hacer algo así. Sin embargo, hay un frente de batalla al que nosotros le prestamos menos atención, pero es desde donde la batalla ruge más intensamente y desde donde recibimos mayor oposición: la carne. Sin lugar a duda, la peor batalla es librada contra nuestra propia carne, pues la oposición que recibimos es continua y dicho ataque es desde nuestro interior. De ahí que, el teólogo puritano John Owen decía que el problema del creyente era que tenía que luchar contra un enemigo que resultaba ser él mismo, para ayudarnos a entender que necesitamos disciplinar la carne e irle quitando el control y el poder seductor que tiene sobre nosotros.[9]

Al mismo tiempo que luchamos contra la carne, los creyentes nos enfrentamos a los ataques que vienen del mundo, es decir, de las corrientes de pensamiento y sistemas de antivalores que abundan en la sociedad incrédula. Entonces, resulta que ambas esferas de oposición son usadas por Satanás para hacernos frente en la batalla espiritual. Todo lo que el enemigo hace, lo hace valiéndose de nuestras debilidades y de aquellas cosas que nos seducen, para engañarnos y hacernos ir en contra de lo que Dios ha revelado. Estas dos áreas, la carne y el mundo, constituyen un problema y un obstáculo para nuestra vida de santidad, por lo que necesitamos prestarle la debida atención a cada una por separado. Cuando hablamos de la carne, no podemos separar lo que llamamos carne, de lo que es la vida de la mente. Y aunque ya hablamos de la mente, nos vemos obligados a volver a referirnos a dicha mente en la medida en que exploramos el rol de la carne en la guerra espiritual

LA CARNE

La mente sufrió la caída

Aunque en esta porción nos proponemos analizar el rol de la carne en la guerra espiritual, es imposible explorar este aspecto de nuestra naturaleza caída sin continuar escudriñando el rol de la mente, ya que esta fue grandemente afectada por la caída.

En el libro *What Happened in the Garden?* [¿Qué pasó en el huerto?], Grant Horner explica que "la caída afectó tan profundamente a Adán y a Eva y a sus descendientes, que nosotros no solamente perdimos la habilidad de conocer a Dios, sino que perdimos nuestra habilidad de conocer que nosotros perdimos nuestra habilidad. Nuestra ceguera espiritual, que cambiamos por la perfecta visión que teníamos en el Edén, nos dejó tan ciegos que nosotros creemos que vemos".[10] En el Edén, el ser humano

9. John Owen, *Overcoming Sin and Temptation*, editado por Kelly M. Kapic y Justin Taylor (Wheaton: Crossway, 2006), edición Kindle, p. 27.

10. Grant Horner, *What Happened in the Garden?: The Reality and Ramifications of the Creation and Fall of Man*, Abner Chou, ed. (Grand Rapids: Kregel Academic, 2016), p. 109.

tenía una visión perfecta de Dios, de sí mismo y de toda la creación. Sin embargo, a raíz de la caída del hombre, esa visión fue tan gravemente afectada que ahora, a pesar de estar completamente ciegos e ignorantes de nuestra realidad, nosotros creemos que vemos y que eso que vemos se corresponde a la realidad.

A manera de ilustración podemos usar el famoso experimento del lápiz y el vaso de agua. Si colocamos un lápiz dentro de un vaso de cristal con agua, al observarlo desde afuera el lápiz aparenta estar torcido; pero nosotros sabemos que realmente no es así porque las leyes de la física nos explican que existe un fenómeno llamado refracción de la luz que hace que el lápiz luzca torcido cuando en realidad no lo está. De igual manera, aunque nosotros veamos las cosas de cierta forma, solo Dios y Su Palabra determinan lo que es real y veraz.

Ciertamente, las consecuencias de la caída fueron funestas. La mente del hombre quedó entenebrecida (2 Co 4:4; Ro 8:7), la voluntad esclavizada (2 Ti 2:26-26), y el corazón endurecido (Ez 11:19; 36:26). Por tanto, la Biblia nos interpreta mejor a nosotros que nosotros a ella. Y es que, con unas consecuencias como estas, ¿qué esperanza tenemos de ver y entender nuestra condición de manera apropiada? Solo la Palabra de Dios define e interpreta nuestra realidad correctamente. Por eso necesitamos ponernos los lentes de la Palabra de Dios para ver correctamente y luego pensar bíblicamente y poder así concluir correctamente ante cualquier idea, pensamiento, enseñanza, suceso o experiencia que se nos presente.

En el idioma griego, la palabra traducida como carne es *sarx*, y esta tiene múltiples significados dependiendo del contexto en que aparezca. En el lenguaje original, la palabra *sarx* aparece unas 147 veces, y la misma es usada para referirse a diferentes aspectos de nuestra naturaleza: condición corporal, cuerpo, tierra, terrenal, carne carnal, vida, hombre, ser humano, personalidad. El 75 % de las veces el término es usado por Pablo. En el sentido que estamos usando la palabra, hace referencia a nuestra naturaleza caída con sus pecados remanente.

Uno de los textos bíblicos en que aparece esta última acepción de la palabra, y que habla de la lucha que ciertamente libramos en nuestro interior, se encuentra en la primera carta del apóstol Pedro: "Amados, les ruego como a extranjeros y peregrinos, que se abstengan de las pasiones carnales que *combaten* contra el alma" (1 P 2:11, énfasis añadido). La palabra «combaten» hace referencia a una lucha o guerra entre dos personas o ejércitos. El lenguaje usado por Pedro no es casual ni fue seleccionado al azar. El Espíritu de Dios le movió a usar este término para transmitir que la lucha que tenemos no es sencilla ni ligera. Se trata de un combate no bélico o una pugna interior entre nuestra carne y nuestro espíritu (Gá 5:17).

Ahora bien, no piense que la expresión "pasiones carnales" se refiere exclusivamente a pecados extremos como la pornografía, el abuso del alcohol o el uso de drogas ilícitas. Estos son solo tres ejemplos de cientos de pasiones carnales que combaten contra nuestra alma. El orgullo, el deseo por la fama y la búsqueda de aprobación son también evidencias de esas pasiones carnales y deseos mundanos contra los que luchamos intensamente en nuestro interior. Todo el afán que vemos hoy en día, tanto hombres como mujeres, por tener un cuerpo atractivo hasta el punto de practicarse toda clase de cirugías plásticas con tal de lucir bien, es parte de las pasiones carnales que el apóstol Pedro dice que combaten no solamente contra la mente, sino contra el alma que ha sido regenerada por el Espíritu. Y, lamentablemente, esa lucha constante entre los deseos de la carne y los deseos del alma nos impide tener una comunión íntima con Dios.

Y si todavía no cree que la lucha que libramos contra la carne es un combate "cuerpo a cuerpo" —por así decirlo— observe cómo la Palabra de Dios explica la naturaleza de nuestra lucha a través de las palabras del apóstol Pablo a las iglesias en Galacia. Por cierto, si hay algo que apreciamos de la Palabra es cómo esta no solamente se interpreta a sí misma, sino que también amplifica, explica e ilustra la Palabra de Dios. No necesitamos de otra cosa; la Palabra de Dios es suficiente. Entonces, en Gálatas 5, Pablo exhorta a los gálatas a no dejarse llevar por los impulsos de la carne, y les da la siguiente razón: "Porque el deseo de la carne es contra el Espíritu, y el del Espíritu es contra la carne, pues estos se oponen el uno al otro, de manera que ustedes no pueden hacer lo que deseen" (Gá 5:17). Con estas palabras, el apóstol describe claramente cuál es nuestra lucha y por qué frecuentemente no podemos hacer aquello que deseamos.

Los creyentes, como seres partícipes de una naturaleza caída, tenemos deseos y pasiones carnales que nos hacen oposición cuando el Espíritu Santo nos guía a obedecer a Dios. Para ilustrarlo, piense en cuántas veces ha sentido la convicción de que debe leer la Palabra de Dios, pero su carne le ha convencido de que está muy cansado de tanto trabajar, por lo que mejor sería leerla en otra ocasión cuando su mente esté más alerta y descansada. Y así, sin darse cuenta, pasan días, para algunos pasarán semanas y para otros quizás hasta meses sin abrir las Escrituras, sin consumir el único alimento que es capaz de sostenerle en medio de la batalla. En esos momentos, la única razón por la que usted no hizo lo que necesitaba hacer es porque en su interior hubo un enfrentamiento entre lo que su naturaleza pecaminosa deseaba hacer y lo que su espíritu, movido por el Espíritu de Dios, quería hacer; y su carne ganó la batalla. Por esta razón, cada creyente necesita entender las características de la batalla espiritual en la que nos encontramos y decidir de antemano a quién le va a ceder el paso; si cederá a los impulsos de la carne o se someterá a la guía del Espíritu. ¡Tan sencillo como eso! Somos fácilmente derrotados si caminamos según la carne: "El caminar según la carne es cultivar la amistad con el mundo; ceder a la influencia que debilitaría nuestra alianza con Cristo; es negar nuestro llamado a ser santos y nuestra relación con Él —a la que Dios nos trajo por su gracia— y entrar en la pérdida de Su aprobación y en la pérdida de nuestra recompensa futura".[11]

Pablo, el gran teólogo del Nuevo Testamento, quien estuvo en el tercer cielo y quien escribió la carta con más contenido teológico de todo el Nuevo Testamento, en un momento dado dijo: "Porque yo sé que en mí, es decir, en mi carne, no habita nada bueno. Porque el querer está presente en mí, pero el hacer el bien, no" (Ro 7:18). Una vez más, Pablo ilustra de forma práctica cómo los deseos de la carne hacen oposición a nuestra voluntad de hacer el bien y demuestra que él entendía perfectamente la debilidad de la carne y la esclavitud a la que fue sometida producto de la caída. De hecho, con sus palabras afirma que somos incapaces de hacer lo que es correcto porque en nuestra carne no hay nada bueno. Entonces, como no hay nada bueno en nosotros, el poder infinito de Dios tiene que ser puesto dentro de nosotros en la persona del Espíritu Santo para guiarnos y ayudarnos a vencer en la batalla que constantemente ruge en nuestro interior. De modo que, como bien dijo Pablo, Dios es quien obra en nosotros tanto el querer como el hacer (Fil 2:13).

11. Vine, W. E., *Collected Writings of W.E. Vine.*

La carne puede llevarnos a comportarnos como personas piadosas, cuando en realidad nuestras acciones son pecaminosas. Ray Stedman hace el siguiente comentario: "La carne es abiertamente arrogante, autoritaria, jactanciosa, lujuriosa, cínica y orgullosa. Así la vemos descrita en Efesios 5. Pero cuando es llevada contra una esquina por el poder del Espíritu puede asumir un porte de rectitud y convertirse en piadosa, religiosa, escrupulosa de la moral, celosa por el trabajo en la iglesia e indignada por lo mal hecho, tornándose provocadoramente evangélica".[12]

Stedman escribió en otra ocasión: "La rectitud de la carne es siempre una rectitud falsa. Está centrada en el "yo" y por lo tanto no será más que autojusticia. La carne se puede memorizar las Escrituras. La carne puede impartir clases en la Escuela Dominical. La carne puede distribuir tratados, dar grandes sumas de dinero, ofrecer un testimonio conmovedor, dar una clase bíblica, cantar solos, o predicar un sermón. Puede inclusive pedir excusas (de cierta manera), y arrepentirse (hasta cierto grado), o sufrir (con aires de mártir), pero hay algo que la carne nunca podrá hacer. Hará todo lo posible por sobrevivir, pero no cederá terreno, nunca se entregará ni cambiará, nunca se rendirá".[13] Todo lo anterior nos da una idea de lo intensa que es la lucha.

LAS OBRAS DE LA CARNE

La carta de Pablo a los gálatas nos ayuda a entender que la carne no solo se opone a que hagamos lo que es correcto, sino que constantemente nos incita a obrar pecaminosamente. Observe a continuación cómo Pablo describe el obrar de la carne en nuestras vidas:

> "Ahora bien, las obras de la carne son evidentes, las cuales son: inmoralidad, impureza, sensualidad, idolatría, hechicería, enemistades, pleitos, celos, enojos, rivalidades, disensiones, herejías, envidias, borracheras, orgías y cosas semejantes, contra las cuales

12. Ray C. Stedman, «The Price of Survival»: https://www.raystedman.org/old-testament/esther/the-price-of-survival.

13. Ray C. Stedman, *For Such a Time as This: Secrets of Strategic Living from the Book of Esther* (Grand rapids: Our Daily Bread Publishing).

> les advierto, como ya se lo he dicho antes, que los que practican tales cosas no heredarán el reino de Dios". (Gá 5:19-21)

Lo increíble de esta lista es que coloca pecados como la idolatría y la inmoralidad sexual en la misma categoría que la enemistad, los celos, el enojo y la envidia. Pero Pablo los enumera de esta manera porque todas estas cosas tienen un común denominador: son obras de la carne y no proceden del Espíritu. Por eso es tan importante que los hijos de Dios reconozcamos que estamos lidiando con una naturaleza caída que tiene deseos e impulsos pecaminosos que se oponen al obrar del Espíritu y que no van a desaparecer mientras tengamos un cuerpo caído y estemos de este lado de la gloria. Por lo tanto, Dios espera que nos ocupemos en nuestra santificación de forma tal que vayamos debilitando la intensidad del poder de la carne en nuestras vidas (1 Ts 4:3-7).

SANTIFIQUEMOS NUESTRAS EMOCIONES ANTES DE QUE ELLAS NOS "SACRIFIQUEN" A NOSOTROS

Los hijos de Dios, como todos los seres humanos, tenemos emociones que necesitan ser santificadas antes de que ellas tomen control sobre nosotros y nos destruyan. Esta es la realidad con la que inevitablemente luchan todos los creyentes, pues mientras el cuerpo esté caído tendrán pasiones caídas. No obstante, con la ayuda del Espíritu Santo que mora en nuestro interior somos capaces de hacer frente a esas pasiones carnales que están siempre a la puerta, ansiosas por controlarnos. Recuerde, la batalla contra la carne jamás podrá ser ganada por la fuerza de voluntad del hombre. Muchos lo han intentado y han fracasado. Solo por la fuerza del Espíritu Santo podemos santificar nuestras emociones y someterlas al señorío de Cristo.

Entonces, para que esto suceda necesitamos ceder terreno al control del Espíritu de Dios y así hacer crecer Su fuerza en nuestro interior. Ojo, no es que el Espíritu Santo pierda fortaleza, pues Él es poderoso todo el tiempo; pero nosotros podemos debilitar y entristecer al Espíritu con la forma en que vivimos y las decisiones que tomamos (Ef 4:30). Mas cuando el Espíritu Santo toma control sobre nuestra carne, Su obrar en nuestras vidas produce fruto apacible de justicia, y el fruto del Espíritu es amor, gozo, paz, paciencia, benignidad, bondad, fidelidad, mansedumbre y dominio propio (Gá 5:22-23).

En su carta, Santiago nos explica que ceder a nuestras emociones y deseos humanos no santificados es mentir contra la verdad.

> "Pero si tienen celos amargos y ambición personal en su corazón, no sean arrogantes y mientan así contra la verdad. Esta sabiduría no es la que viene de lo alto, sino que es terrenal, natural, diabólica. Porque donde hay celos y ambición personal, allí hay confusión y toda cosa mala". (Stg 3:14-16)

En otras palabras, las emociones como los celos y la ambición personal, que son parte de esas obras de la carne que mencionábamos anteriormente, reflejan todo lo contrario a la verdadera sabiduría que proviene de Dios; y por tanto, representan la mentira, que como ya hemos dicho, proviene directamente de Satanás. De manera que, aquí tenemos otro pasaje más de las Escrituras que nos recuerda que la guerra espiritual no se trata de una lucha de poder, sino de una lucha por la verdad al enfatizar el contraste entre la verdad que proviene de lo alto y la mentira que es terrenal, natural y diabólica.

Cuando la carne, con sus deseos y pasiones descontroladas, nos hace abrazar la mentira perdemos inmediatamente la batalla en la guerra espiritual contra el reino de las tinieblas. Así que, santifiquemos nuestras emociones humanas antes de que ellas nos sacrifiquen a nosotros en el campo de batalla.

EL MUNDO

Nuestro segundo frente de batalla es el mundo, sobre el cual la Palabra de Dios tiene mucho que decir. En el Nuevo Testamento, el término "mundo" tiene diferentes significados dependiendo del contexto en que es usado. A veces, la palabra es usada para referirse al lugar físico en que habitan los seres humanos, pero en otras ocasiones este vocablo es usado para referirse a ideas, corrientes de pensamiento, enseñanzas y formas de vivir no piadosas. Por esta razón, Pablo exhorta a la iglesia en Roma con las siguientes palabras:

> "Y no se adapten a este mundo, sino transfórmense mediante la renovación de su mente para que verifiquen cuál es la voluntad de Dios: lo que es bueno y aceptable y perfecto". (Ro 12:2)

En este pasaje bíblico, el término traducido al español como "mundo" es la palabra griega "aión" (αἰών), que hace referencia a las formas de cada siglo. En otras palabras, en cada momento histórico ha existido una forma particular como el mundo piensa y actúa, por lo que Pablo anima a los creyentes que estaban en Roma a no dejarse influenciar por las formas impías de la época, sino a cambiar su manera de vivir mediante la renovación de sus mentes con la verdad del evangelio para que así pudieran conocer la voluntad de Dios para sus vidas.

La exhortación que Pablo hace a los romanos es de suma importancia para los creyentes de todas las épocas porque la victoria y la derrota en la guerra espiritual están íntimamente relacionadas a la transformación de la mente. No olvide que el objetivo de Satanás es cambiar nuestra manera de pensar acerca de Dios, pues una vez cambiada la mente, cambiamos la manera de vivir. Por eso, los creyentes necesitamos hacer todo lo que esté a nuestro alcance por seguir la recomendación que nos hace el apóstol Pablo y renovar nuestra mente, pues es allí donde está la victoria en la guerra espiritual contra el mundo de las tinieblas.

En el idioma original, la palabra traducida en Romanos 12:2 como "transformación" es la palabra griega "metamorphoó" (μεταμορφόω), de donde proviene la palabra "metamorfosis" en español, un término que hace referencia al cambio que experimentan algunos animales durante su desarrollo, como el cambio que sufre un renacuajo para convertirse en rana o una oruga para llegar a ser mariposa. En ese sentido, Pablo está diciendo que la transformación de la mente conlleva una metamorfosis, es decir, pasar de un estado a otro. Esto implica cambiar de manera de ser y de pensar, y no permitir que el mundo nos moldee a su imagen.

Las corrientes de este mundo intoxican nuestra mente, nos alejan de Dios, y nos impiden conocer su voluntad. Es por esto que, si queremos conocer la voluntad de Dios, aquello que es bueno, agradable y perfecto, lo primero que necesitamos hacer es renovar nuestra mente, y esa renovación comienza cuando decidimos no adaptarnos a este mundo. No debemos dejarnos moldear por las conductas y las costumbres pecaminosas de este siglo porque cada adaptación tiene una mentira tras bambalinas. Y cada mentira que abrazamos forma un ídolo que adoramos, y cada ídolo que adoramos nos aleja de Dios. Al final, nuestra adaptación al mundo termina llevándonos a adorar ídolos que nos reconocemos como ídolos.

SATANÁS

Como tercer frente de batalla tenemos a Satanás, un enemigo que además de malvado es bastante astuto. Pues resulta que, tanto la oposición que recibimos de la carne como la que recibimos del mundo son armas usadas por Satanás para hacernos frente en la guerra espiritual. Él opera a través del mundo vendiéndonos mentiras que seducen nuestra carne y nos llevan a pecar en contra de Dios. Como una computadora que guarda un historial de los comandos que su usuario más utiliza, con el objetivo de procesarlos y generar sugerencias en base a sus preferencias, así también Satanás y sus secuaces estudian a los hijos de Dios, tomando nota de sus pasiones carnales, de aquellas cosas que les son ocasión de pecar, para luego tentarlos usando como anzuelo sus propias pasiones (Stg 1:14).

Sobre Satanás, el autor E. M. Bounds escribió: "El diablo es un carácter positivo. Es decir, él se disfraza, pero sus objetivos están orientados en una sola dirección. Él tiene doble cara, pero nunca doble ánimo, nunca indeciso, vago o débil en sus propósitos o fines. Ninguna irresolución, vacilación o acción sin rumbo surgen jamás de él".[14] En otras palabras, Satanás es un enemigo seguro de sí mismo que está claro en cuál es su objetivo: nuestra destrucción. Por tanto, él tampoco es pasivo en el campo de batalla y hace todo lo posible para engañarnos, seducirnos y llevarnos a pecar. Es por eso que el apóstol Pedro lo describe como un león rugiente que anda al asecho, buscando a quién devorar (1 P 5:8). Satanás es un adversario que no se fatiga y que no se distrae de su objetivo. Él pasa las veinticuatro horas del

14. E. M. Bounds, *Guide to Spiritual Warfare* (New Kensington: Whitaker House, 1984), p. 16.

día planeando nuestro mal, y cuando una de sus estrategias no funciona, Satanás pasa a la próxima hasta encontrar la manera perfecta de hacernos caer.

Como ya hemos mencionado, en una ocasión el Señor Jesucristo compartió una historia con sus discípulos que hoy conocemos como la parábola del sembrador (Mateo 13:3-23), donde Él ilustra cómo Satanás hace oposición al avance del evangelio en la tierra. Al explicarles la parábola, Jesús les dijo lo siguiente: "Y el campo es el mundo; la buena semilla son los hijos del reino, y la cizaña son los hijos del maligno; el enemigo que la sembró es el diablo, la siega es el fin del mundo, y los segadores son los ángeles" (Mt 13:38-39). Esta porción de las Escrituras nos permite comprobar que ciertamente Satanás no es pasivo en su guerra contra los creyentes. La cizaña es una planta silvestre considerada indeseable, pues compite con las plantas cultivadas causándoles daño, y Cristo toma ese concepto y lo usa de ejemplo para ilustrar cómo el diablo está trabajando activamente en el mundo con el propósito de destruir la Iglesia de Cristo.

En su astucia, el diablo aprovecha cualquier oportunidad para infiltrar la Iglesia y sembrar cizaña en el pueblo de Dios, creando división y enemistad entre los miembros o los líderes de una iglesia. Ahora bien, lo increíble de todo es que la misma parábola nos enseña que esa cizaña que es sembrada por el enemigo tiene un propósito en los planes de Dios. Él permite que el trigo y la cizaña crezcan juntos porque a través de la cizaña Dios enseña a sus hijos a pelear la buena batalla. Él nos enseña a perdonar, a humillarnos y a depender más de Él. Asimismo, la cizaña nos aguza el discernimiento y nos enseña que los hijos de Dios y los hijos del maligno pueden lucir muy similares desde afuera, como sucedió con Judas, pero Dios eventualmente se encarga de poner en evidencia su real naturaleza cuando llega el tiempo de la cosecha (Mt 7:15-17).

CÓMO CAMBIA SATANÁS NUESTRA FORMA DE PENSAR

En el capítulo anterior vimos como la batalla espiritual se libra en el terreno de la mente. En esta segunda parte veremos de qué manera el enemigo logra cambiar nuestra forma de pensar de manera que podamos montar un contrataque para resistir sus artimañas. No olvidemos que tenemos un contrincante que es astuto, malvado, sin escrúpulo que odia a Cristo, a quien todo el universo debe obediencia y a todo el que le sigue en reconocimiento de su señorío. En su primer asalto sobre la tierra, Satanás logró cambiar la forma como Eva y luego Adán cambiaron su mentalidad con relación a la fruta prohibida y sus consecuencias.

En primer lugar, Satanás busca engañarnos a través de personas conocidas o no. Pedro fue usado por Satanás para tratar de detener a Cristo cuando iba camino a Jerusalén: "Desde entonces Jesucristo comenzó a declarar a Sus discípulos que debía ir a Jerusalén y sufrir muchas cosas de parte de los ancianos, de los principales sacerdotes y de los escribas, y ser muerto, y resucitar al tercer día. Tomando aparte a Jesús, Pedro lo reprendió: "¡No lo permita Dios, Señor! Eso nunca te acontecerá". Pero volviéndose Él, dijo a Pedro: "¡Quítate de delante de Mí, Satanás! Me eres piedra de tropiezo; porque no estás pensando en las cosas de Dios, sino en las de los hombres" (Mt 16:21-23). Apenas unos versículos antes, Pedro había confesado a Jesús como el Cristo, el Hijo del Dios viviente. Y poco tiempo después necesitó ser reprendido por el Señor por ser un instrumento de Satanás para tratar de evitar que Jesús siguiera hacia Jerusalén donde sería crucificado. El apóstol Pablo nos advirtió a través de la carta a los corintios acerca de cómo las personas a nuestro alrededor pueden desviarnos de la devoción a Dios: "No se dejen engañar: 'Las malas compañías corrompen las buenas costumbres'" (1 Co 15:33). Hay una certeza detrás de esta advertencia que es incuestionable. Ciertamente, las malas compañías corromperán nuestros pensamientos, nuestros valores, nuestro estilo de vida y todo nuestro caminar. No es una posibilidad, sino una realidad que ha de ocurrir tarde o temprano si no nos alejamos de aquellos que viven de forma diferente a como Dios nos ha ordenado. Pero esa no es la única manera como el enemigo logra impactar nuestra mente.

Cuando Pablo escribió a los colosenses, les advirtió de la posibilidad de ser desviados del camino por personas que enseñaban doctrinas relativas a los ángeles: "Miren que nadie los haga cautivos por medio de su filosofía y vanas sutilezas, según la tradición de los hombres, conforme a los principios elementales del mundo y no según Cristo" (Col 2:8). Cuando un falso maestro tuerce las Escrituras para beneficio propio y enseña doctrinas que contradicen la revelación de Dios, está demostrando ser un instrumento en las manos de Satanás, pues el enemigo usa esas falsas enseñanzas para desviar a los creyentes de la verdad. El cambio de creencia implica un cambio de mente previo.

En segundo lugar, los patrones de este mundo son otra de las múltiples armas que el enemigo utiliza para cambiar nuestro pensamiento. Por eso, la Biblia nos llama a no adaptarnos a las corrientes de este mundo, sino a ser transformados mediante la renovación de nuestra mente para que podamos conocer cuál es la voluntad de Dios: que es buena, aceptable y perfecta (Ro 12:2).

CAMBIADA LA MENTE, CAMBIADO NUESTRO ESTILO DE VIDA

El reinado de Uzías tiene algo que enseñarnos en cuanto a la importancia de guardar nuestra mente. La Palabra de Dios enseña que "cuando [él] llegó a ser fuerte, su corazón se hizo tan orgulloso que obró corruptamente, y fue infiel al Señor su Dios, pues entró al templo del Señor para quemar incienso sobre el altar del incienso" (2 Cr 26:16). Uzías estuvo sirviendo al Señor fielmente por años, pero fruto del éxito que tuvo durante su reinado, su forma de pensamiento fue cambiando y eventualmente cambió también su manera de conducirse delante de Dios. En su orgullo, él se atrevió a ofrecer sacrificios en el templo, algo que Dios había reservado exclusivamente para los sacerdotes (Éx 30:1-10; Nm 16:40). Y ese orgullo nació como resultado de un cambio de pensamiento. De pronto cambió Uzías, y por ser el rey de Judá, en su arrogancia pensó que tenía todo el derecho de acercarse al altar del Señor y ofrecer incienso.

De la misma manera, al presente existen líderes cristianos y ovejas en general que piensan que el rol que ejercen y / o las bendiciones que han recibido de parte del Señor les otorgan automáticamente el derecho de hacer cosas que otros creyentes no han tenido el derecho o la oportunidad de hacer. Esto sucede cuando el orgullo invade nuestra mente y comenzamos a pensar que el ministerio y los dones que nos han sido entregados no son dádivas del cielo, sino logros, capacidades o méritos propios que nos hacen superiores a los demás. Satanás distrae nuestra mente de la verdad y nos llena de orgullo, pues él sabe muy bien que "delante de la destrucción va el orgullo, y delante de la caída, la altivez de espíritu" (Pr 16:18).

SATANÁS DOMINA NUESTRO COMPORTAMIENTO POR MEDIO DEL TEMOR

Como consecuencia de la caída del hombre, el temor pasó a formar parte de la naturaleza humana. Desde entonces, el temor es experimentado por cada ser humano de múltiples maneras, en distintos grados de intensidad y con mayor o menor frecuencia. Cuando el temor se apodera de nuestra mente, este domina nuestro comportamiento. De hecho, en el libro *El ADN de las relaciones*, Gary Smalley afirma que todas nuestras reacciones negativas son disparadas por nuestros temores debido a nuestras inseguridades. En otras palabras, cada vez que nosotros hemos reaccionado con ira, celos, envidia, orgullo o de cualquier otra manera que no refleja el carácter de Dios, lo único que ha pasado es que alguien o algo disparó un temor en nosotros que nos llevó a comportarnos de esa manera. Satanás, conociendo estas cosas, busca atemorizar a los creyentes con el propósito de intimidarlos y dominar así sus pensamientos, pues una vez él logra dominar sus pensamientos, logra también dominar su comportamiento. Un ejemplo de esto lo vemos en el siguiente pasaje de las Escrituras:

> "Y aconteció al día siguiente que *un espíritu malo de parte de Dios se apoderó de Saúl, y este deliraba en medio de la casa,* mientras David tocaba el arpa con su mano como de costumbre. Saúl tenía la lanza en la mano, y Saúl le arrojó la lanza, pues se dijo: «Clavaré a David en la pared». Pero David lo evadió dos veces. *Saúl temía a David,* porque el Señor estaba con él, pero Él se había apartado de Saúl". (1 S 18:10-12, énfasis añadido)

Como Dios se había apartado de Saúl, el rey quedó a expensas de Satanás y un espíritu demoníaco comenzó a atormentarlo hasta llevarlo a ver, decir y hacer cosas irracionales. En su delirio, Saúl se fue llenando de temor hacia David porque reconocía que la unción de Dios estaba sobre él, y ese temor dominó su comportamiento y le hizo atentar contra la vida de David.

LA ANSIEDAD Y LA MENTE

La ansiedad no es más que un estado de intranquilidad que en alguna circunstancia, evento o a través de personas logra hacernos sentir inseguros y entonces tememos. La ansiedad se convierte en un grave problema porque nos distrae, nos vuelve ilógicos, nos paraliza, nos confunde y nos hace sentir intimidados. Por esa razón, A. W. Tozer decía que "el temor es de la carne y el pánico del diablo".[15] Ahora bien, esto no quiere decir que cada vez que experimentamos temor, ansiedad o desasosiego es porque estamos siendo atormentados por un espíritu malo como ocurrió con el rey Saúl, sino que esos estados de ánimo no provienen de Dios porque Él no nos ha dado un espíritu de cobardía, sino de poder, de amor y de dominio propio (2 Ti 1:7). Cristo mismo dijo: "La paz les dejo, Mi paz les doy; no se la doy a ustedes como el mundo la da. No se turbe su corazón ni tenga miedo" (Jn 14:27). De manera que, detrás del miedo y la ansiedad en primera instancia está nuestra mente caída que es frágil y propensa al temor, pero en última instancia encontramos a Satanás, quien astutamente se aprovecha de la debilidad que caracteriza a nuestra naturaleza caída para atemorizarnos y hacernos reaccionar en base a ese temor.

Por esta razón, en su carta a los filipenses, Pablo nos dejó la siguiente exhortación: "Por nada estén afanosos; antes bien, en todo, mediante oración y súplica con acción de gracias, sean dadas a conocer sus peticiones delante de Dios. Y la paz de Dios, que sobrepasa todo entendimiento, guardará sus corazones y sus mentes en Cristo Jesús" (Fil 4:6-7). A través de estas palabras, el apóstol Pablo nos permite ver la conexión que existe entre el temor y la ansiedad en nuestro interior (en nuestra mente) y la experiencia o ausencia de la paz de Dios. Cuando el creyente vive lleno de ansiedad y de temor, es incapaz de experimentar la paz divina que trasciende el entendimiento finito del ser humano, pues el temor y la ansiedad son evidencias de una falta de confianza en la soberanía y el cuidado bondadoso de nuestro Dios. De ahí que, Satanás use el temor como una de sus estrategias de ataque contra los hijos de Dios, pues una vida dominada por la ansiedad y el temor es una vida que constantemente pone en duda el carácter de Dios y todo aquello que Él ha revelado.

---

15. A. W. Tozer, *How to Be Filled with the Holy Spirit* (Chicago: Moody Press, versión Kindle, 2016), p. 43.

Entonces, conociendo la importancia de guardar nuestra mente de estas cosas, que lamentablemente son más comunes en la vida del creyente de lo que imaginamos, el apóstol Pablo le recuerda a los filipenses que la mejor manera de contratacar y evadir la ansiedad es presentándonos delante de Dios en oración con una actitud de humildad y agradecimiento, reconociendo que nada de lo que enfrentamos en esta vida escapa al control absoluto de nuestro buen Dios.

SATANÁS Y LA IRA

En la Palabra de Dios encontramos suficiente evidencia de que el enojo es una de las armas preferidas por Satanás en la guerra espiritual contra los hijos de Dios. Ahora bien, cuando nos enojamos contra alguien, ¿qué es lo que se enoja, sino nuestra mente? Esto implica que antes de que nuestro enojo se manifieste externamente hay un cambio de pensamiento, actitud o estado del ánimo que surge primero en nuestro interior y que nos lleva a comportarnos de determinada manera. Por eso, el apóstol Pablo exhorta a los creyentes en Éfeso diciéndoles: "Por tanto, dejando a un lado la falsedad, HABLEN VERDAD CADA CUAL CON SU PRÓJIMO, porque somos miembros los unos de los otros. Enójense, pero no pequen; *no se ponga el sol sobre su enojo, ni den oportunidad al diablo*" (Ef 4:25-27, énfasis añadido).

Al leer este pasaje, lo primero que nos llama la atención es cómo la Palabra de Dios constantemente nos muestra el contraste entre la verdad y la mentira, la luz y las tinieblas. En segundo lugar, note que en el texto hay una clara advertencia a no permitir que el enojo se prolongue porque cuando el enojo se prolonga termina dominando nuestra mente, y cuando la mente es dominada por otra cosa que no sea el Espíritu de Dios queda a expensas de Satanás. Esta fue justamente la experiencia del salmista que le llevó a decir: "Cuando mi corazón se llenó de amargura, y en mi interior sentía punzadas, entonces era yo torpe y sin entendimiento; era como una bestia delante de Ti" (Sal 73:21-22). Obviamente, no fue el corazón físico del salmista lo que se llenó de amargura, sino su mente. Y de alguna manera, Satanás usó la amargura del salmista para inducirlo a comportarse tonta e irracionalmente. Así es como el enemigo opera. Él no tiene que poseer nuestro cuerpo para inducirnos a pecar; él solo tiene que llenarnos de temor, ansiedad y amargura para así distraer y confundir nuestra mente hasta llevarnos a pensar y comportarnos de modo irracional y fuera de control.

El enojo es una de las armas preferidas por Satanás en la guerra espiritual porque el enojo, especialmente cuando es extremo y prolongado, termina dominando nuestra mente como ya aludimos. En ese sentido, creemos firmemente que en la guerra espiritual existe una conexión entre la mentira, la falsedad, el enojo y la influencia que las fuerzas espirituales de maldad ejercen sobre nuestras vidas. La ira distorsiona nuestros pensamientos, la intencionalidad que el otro tiene para con nosotros, la manera como percibimos la información y cómo transmitimos esa información a otros, e incluso la manera como nos expresamos y comportamos frente a los demás. De manera que, la tríada de enojo, falsedad y mentira abre la puerta para una influencia demoníaca extraordinaria en nuestras vidas.

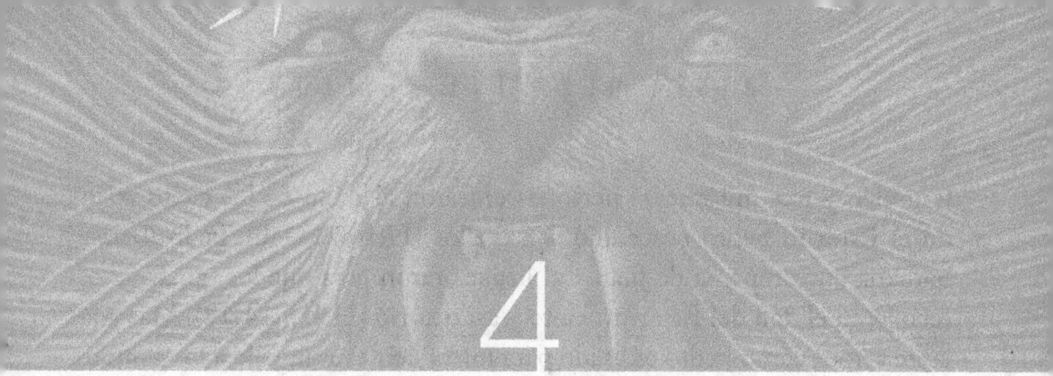

4

LA BATALLA POR LA VERDAD

"Porque ellos cambiaron la verdad de Dios por la mentira, y adoraron y sirvieron a la criatura en lugar del Creador, quien es bendito por los siglos. Amén". (Ro 1:25)

La mejor evidencia de la astucia de Satanás es que él ha logrado engañar a la Iglesia de Cristo respecto a la naturaleza de la batalla que estamos librando. Su estrategia ha sido llevar a los hijos de Dios a creer la mentira de que la guerra espiritual es una lucha de poder. Lamentablemente, dentro de la iglesia latinoamericana muchos son los que han creído esta mentira y como resultado no han sabido luchar de la manera adecuada y han terminado perdiendo muchas batallas. Esta confusión en cuanto a la naturaleza de la batalla es la razón por la que en algunas denominaciones cristianas se habla tanto de atar y expulsar demonios, de reclamar y pisar bendiciones, y de la necesidad de arrebatarle cosas a Satanás que no le pertenecen a él. Nosotros no tenemos ningún poder para atar y desatar aquellas cosas que yo proclamo. Esa es una interpretación errónea del pasaje de Mateo 16:19 donde las llaves representan el evangelio que abre la puerta de la salvación como vemos en el libro de los Hechos. Pedro predicó el evangelio en

Jerusalén y tres mil nuevas personas entraron al reino de los cielos cuando el Espíritu Santo descendió sobre ellos (Hch 2:14-40). Pedro baja a Samaria en compañía de Juan y al llegar oraron para que los samaritanos recibieran el don del Espíritu Santo y así ocurrió (Hch 8:14-17). Más adelante vemos como Pedro es usado para introducir el evangelio a los gentiles, y allí nuevamente el Espíritu descendió y los presentes hablaron en lenguas (Hch 10:44-48) al igual que había ocurrido con los judíos en Jerusalén y con los samaritanos.

La realidad es que la guerra espiritual contra Satanás y sus demonios no ha sido, no es y nunca será una lucha de poder. Satanás no puede batallar contra el poder infinito de nuestro Dios, y por otra parte, la Palabra revela que Dios desarmó a los principados y huestes espirituales de maldad e hizo de ellos un espectáculo público, triunfando sobre ellos por medio del sacrificio de Cristo (Col 2:15). De manera que, el encuentro de poder entre el reino de Dios y el reino de las tinieblas ya tuvo lugar en la cruz del Calvario, y Cristo demostró ser el vencedor. Por tanto, no es posible que actualmente nos encontremos en una lucha de poder contra Satanás. Más bien, desde el huerto del Edén el hombre ha estado involucrado en una lucha por la verdad, la cual se ha mantenido activa hasta el día de hoy y que no va a cesar hasta que entremos en gloria.

No debemos olvidar que, en el Edén, Satanás no lanzó un ataque feroz contra Adán y Eva utilizando la fuerza y el poder de las tinieblas para hacerles caer. Por el contrario, él se acercó a ellos por medio de una conversación aparentemente inofensiva, pero que en realidad estaba cargada de falsedad. Y fue producto de esa conversación y de esas mentiras que se produjo la derrota de ambos. De igual manera, cuando Satanás se acercó a Cristo para tentarlo en el desierto, él no lo hizo por medio de un despliegue de poder, sino a través de una conversación y distorsionando una vez más la revelación de Dios.

Lo que ocurrió en el huerto del Edén, y lo que aún ocurre hoy en día, es precisamente lo que Pablo describe en su carta a los romanos: "... ellos cambiaron la verdad de Dios por la mentira, y adoraron y sirvieron a la criatura en lugar del Creador, quien es bendito por los siglos. Amén" (Ro 1:25). Con estas palabras, el apóstol Pablo describe la idolatría del hombre no simplemente como un acto de adoración a dioses paganos, sino como algo mucho más complejo, que comienza con un intercambio de la verdad por la mentira. Cuando decidimos abandonar la verdad y abrazar la mentira, lo que inevitablemente sucede es que creamos ídolos basados en la mentira que hemos comprado, y esos ídolos entonces pasan a ser el centro de nuestra adoración. Obviamente, en una sociedad sofisticada como la de nuestros días, esos ídolos no son de metal, de madera ni de piedra, sino que se trata de ídolos erigidos en el corazón. De hecho, a través del profeta Ezequiel, Dios advirtió a Israel sobre esto, cuando dijo:

> "Por tanto, diles: «Así dice el Señor Dios: "Cualquier hombre de la casa de Israel que erija sus ídolos en su corazón, y que ponga delante de su rostro lo que lo hace caer en su iniquidad, y después venga al profeta, Yo, el Señor, le responderé entonces de acuerdo con la multitud de sus ídolos, a fin de alcanzar a la casa de Israel en sus corazones, que están apartados de mí a causa de todos sus ídolos"»". (Ez 14:4-5)

Un ejemplo muy sencillo de cómo erigimos ídolos del corazón al cambiar la verdad por la mentira es el caso de la esposa que compra la idea de que tener hijos y ser ama de casa por sí misma no le brindará sentido ni propósito a su vida, por lo que ella necesita tener además una carrera profesional y pertenecer a la fuerza laboral de la sociedad para sentirse verdaderamente realizada. Al comprar esta mentira, muchas mujeres hacen un ídolo de la necesidad de trabajar fuera del hogar y recibir reconocimiento social por su desempeño laboral. Ahora, con esto no estamos diciendo que las mujeres que tengan la disponibilidad de tiempo y el deseo de trabajar fuera del hogar no deban hacerlo, pues Dios puede usarlas grandemente en sus respectivas áreas, sino que su sentido de propósito e identidad no debe estar en una profesión o un trabajo en particular, y esto aplica también para los hombres. Cuando hacemos un ídolo del éxito profesional o de cualquier otra cosa que nuestro corazón anhele, inevitablemente terminamos siendo esclavos de ese ídolo que hemos creado, lo cual nos aleja cada vez más de Dios, quien es el único que merece toda nuestra adoración, y nos impide contar con su guía y protección en el campo de batalla. En pocas palabras, nuestros ídolos nos autodestruyen y nos convierten en víctimas de guerra; y todo comenzó cuando cambiamos la verdad por la mentira.

LOS FRUTOS DE LA VERDAD Y LA MENTIRA

Desde el principio, la intención de Satanás ha sido que desechemos la verdad de Dios y abracemos la mentira que él nos ofrece. El problema es que cuando hacemos eso pasamos de la libertad a la esclavitud, tal como ocurrió con Adán y Eva en el Edén. Después de los sucesos descritos en Génesis 3, la voluntad del hombre quedó completamente esclavizada al pecado, y esa es la razón por la que Dios es quien escoge al hombre para salvación y no al revés. Muchos tienen dificultad en aceptar esto porque lamentablemente no acaban de entender qué tan esclavizada quedó la voluntad del hombre luego de la caída.

Piense en esto por un momento: Cristo declaró de manera absoluta que Él vino para darnos libertad, y que si Él nos hacía libres seríamos realmente libres (Jn 8:32, 36). En otras palabras, si Dios mismo tuvo que encarnarse y sacrificar su vida para darnos libertad es porque antes de que el Hijo del Hombre viniera a nuestras vidas, nosotros éramos esclavos de algo. La esclavitud implica que hay un amo al cual obedecer, y en este caso ese amo es el pecado que heredamos de Adán y Eva, producto de la caída, el cual reina dentro de nosotros y nos hace esclavos de las pasiones y deseos de nuestra carne. Mas Cristo, la verdad personificada, nos libertó de la esclavitud del pecado y nos regaló una vida de plenitud; pues mientras la mentira trajo como fruto muerte y destrucción, la verdad trajo vida, y vida en abundancia (Jn 10:10). Ahora bien, esa plenitud de vida depende de cuánto vivamos en la verdad. Asimismo, la carencia de plenitud está directamente relacionada a cuántas mentiras hemos abrazado y en base a cuántas mentiras estamos viviendo. Esto es así porque tanto la verdad como la mentira tienen frutos, y esos frutos se dan de manera natural sin necesidad de cultivarlos.

Ciertamente, aquellos que hemos creído en Cristo hemos sido libertados de la esclavitud del pecado, pero no podemos obviar que producto de esa libertad nosotros ahora tenemos una lucha interna contra nuestra propia carne que todavía tiene deseos pecaminosos y una inclinación natural hacia el mal. Esa lucha interna es parte de la guerra espiritual que libra todo creyente; una guerra que comenzó cuando Adán y Eva compraron las mentiras de Satanás. Ellos no supieron permanecer firmes en la verdad, y como resultado, hoy en día todavía estamos experimentando los frutos de la mentira que ambos abrazaron.

SATANÁS ES LA FUENTE DE LAS MENTIRAS

Satanás es la fuente de las mentiras y estas han sido su arma más poderosa desde el principio. En el desierto, Satanás intentó derrotar a Cristo en tres ocasiones haciendo uso de mentiras para tentarlo, incluyendo la distorsión de la Palabra de Dios, tal y como él hizo con Adán y Eva en el huerto del Edén. De hecho, es a base de mentiras que Satanás ha logrado derrotar a los hijos de Dios una y otra vez.

Observe lo que Cristo dijo a un grupo de judíos que le rechazaban:

> "Ustedes son de su padre el diablo y quieren hacer los deseos de su padre. Él fue un asesino desde el principio, y no se ha mantenido en la verdad porque no hay verdad en él. Cuando habla mentira, habla de su propia naturaleza, porque es mentiroso y el padre de la mentira". (Jn 8:44)

Así como la naturaleza de Cristo es la verdad, la naturaleza de Satanás es la mentira. De modo que, Satanás miente porque es mentiroso por naturaleza y toda mentira tiene su origen en él. Esto implica que no hay nada que Satanás o sus demonios puedan decirnos que debamos creer, pues no hay verdad alguna en ellos. De hecho, cuando Satanás hace uso de la verdad es con la única intención de tergiversarla para engañar y hacer pecar a los hijos de Dios. Por otro lado, según el pasaje de Juan 8:44, cuando nosotros decimos una mentira nos estamos identificando con Satanás, el padre de toda mentira. Esto es importante enfatizarlo porque nosotros fácilmente decimos mentiras que, incluso clasificamos como "blancas" o "inofensivas", pero resulta que todas las mentiras son igualmente oscuras y su fuente es la misma: Satanás. Por tanto, al mentir revelamos nuestra naturaleza pecadora heredada de Adán y Eva, de la misma manera que Satanás revela su propia naturaleza cada vez que abre su boca.

La Biblia revela que el mundo entero está bajo el poder del maligno (1 Jn 5:19). Sin embargo, en el mundo no vemos constantes manifestaciones satánicas ni posesiones demoníacas como evidencia de la influencia y el poder que el enemigo ejerce sobre los seres humanos. Más bien, el dominio que Satanás ejerce tiene que ver con el hecho de que el mundo ha comprado y abrazado sus mentiras. Hoy más que en cualquier otro momento de la historia, los sistemas educativos y aun las leyes que rigen las naciones están plagadas de mentiras que el enemigo ha usado para hundir cada vez a la humanidad y ganar domino sobre ella. Y lamentablemente, no solo los incrédulos han comprado las mentiras de Satanás, sino que aun los hijos de Dios hemos comprado sus mentiras en algún momento de nuestras vidas. La única diferencia está en cuántas mentiras hemos comprado, el tamaño de las mentiras que creemos, y cuántas de esas mentiras han transformado nuestra manera de vivir.

Inevitablemente, mientras estemos en este mundo, el enemigo buscará engañarnos a cualquier precio y lo hará haciendo uso de su arma más poderosa: la mentira. Sin embargo, nosotros que hemos creído en Cristo para salvación sabemos que aunque estamos en el mundo no somos del mundo, pues le pertenecemos a Dios. La diferencia entre los hijos de Dios y el resto del mundo es que mayor es Aquel que está en nosotros que el que está en el mundo (1 Jn 4:4). Si no fuera por esa realidad, nosotros también estaríamos a la merced del príncipe de este mundo, pues habitamos en territorio enemigo y estamos continuamente en una guerra espiritual contra los poderes de las tinieblas que nos hacen oposición desde tres esferas distintas: el mundo, la carne y el diablo. Pues, el poder de Satanás no solo radica en la mentira que él nos vende de distintas maneras y que nosotros compramos y vivimos, sino también en las mentiras que nosotros mismos decimos porque, como bien afirma la Palabra de Dios, todo hombre es mentiroso (Sal 116:11), producto de la naturaleza pecaminosa de nuestra carne que tiene una inclinación natural hacia la mentira. De manera que, de una forma u otra nos convertimos en una víctima más del engaño de Satanás que nos esclaviza y nos impide disfrutar de la plenitud de vida que Cristo compró para nosotros.

Es evidente al estudiar las Escrituras que el poder de Satanás radica en la mentira, pero si todavía no está convencido de ello, observe lo que el apóstol Pablo escribe a la iglesia en Tesalónica con relación a los tiempos futuros:

> "La venida del impío será conforme a la actividad de Satanás, *con todo poder y señales y prodigios mentirosos, y con todo engaño* de iniquidad para los que se pierden, porque no recibieron el amor de la verdad para ser salvos. Por esto Dios les enviará *un poder engañoso,* para que crean en *la mentira,* a fin de que sean juzgados todos los que no creyeron en la verdad sino que se complacieron en la iniquidad". (2 Ts 2:9-12, énfasis añadido)

En otras palabras, este pasaje revela que con el devenir del tiempo llegará un momento en el que Dios —luego de haber hablado a través de apóstoles y profetas en el pasado, de pastores, misioneros y evangelistas en el presente, así como de múltiples otros instrumentos de su gracia— enviará juicio sobre aquellos que rechazaron la verdad del evangelio de Cristo, y ese juicio llegará en forma de un poder engañoso que hará que muchos crean las mentiras de Satanás. Esto implica que el juicio final de los incrédulos está íntimamente relacionado a la mentira, pues al abrazar la mentira ellos terminan rechazando el único camino que Dios ha provisto para salvación.

EL PODER DE LA MENTIRA

El apóstol Juan, escribiendo en sus días finales, exhorta a sus discípulos a que tengan cuidado con los falsos maestros: "Pues muchos engañadores han salido al mundo que no confiesan que Jesucristo ha venido en carne. Ese es el engañador y el anticristo" (2 Jn 1:7). Con estas palabras, Juan deja claro que hay un poder engañoso, un espíritu de mentira que ha estado activo y presente en el mundo, y ese espíritu de mentira representa a un personaje: el anticristo. Pues, así como hay una tríada santa —Padre, Hijo y Espíritu Santo—, hay también una tríada satánica conformada por Satanás, el anticristo y el falso profeta de que habla el libro de Apocalipsis (Ap 16:13; 19:20; 20:10). Y si bien la figura del anticristo aún no ha venido al mundo como tal, este ha sido representado a lo largo de toda la historia por medio del engaño y la mentira, pues la característica principal del anticristo es su habilidad para engañar; por eso Juan se refiere a él como el engañador. Él es el impío que Pablo anunció que vendría con señales y prodigios mentirosos, conforme a la actividad de Satanás, para engañar a los que se pierden (2 Ts 2:9-12). El mismo personaje que está detrás de todas las nuevas corrientes de pensamiento y falsas doctrinas que están amenazando la Iglesia de Cristo hoy en día.

En una ocasión, Cristo estaba sentado en el monte de los Olivos y sus discípulos se acercaron a Él para preguntarle acerca de las señales del fin de los tiempos, específicamente acerca de las señales de su segunda venida. Respondiéndoles, Cristo les advierte sobre el surgimiento de falsos maestros y les dice: "Tengan cuidado de que nadie los engañe. Porque muchos vendrán en Mi nombre, diciendo: «Yo soy el Cristo», y engañarán a muchos" (Mt 24:4-5). Inmediatamente después, Cristo comienza a describir una serie de sucesos que han de ocurrir alrededor del mundo y que ellos debían tomar en cuenta como señal de que el fin estaba cerca, pero este no llegaría sin que antes el evangelio del reino fuese predicado en todo el mundo como testimonio a todas las naciones (Mt 24:14). Luego, Cristo comienza a describirles un tiempo de gran tribulación donde la Iglesia de Cristo sería perseguida, y una vez más les advierte diciendo: "Porque se levantarán falsos Cristos y falsos profetas, y mostrarán grandes señales y prodigios, para así engañar, de ser posible, aun a los escogidos" (Mt 24:24).

En pocas palabras, este versículo nos habla de la astucia de Satanás y el poder que tiene la mentira, pues Cristo deja ver claramente que, si Dios no interviene a favor de sus escogidos, ellos serían fácilmente engañados por el maligno. De hecho, en la Palabra encontramos varios ejemplos de hombres de Dios que fueron engañados aun después de haber defendido la verdad, como sucedió en el caso del apóstol Pedro, quien luego de recibir una revelación especial de parte de Dios acerca de la inclusión de los gentiles en el plan de redención (Hch 10:9-16; 11:1-18), decide apartarse de los gentiles y no sentarse a la mesa con ellos por miedo a lo que los judíos pensarían de él (Gá 2:12). En ese momento, el temor al rechazo de los hombres hizo que Pedro comprara una vez más la mentira de la cual ya se había desecho.

LA MENTIRA: EL ARMA DE LOS FALSOS MAESTROS

Al leer las Escrituras resulta evidente que los falsos maestros y falsos apóstoles no son cosa de nuestros días, sino que han estado presentes desde los tiempos de la Iglesia primitiva:

> "Porque los tales son falsos apóstoles, obreros fraudulentos, que se disfrazan como apóstoles de Cristo. Y no es de extrañar, pues aun Satanás se disfraza como ángel de luz. Por tanto, no es de sorprender que sus servidores también se disfracen como servidores de justicia, cuyo fin será conforme a sus obras". (2 Co 11:13-15)

En este pasaje, el apóstol Pablo claramente identifica a los falsos maestros y falsos apóstoles como obreros enviados por Satanás para engañar a la Iglesia por medio de falsas enseñanzas que tienen apariencia de verdad. Esta es la razón por la que Cristo se identificó tanto con la verdad en su misión aquí en la tierra. Él sabía que la mentira, la distorsión de la verdad por parte de Satanás y sus servidores, fue el origen del problema en el principio y seguirá siendo la raíz del problema hasta el final de los tiempos. ¿Y cuál es el problema? El intercambio de la verdad por la mentira.

En los últimos años hemos visto cómo pastores y líderes cristianos se han alejado de la verdad del evangelio y han negado abiertamente la fe que por años profesaron y defendieron desde el púlpito. En otros casos, hemos sido testigos de escándalos internacionales donde la doble vida de algunos líderes cristianos ha quedado expuesta y se ha comprobado que no vivían conforme a la verdad que públicamente predicaban. Esto es grave, pues sobre aquellos que tienen un estilo de vida caracterizado por el pecado, el apóstol Juan dice lo siguiente: "El que practica el pecado es del diablo, porque el diablo ha pecado desde el principio. El Hijo de Dios se manifestó con este propósito: para destruir las obras del diablo" (1 Jn 3:8). Cristo se encarnó y dio su vida para destruir las obras de Satanás, y la manera en que el Hijo de Dios va a destruir las obras del diablo en la guerra espiritual es por medio de la verdad. Recuerde que estamos en una batalla donde el arma predilecta de ambos contrincantes representa un antónimo: la verdad y la mentira. No podemos asociarnos con la mentira y al mismo tiempo pretender luchar del lado de la verdad. Amado hermano en Cristo, si nos alejamos de la verdad no hay posibilidad alguna de que triunfemos en el campo de batalla porque no contaremos con el respaldo de Dios. Pero si permanecemos firmemente plantados en la verdad, no habrá forma de que podamos ser derrotados en la guerra espiritual.

LA VERDAD QUE VENCE LAS TINIEBLAS

Jesús dijo: "Yo soy el camino, y la verdad y la vida; nadie viene al Padre sino por Mí" (Jn 14:6). Con esta gran declaración queda establecido que *Cristo es el camino de regreso al Edén*. Él es la vía por la cual tenemos nuevamente acceso a la presencia de Dios, a la comunión que Adán y Eva tenían con el Padre en el principio y que perdieron al ser expulsados del Edén producto de la caída. Pero Satanás, conociendo esto, "cambió" los letreros del camino para que los hombres no puedan regresar al Padre. Él ha desviado a muchos por el camino de la moralidad, a otros por el camino de las obras, y a unos cuantos más por el camino de falsos dioses, haciéndoles creer en todo momento que van por el camino que conduce a la vida eterna. Él diseñó esos caminos para que lucieran anchos y cómodos, pero sin dejarnos ver que son sendas que llevan a la perdición (Mt 7:13). Mas la puerta y el camino que Dios ha diseñado para volver a Él es angosto porque no tiene espacio para la mentira. El error siempre tendrá espacio para la verdad, por eso Cristo puede ser un profeta en el islam y una divinidad en el hinduismo, pero la verdad es exclusiva. La verdad nos muestra el camino que nos lleva a la vida. Cristo,

- es la verdad que debemos creer.
- es el camino que debemos seguir.
- es la vida que debemos vivir.

LA VERDAD DETRÁS DE LA MENTIRA

El mundo vive engañado y el mundo nos vende su engaño como algo bueno, agradable y perfecto cuando en realidad es todo lo contrario. El apóstol Pablo estaba muy consciente de esa influencia que el mundo tiene en la vida del creyente y esto quedó plasmado en varias de sus cartas:

> "Miren que nadie los haga cautivos por medio de su filosofía y vanas sutilezas, según la tradición de los hombres, conforme a los principios elementales del mundo y no según Cristo". (Col 2:8)

El mundo representa ideas, creencias y sistemas de valores que van cambiando continuamente según la época, pero que tienen un elemento invariable: son contrarias a Cristo. De ahí que, la mejor manera de evitar ser engañados por las corrientes de pensamiento de este mundo es evaluándolas a la luz de la Palabra de Dios. Ahora bien, es muy fácil identificar la mentira cuando se trata de corrientes de pensamiento que son totalmente contrarias a lo que Dios ha revelado en Su Palabra. Sin embargo, el cristiano muchas veces es engañado cuando esta «verdad» viene del mundo de la ciencia como ha ocurrido hoy con la ideología de género.

La sociedad actual está saturada de una serie de ideas, principios y métodos que se supone nos harán lucir mejor, sentirnos mejor y ser mejores personas tanto en el ámbito personal como en el laboral. En principio, muchas de esas cosas parecen ser inofensivas y en algunos casos hasta pudieran lucir beneficiosas, pero la mayoría de ellas no tienen nada que ver con la verdad, nada que ver con Cristo. Usted no necesita aprender una serie de técnicas para sentirse más seguro de sí mismo al momento de ir a una entrevista de trabajo, por ejemplo. Lo que necesita es orar para que Dios vaya delante de usted, ya sea poniendo gracia en la persona que le va a entrevistar para que esta le vea con buenos ojos para ser considerado para un contrato o permitiendo que le rechacen si se trata de un trabajo que Dios sabe de antemano que a usted no le conviene. Sin embargo, estas cosas no son tan fáciles de discernir si hemos comprado las mentiras que el mundo nos vende. Por eso, la Palabra nos manda a tener cuidado de no dejarnos engañar por ideas y enseñanzas humanas que parecen contener sabiduría, pero que provienen del mismo reino de las tinieblas. Cuando se trata de la guerra espiritual, el mundo no es pasivo en lo más mínimo, y Cristo explica esta realidad de la siguiente manera:

> "Si ustedes fueran del mundo, el mundo amaría lo suyo; pero como no son del mundo, sino que Yo los escogí de entre el mundo, por eso *el mundo los odia*". (Jn 15:19, énfasis añadido)

El lenguaje usado por Cristo es fuerte. No es simplemente que los hijos de Dios no son del agrado del mundo, sino que este les tiene odio. En otras palabras, cuando el mundo nos ve vivir la verdad del evangelio de Cristo, siente aversión hacia nosotros y desea nuestro mal. ¿Por qué? Porque la verdad confronta la mentira del mundo y pone en evidencia sus engaños. De ahí que, "todo el que hace lo malo odia la Luz, y no viene a la Luz para que sus acciones no sean expuestas" (Jn 3:20).

EL CONTRAATAQUE

El mejor contrataque en la guerra espiritual puede ser resumido en cuatro acciones: leer, orar, depender y resistir. El cristiano con frecuencia olvida cada una de ellas. Necesitamos:

- Leer la Palabra.
- Orar a Dios.
- Depender del Espíritu.
- Resistir al enemigo.

En Efesios 6:10-20, Pablo describe la armadura de Dios para la batalla como veremos en otro capítulo más adelante. En ese corto pasaje, la Palabra de Dios es descrita como la espada del Espíritu y es el único elemento ofensivo en la armadura; los demás son piezas defensivas para el ataque. Por otra parte, cuando Cristo enseñó a orar a Sus discípulos, Él les dejó una oración modelo que hoy en día conocemos como el Padre Nuestro. Al final de esa oración encontramos una petición que está íntimamente relacionada a la guerra espiritual del creyente. Jesús oró diciendo:

> "Y no nos dejes caer en tentación, sino líbranos del mal. Porque Tuyo es el reino y el poder y la gloria para siempre. Amén". (Mt 6:13)

Algunas traducciones de la Biblia usan la frase "líbranos del maligno" en vez de "líbranos del mal", pero ambos términos son válidos porque la palabra utilizada en el idioma original (*tou ponērou*) puede significar tanto "mal" como "el maligno". De manera que, ambas expresiones nos hablan de la realidad de la batalla espiritual del creyente contra el pecado y el reino de las tinieblas. Asimismo, la sencillez de esta petición —"*no nos dejes caer en tentación, sino líbranos del mal"*— nos recuerda una vez más que nuestra batalla, aunque es continua, no es tan compleja como pensamos. Ya Dios venció los poderes de las tinieblas por medio de Cristo y nosotros solo necesitamos aferrarnos a esa verdad y mantenernos firmes hasta el final. De ahí que, esta oración modelo refleja la confianza que los hijos de Dios tienen (o deberían tener) en la protección y seguridad que les brinda su Padre celestial. A través del Padre Nuestro, Cristo nos enseña que la mejor manera de pelear la batalla es acudiendo a Dios en oración para que Él venga en nuestro auxilio. Al mismo tiempo, la oración nos enseña a depender absolutamente de la soberanía de Dios, pues de Él es el reino, el poder y la gloria.

Por otro lado, Santiago, escribiendo acerca del origen de las disputas y los conflictos entre creyentes, de forma práctica y sencilla también nos enseña cómo librar la batalla espiritual contra el maligno:

> "Por tanto, sométanse a Dios. *Resistan, pues, al diablo y huirá de ustedes.* Acérquense a Dios, y Él se acercará a ustedes. Limpien sus manos, pecadores; y ustedes de doble ánimo, purifiquen sus corazones". (Stg 4:7-8, énfasis añadido)

En este pasaje, lo primero que notamos es que no hemos sido llamados a luchar en nuestras propias fuerzas, sino a someternos a Dios y permanecer firmes en Él. En consecuencia, la única manera de resistir los ataques del enemigo es no cediendo el terreno de la verdad, es decir, no cambiando la verdad de Dios por la mentira que Satanás nos ofrece. Eso implica que debemos mantenernos firmes en la verdad, rechazando todo aquello que es contrario a la Palabra de Dios y llevando nuestros pensamientos cautivos a la obediencia de Cristo (2 Co 10:5).

En el desierto, Cristo se mantuvo firme en la verdad y el diablo no tuvo otra opción que retirarse. Allí no hubo un encuentro de poder, a pesar de que Cristo tenía todo el poder y la autoridad para librar y ganar esa lucha. Por el contrario, lo único que Cristo hizo fue citar la Palabra de Dios una y otra vez, pues el poder está en la verdad y Su Palabra es verdad (Jn 17:17b). De modo que, Cristo en el desierto es la ejemplificación perfecta de cómo los creyentes hemos de mantenernos firmes en la verdad.

En ningún momento vemos a Cristo negociando ni argumentando con Satanás acerca de la verdad, como lo hizo Eva con la serpiente en el jardín, sino simplemente confrontando la mentira con la verdad de Dios.

En una ocasión, durante una sesión de consejería hablábamos con una joven cristiana que luchaba con pensamientos negativos sobre su persona que la hacían sentir como basura. Nuestro consejo para ella fue que se hablara verdad a sí misma cuando esos pensamientos le asaltaran. ¿Cuál verdad? La verdad que nos ha sido revelada en la Palabra. Nosotros fuimos creados por Dios, hechos a Su imagen y semejanza, y no es posible que la obra cumbre de Dios sea una basura. Asimismo, si somos creyentes, resulta que Cristo murió por nuestros pecados y no hay manera de que Cristo haya dejado Su gloria y dado Su vida por nosotros si no tuviéramos valor alguno para Dios.

HAGAMOS UN COMPROMISO CON LA VERDAD

Aquellos que somos llamados por Dios necesitamos hacer un compromiso con la verdad. Como creyentes, debemos tomar la decisión de *amar la verdad* (Zac 8:19b), pues esa es la única manera en que podremos ganar la batalla espiritual contra el maligno. Cualquier otro método para resistir al enemigo es invención del hombre y tarde o temprano probará ser ineficaz para ayudarnos en nuestro caminar cristiano. Ahora bien, amar la verdad implica que vamos a odiar la mentira y desechar todo aquello que no sea consistente con la verdad. Para conseguir hacer esto, necesitamos pedirle a Dios que nos dé amor y pasión por la verdad. Asimismo, debemos *buscar la verdad* (Jer 5:1) y perseguirla hasta encontrarla. El mundo está constantemente ofreciéndonos intercambiar la verdad por la mentira, pero los hijos de Dios debemos comprometernos a *elegir la verdad ante todo* (Sal 119:30). Y esto es algo que debemos tener muy en cuenta porque aun al momento de honrar decisiones personales que hemos tomado, como el pacto matrimonial que hemos hecho con nuestro cónyuge, hay una verdad y una mentira que escoger. Si usted es casado, tarde o temprano, Satanás intentará venderle la idea de que no está casado con la persona correcta y que la decisión que tomó fue equivocada. En momentos como ese, debemos *vivir por la verdad* (Jn 3:21), *caminar en la verdad* (Sal 26:3) *y obedecer la verdad* (1 P 1:22).

Para poder permanecer firmes en la verdad, nosotros necesitamos *manejar correctamente la verdad.* Ese fue el consejo que Pablo le dio a su discípulo Timoteo: "Procura con diligencia presentarte a Dios aprobado, como obrero que no tiene de qué avergonzarse, que maneja con precisión la palabra de verdad" (2 Ti 2:15). Esto implica que como creyentes haremos todo lo que esté a nuestro alcance para:

- hablar la verdad (Sal 15:1-2).
- trabajar por la verdad (3 Jn 1:8).
- ser guiados por la verdad (Sal 43:3).
- ser fieles a la verdad (3 Jn 1:3).
- adorar en verdad (Jn 4:23-24).

La verdad es nuestro sustento, nuestra espada de defensa en el conflicto bélico que estamos librando contra el reino de las tinieblas y el lugar en la cual hemos sido llamados a permanecer firmes.

La Palabra de Dios afirma que todo hombre es mentiroso (Sal 116:11; Ro 3:4), y ciertamente lo somos porque todos en algún momento hemos decidido ocultar o minimizar la verdad movidos por distintas razones. No obstante, cuando un creyente identifica la verdad y puede distinguirla claramente de la mentira, resulta inconcebible que este escoja la mentira con tal de lucir bien ante los demás cuando él o ella sabe que no se trata de lucir bien, sino de estar bien delante del único que importa, Dios. Así que, comprometámonos con la verdad, resistamos al diablo permaneciendo firmemente plantados en la verdad, y él no tendrá otro remedio que huir de nosotros (Stg 4:7).

EN LA ESPERA, NO DESMAYE

El llamado que Santiago nos hace a resistir los embates del enemigo con frecuencia implicará que tendremos que esperar en el Señor. Por tanto, *cuando la batalla ruja, no se desespere. Clame a Dios y espere pacientemente por Él.* Cuando nos impacientamos, nos desesperamos y al desesperarnos tomamos decisiones incorrectas, tal como lo hizo el rey Saúl mientras esperaba por el profeta Samuel. En 1 Samuel 13 leemos que los filisteos estaban reunidos para pelear contra Israel, y Saúl, al ver que Samuel no llegaba con noticias de parte de Dios, decidió no esperar la llegada del profeta y ofrecer él mismo sacrificios en el templo, algo que la ley de Dios le prohibía hacer. Entonces, tan pronto como terminó de ofrecer el holocausto, llegó Samuel (1 S 13:10). Evidentemente, Dios retuvo a Samuel con el propósito de revelar lo que había en el corazón de Saúl.

En la guerra espiritual muchas veces nos adelantamos como ya expresamos en vez de esperar. Esta realidad la vemos claramente ilustrada en la vida del profeta Daniel. En un momento dado, mientras Daniel ayunaba y esperaba una respuesta de parte de Dios, él tuvo una visión que lo estremeció. Un ser angelical se acercó a Daniel y le dijo:

> "No temas, Daniel, porque *desde el primer día en que te propusiste en tu corazón entender y humillarte delante de tu Dios, fueron oídas tus palabras,* y a causa de tus palabras he venido. *Pero el príncipe del reino de Persia se me opuso por veintiún días,* pero Miguel, uno de los primeros príncipes, vino en mi ayuda, ya que yo había sido dejado allí con los reyes de Persia. Y he venido para darte a conocer lo que sucederá a tu pueblo al final de los días, porque la visión es para días aún lejanos". (Dn 10:12-14, énfasis añadido)

En otras palabras, Dios escuchó el clamor de Daniel desde el primer día e inmediatamente envió un ángel a su encuentro, pero se desató una guerra espiritual en las regiones celestes que impidió que ese ángel llegara rápidamente donde estaba Daniel. Y aunque nosotros desconocemos las razones por las que Dios permitió que por veintiún días se librara esta batalla, hasta el punto de que el ángel tuvo que pedir ayuda, la Palabra así lo revela, y esta es una evidencia más de que nuestra lucha contra el reino de las tinieblas es real. Asimismo, este pasaje nos enseña que no debemos desmayar en la espera porque Dios está atento a nuestro clamor y dispuesto a socorrernos. Solo debemos esperar firmes en Él.

5

LA BATALLA POR LA MENTE

> "Pero temo que, así como la serpiente con su astucia engañó a Eva, las mentes de ustedes sean desviadas de la sencillez y pureza de la devoción a Cristo". (2 Co 11:3)

Francis Schaeffer, uno de los grandes pensadores y teólogos de la iglesia contemporánea, dijo lo siguiente: "[En] la batalla espiritual, la pérdida de la victoria ocurre siempre en el mundo de la mente".[16] En otras palabras, la mente es el campo de batalla del creyente; el escenario donde la guerra espiritual ruge con mayor intensidad, como ya habíamos aludido en el capítulo 1. Por esta razón, tanto Dios como Satanás buscan cautivar toda nuestra mente. El primero, con la intención de garantizar nuestro bienestar y el segundo, con el único objetivo de lograr nuestra destrucción.

La mejor evidencia de que Dios está interesado en cautivar nuestra mente es el hecho de que cuando Cristo fue cuestionado sobre cuál era el más grande mandamiento de la ley de Dios, Él contestó: "«AMARÁS AL SEÑOR TU DIOS CON TODO TU CORAZÓN, Y CON TODA TU ALMA, Y CON TODA TU MENTE». Este es el grande y primer mandamiento" (Mt 22:37-38). Con estas palabras, Cristo dio a conocer que el más alto llamado del creyente

16. Citado por Chip Ingram en *The Invisible War* (Grand Rapids: Baker Books, 2006), p. 131.

involucra mucho más que sentimientos y emociones; este demanda el uso absoluto de la mente en la adoración a Dios. Esto es algo que Satanás está tratando de evitar a toda costa, pues él sabe que todas las demás ordenanzas que Dios le ha dado al hombre dependen del cumplimiento de ese primer mandamiento.

Ahora bien, la importancia de la mente en la guerra espiritual radica en algo que el libro de Proverbios revela. Refiriéndose al hombre, el autor de Proverbios afirma lo siguiente: "Pues como piensa dentro de sí, así es él" (Pr 23:7). Esto implica que los pensamientos de una persona determinan la manera en que él o ella se conduce en la vida, pues todas nuestras acciones van precedidas de un pensamiento, ya sea que estemos o no conscientes de ello. De modo que, ninguna decisión es tomada por el hombre sin que la mente esté involucrada.

EL PROBLEMA DE LA MENTE CAÍDA

Por un buen tiempo, la mente del ser humano pensó bien, pero después de la caída de Adán y Eva, la mente jamás ha vuelto a funcionar correctamente. A partir de entonces, el entendimiento de ellos se endureció (2 Co 3:14) y quedó completamente cegado (2 Co 4:4). Esto significa que producto del pecado la mente caída dejó de ser receptiva a la verdad de Dios, pues ahora existe un velo cubriendo el entendimiento de los incrédulos que no les permite ver la gloria de Dios revelada en la persona de Cristo. Más aún, las Escrituras afirman que Satanás es quien activamente ha cegado el entendimiento de los que no creen para que la luz del evangelio no resplandezca en ellos. En pocas palabras, sin la intervención de Dios, los hombres quedarían abandonados a una mente pecaminosa que se rebela continuamente contra el conocimiento de Dios (2 Co 10:5) y que en sí misma es incapaz de reconocer su necesidad de redención.

Por otro lado, la Palabra nos enseña que la caída del hombre provocó también la vanidad de la mente. Es decir, el entendimiento de aquellos que no conocen a Dios está totalmente distorsionado, desprovisto de propósito y sentido, lo que se traduce en una vida vana y vacía. Lamentablemente, en ocasiones ese vacío permanece en cierta medida aun después de que la persona ha venido a los pies de Cristo, pues él o ella todavía no han alcanzado un grado de santificación suficiente como para transformar por completo su manera de pensar. De ahí que, el apóstol Pablo exhortaba a los creyentes en Éfeso a no comportarse como los gentiles, quienes andaban de acuerdo con la vanidad de su mente, pues ellos tenían el entendimiento entenebrecido por causa de la dureza de sus corazones hacia la verdad de Dios (Ef 4:17-18). Así que, otro de los efectos de la caída es que la mente del hombre quedó totalmente oscurecida por el pecado, y eso es lo que hace que el entendimiento del inconverso esté completamente envanecido, desprovisto de propósito y sentido.

Ahora bien, el problema de la mente caída es que es una mente carnal (Col 2:18), pues no se deleita en la ley de Dios ni anda conforme al Espíritu de Dios, sino que responde a los deseos e impulsos pecaminosos de la carne y disfruta pensar en las cosas que a la carne le dan satisfacción. Como creyentes, no se supone que tengamos una mente carnal, pero de tiempo en tiempo luchamos con pensamientos carnales debido a que tenemos una naturaleza pecadora que no será transformada por completo sino hasta que entremos en gloria. Un cristiano puede pensar carnalmente en determinado momento, pero la mente del inconverso lo hace continuamente porque de acuerdo con la revelación de Dios, es una mente depravada (1 Ti 6:5); una mente perversa y torcida que ha sido abandonada por Dios a sus propias pasiones (Ro 1:24-32). Además, Cristo mismo reveló que la mente caída es una mente embotada (Mr 6:52), pues es incapaz de discernir las cosas espirituales. Por esa razón, muchos de aquellos que fueron testigos oculares de las enseñanzas y los milagros de Jesús no pudieron entender lo que Él les decía ni tampoco percibir quién realmente era el que estaba frente a ellos.

Tal es la condición de la mente caída y Satanás conoce muy bien esto. Por tanto, él sabe cuál es la mejor manera de entretener, engañar y distraer la mente del hombre para alejarla cada vez más de la verdad de Dios.

DEFINICIÓN DE LA MENTE

En la Palabra de Dios hay múltiples términos, tanto en hebreo como en griego, que son traducidos al español como "mente". En el Nuevo Testamento, las dos palabras más comunes para mente son *dianoia*, que aparece doce veces e implica "pensar a través de", y *nous*, que aparece veinticuatro veces y es definida por uno de los diccionarios consultados como "el asiento del entendimiento", "el lugar del conocimiento y razonamiento", e incluye "sentimientos y decisión".[17] Es decir, con la mente el hombre razona, acumula conocimiento, toma decisiones y siente. De manera que, las emociones de una persona están íntimamente atadas a cómo él o ella piensa, y eso nos ayuda a entender mejor a qué se refería Cristo cuando dijo que debemos amar a Dios con toda nuestra mente. Él espera que le amemos con todos nuestros sentimientos, con todo nuestro conocimiento, con todos nuestros razonamientos y con cada decisión que tomemos.

Vale la pena aclarar que, aunque de este lado de la gloria la mente del hombre está ligada a un órgano físico (el cerebro), cuando la Palabra de Dios usa el término "mente" no se está refiriendo solo a la parte física, sino al individuo en conjunto y de manera particular a la capacidad de pensar y razonar que tienen los seres humanos, que es una de las formas en que podemos ver la imagen de Dios plasmada en el hombre (Ro 11:34; 1 Co 2:16). De hecho, cuando un creyente muere, su cuerpo permanece en la tumba, pero su espíritu va a la presencia de Dios, y ese espíritu que disfruta del gozo del Señor y que aún no cuenta con un cuerpo glorificado (carece de cerebro físico) está de alguna manera pensando y sintiendo.

LA BATALLA RUGE EN LA MENTE

Si bien es cierto que la Palabra de Dios revela que nuestra lucha no es contra sangre y carne, sino contra fuerzas espirituales de maldad (Ef 6:12), no hay duda alguna de que esa guerra espiritual, como en todo enfrentamiento bélico, se lleva a cabo en un campo de batalla, y en la vida del creyente ese campo de batalla es la mente. Esto es así porque tanto Dios como Satanás saben que la batalla por la verdad se gana o se pierde en la mente, como ya hemos mencionado.

A través de la Carta a los Romanos, el apóstol Pablo nos ayuda a entender la participación de la mente en la lucha espiritual que ruge en el interior de cada hijo de Dios. Específicamente, en el capítulo siete, Pablo

---

17. Gerald P. Cowen en *Holman Illustrated Bible Dictionary* (Nashville: Holman Bible Publisher, 2003), bajo la palabra "mind" (mente).

describe lo siguiente: "Porque en el hombre interior me deleito con la ley de Dios, pero veo otra ley en los miembros de mi cuerpo que *hace guerra contra la ley de mi mente,* y me hace prisionero de la ley del pecado que está en mis miembros. ¡Miserable de mí! ¿Quién me libertará de este cuerpo de muerte?" (Ro 7:22-24, énfasis añadido). Con estas palabras, Pablo reconoce que en su interior hay un conflicto entre lo que su mente desea —obedecer a Dios— y lo que su carne desea —"disfrutar el aquí y el ahora"—, y ese conflicto tiene lugar en su mundo interior, es decir, en su mente. Y lo mismo ocurre a diario en nuestras vidas porque nosotros, al igual que Pablo, somos partícipes de la naturaleza caída de Adán y Eva.

En nuestro interior hay dos realidades que combaten entre sí: una mente renovada que se deleita en los mandamientos de Dios y un cuerpo no glorificado que aún tiene deseos caídos que constantemente demandan atención de manera que puedan ser satisfechos. Por eso, no debe extrañarnos que Pablo anhelara con tanto desespero ser librado de un cuerpo que le hacía pecar y le separaba de Dios. De hecho, la batalla que ruge en la mente del creyente es tan grande que algunos teólogos entienden que cuando el apóstol Pablo usó la frase "¿Quién me libertará de este cuerpo de muerte?" (Ro 7:24), él estaba haciendo alusión a una práctica que tuvo lugar durante el Imperio romano. Cuando alguien era culpable de haberle quitado la vida a otra persona, el acusado podía ir a la horca o las autoridades podían ordenar que su cuerpo fuera atado al cuerpo sin vida del asesinado. En estos casos, el homicida podía ser obligado a permanecer atado a su víctima a fin de que el cadáver putrefacto los infectara lentamente hasta ocasionarles la muerte o este muriera de inanición. ¿Se imagina lo horrendo que debe ser estar atado a un cadáver en proceso de descomposición? Muchos entienden que Pablo tenía esta escena en mente cuando describió la batalla que libraba entre su cuerpo caído, que estaba atado al pecado, y su mente renovada por el Espíritu, que anhelaba obedecer la ley de Dios.

LA MENTE COMO BLANCO DE ATAQUE DE SATANÁS

Como mencionamos anteriormente, cada acción que tomamos, cada palabra que pronunciamos, por más natural y espontánea que pueda parecer, va precedida de un pensamiento (ver Pr 16:9). Esto es así porque la mente es el centro de operaciones del ser humano. La mente dirige los pensamientos, las emociones, las decisiones y las acciones del hombre. De modo que, todo lo que experimentamos es generado y procesado de una u otra manera por nuestra mente. Por esta razón, el resguardo de la mente es vital en la guerra espiritual, pues si Satanás logra distraer nuestra mente de la verdad de Dios, somos hombre muerto.

Desde el huerto del Edén, el blanco de ataque de Satanás ha sido la mente del hombre. Cuando la serpiente se acercó a Eva, su estrategia fue involucrarla en una conversación con el propósito de distraer su mente de aquello que Dios había ordenado. De esa misma manera, hoy en día Satanás busca distraer nuestra mente por medio de ideologías y razonamientos mundanos con el fin de evitar que nos mantengamos enfocados en la dirección correcta y provocar así nuestra caída. De ahí la importancia que la Palabra de Dios otorga a la renovación de nuestra mente de forma tal que podamos pensar conforme a la verdad de Dios y no nos dejemos engañar por las mentiras de Satanás.

SATANÁS BUSCA GANAR ACCESO A NUESTRA MENTE

La Iglesia de nuestros días está en peligro de ser engañada por Satanás de la misma manera en que Eva fue engañada por la serpiente en el principio. De hecho, su estrategia no ha cambiado durante toda la historia de la Iglesia. Por eso, el apóstol Pablo escribió a los corintios diciendo: "Pero temo que, así como la serpiente con su astucia engañó a Eva, las mentes de ustedes sean desviadas de la sencillez y pureza de la devoción a Cristo" (2 Co 11:3). Con estas palabras, Pablo buscaba alertar a los creyentes en Corinto para que estos no fueran engañados por la astucia de Satanás. Él temía que sus mentes fueran involucradas en una forma de pensar compleja y errada que provocara que ellos fueran desviados de la verdad, tal como Eva lo fue en el Edén. Ciertamente, la sencillez de lo ordenado por Dios se complicó una vez que las mentiras de la serpiente aparecieron para distraer a Eva.

Al revisar los Evangelios, en un momento dado encontramos a Pedro confesando su fe en Jesús como "el Cristo, el Hijo del Dios viviente" (Mt 16:16), a lo cual Jesús respondió diciendo: "Bienaventurado eres, Simón, hijo de Jonás, porque esto no te lo reveló carne ni sangre, sino Mi Padre que está en los cielos" (Mt 16:17). Sin embargo, unos versículos más adelante vemos que Jesús reprende a Pedro porque aparentemente él estaba siendo usado por Satanás para tratar de impedir que el plan redentor de Dios se cumpliera. Mientras Cristo anunciaba los padecimientos que tendría que sufrir en Jerusalén y su eventual muerte y resurrección, Pedro lo llevó aparte y comenzó a reprenderlo diciéndole: "«¡No lo permita Dios, Señor! Eso nunca te acontecerá». Pero volviéndose Él, dijo a Pedro: «¡Quítate de delante de Mí, Satanás! Me eres piedra de tropiezo; porque *no estás pensando en las cosas de Dios,* sino en las de los hombres»" (Mt 16:21-23, énfasis añadido). En pocas palabras, mientras Pedro pensaba en las cosas de Dios, Satanás de alguna manera logró distraerlo y consiguió que él cambiara su forma de pensar para que no pudiera ver los sufrimientos y la muerte del Mesías como parte del plan soberano de Dios, sino como algo que debía ser evitado a toda costa. Así pues, vemos una vez más la participación de la mente en la guerra espiritual al convertirse en el principal blanco de ataque de Satanás.

El enemigo está constantemente buscando la manera de ganar acceso a nuestra mente, y aunque no sabemos con exactitud cómo él logra infiltrar nuestros pensamientos, la Palabra de Dios revela que ciertamente Satanás ejerce influencia sobre la mente del hombre. A manera de ilustración, veamos un evento registrado en el primer libro de Crónicas, capítulo veintiuno: "Satanás se levantó contra Israel y provocó a David a hacer un censo de Israel" (1 Cr 21:1). En el hebreo, la palabra traducida como "provocó" significa "estimular", "seducir", "persuadir"; y ¿qué otra cosa puede ser objeto de persuasión o provocación, sino la mente humana? Esto implica que de algún modo Satanás ganó acceso a la mente del rey David y lo persuadió de que era una buena idea hacer un censo para saber con cuántos hombres él contaba para ir a la guerra. Como es conocido por muchos, la acción de David desagradó a Dios y trajo como resultado la muerte de setenta mil israelitas (1 Cr 21:7, 14). Esta lamentable historia revela una vez más que la mente es el campo de batalla del creyente, el terreno donde se gana o se pierde la lucha espiritual contra el maligno. Con razón, como veremos unos capítulos más adelante, Pablo nos llama a vestirnos de toda la armadura de Dios, la cual incluye un yelmo o casco que sirve para cubrir nuestra cabeza en el campo de batalla; es decir, protege nuestra mente y nuestros pensamientos contra las estrategias y las maquinaciones malvadas de Satanás.

De igual manera, el libro de Proverbios nos llama a guardar nuestro corazón con toda diligencia (Pr 4:23), que es otra manera de decir que necesitamos resguardar nuestra mente, pues esta dirige nuestros pensamientos, emociones y acciones. Ahora bien, la manera en que protegemos la mente de las mentiras del enemigo es haciendo uso de la Palabra de Dios. Como hijos de Dios necesitamos seguir el ejemplo de Cristo y recordarle a nuestra mente lo que Dios ha dicho, pues la verdad de Dios desarma las mentiras de Satanás y nos ayuda a permanecer firmes ante sus embates. Cuando el enemigo quiera sembrar dudas en su mente, tome las Escrituras y háblese verdad a sí mismo porque la victoria en la guerra espiritual solo se alcanza permaneciendo firmes en la verdad (Jn 8:32).

LA MENTE DETERMINA CÓMO VIVIMOS

Como ya hemos mencionado, los pensamientos de una persona determinan la manera en que él o ella se conduce en la vida. En ese sentido, la Palabra de Dios revela que aquellos que no conocen a Dios viven conforme a los deseos de la carne y ponen la mente en las cosas de la carne; pero los que conocen a Dios viven conforme al Espíritu y ponen sus mentes en las cosas del Espíritu (Ro 8:5). Por tanto, si usted quiere conocer qué tipo de persona es y qué tan alineada está su vida con la Palabra de Dios, revise y evalúe sus pensamientos. Analice en qué ha estado meditando, a qué pensamientos ha dado cabida, o a qué cosas se ha expuesto por medio de sus ojos, permitiendo que entren a su mente y la corrompan, inundándole de pensamientos que desagradan a Dios. Porque, si pone la mente en las cosas del Espíritu, vivirá conforme al Espíritu, pero si pone la mente en la carne, vivirá conforme a los deseos de la carne.

Y el problema de la mente carnal, nos explica Pablo, es que "la mente puesta en la carne es enemiga de Dios, porque no se sujeta a la ley de Dios, pues ni siquiera puede hacerlo" (Ro 8:7). Dicho de otro modo, el hombre inconverso no solo es rebelde y se niega a cumplir con la ley de Dios, sino que es *incapaz* de sujetarse a lo ordenado por Dios a causa del pecado que esclaviza su mente. Por lo que, una vez más vemos la importancia de la mente, pues es la mente caída del hombre que está en enemistad con Dios. El hombre no regenerado responde a impulsos pecaminosos que nacen de una naturaleza caída que ejerce dominio sobre él y entenebrece su mente. Esa mente es incapaz de agradar a Dios porque está en rebelión continua contra su Creador, y esa hostilidad hacia Dios se pone de manifiesto en una forma carnal y mundanal de vivir.

EL MUNDO LE DA FORMA A NUESTRA MENTE

La crianza que recibimos de nuestros padres o tutores, los sistemas de educación a que somos expuestos durante nuestro desarrollo, las costumbres y creencias de la sociedad a nuestro alrededor, así como las distintas experiencias por las que atravesamos a lo largo de la vida moldean nuestra mente para bien o para mal. De hecho, está científicamente comprobado que cada experiencia vivida por el ser humano deja una huella plasmada en su cerebro mediante la formación o alteración de circuitos neuronales que van registrando dichas vivencias en la memoria. Esto se conoce en medicina como la plasticidad cerebral y es lo que físicamente hace posible que la mente pueda ser moldeada o transformada con las experiencias de la vida.

Tomando en cuenta estas cosas, los creyentes debemos ser muy cuidadosos con aquello que permitimos entrar a nuestra mente, pues las ideas, creencias o valores que moldean nuestra mente tarde o temprano terminan reflejándose en nuestra manera de vivir. Para los hijos de Dios, el llamado es claro: "Y no se adapten a este mundo, sino transfórmense mediante la renovación de su mente, para que verifiquen cuál es la voluntad de Dios: lo que es bueno y aceptable y perfecto" (Ro 12:2). Los creyentes hemos sido llamados a resistirnos a las formas de este mundo, no permitiendo que nuestra mente sea influenciada por filosofías e ideologías que nada tienen que ver con la verdad, sino transformando y renovando nuestros pensamientos con la Palabra de Dios. Solo así podremos verificar cuál es la voluntad de Dios para nuestras vidas, pues de acuerdo con Romanos 12:2, la no transformación de la mente dificulta la identificación de la voluntad de Dios.

CÓMO SE FORMA, DEFORMA O TRANSFORMA LA MENTE

Cada impulso o estímulo que la mente recibe deja una huella profunda y duradera en ella capaz de formar patrones de respuestas en la memoria en la medida en que el estímulo es repetido. Como resultado, la transformación de la mente es algo que ocurre de forma natural y generalmente sin que nos demos cuenta. Es importante reconocer esto porque el mundo a nuestro alrededor nos bombardea continuamente con sus ideas, y la mente poco a poco va tomando sus formas. Hoy más que nunca los medios de comunicación y las redes sociales son vistos como medios formadores de opinión precisamente porque tienen la capacidad de ejercer influencia sobre los pensamientos y la conducta de los individuos. Ya no se trata tanto de informar la mente para que el individuo haga juicios de valor conforme a sus propios criterios, sino que el periodismo moderno procura darle forma a nuestra mente según sus propios intereses. Por tanto, el creyente necesita defender y resguardar su mente de la influencia que el mundo pretende ejercer sobre ella, porque si no lo hace el mundo terminará deformando su mente.

Los hijos de Dios necesitamos poner en marcha un plan de ataque intencional y continuo de renovación de la mente por medio la verdad de Dios (Ro 12:2) y asegurarnos de someter todos nuestros pensamientos a Cristo (2 Co 10:5). En otras palabras, el contraataque del creyente debe ser intencional y continuo porque el ataque que proviene del mundo de las tinieblas es igualmente intencional y continuo. Ahora bien, mientras el enemigo nos bombardea con mentiras, los creyentes estamos llamados a defendernos haciendo uso de la verdad de Dios. El mundo pretende que compremos sus mentiras y nos sometamos a ellas, pero Dios nos ha llamado a evaluar todos nuestros pensamientos a la luz de Su Palabra y a someterlos a la obediencia de Cristo. La idea es comparar nuestros pensamientos con la Palabra de Dios para hacer lo que Dios manda y no lo que nosotros estamos pensando, sintiendo o deseando. El corazón del hombre constantemente le dice lo que desea, pero la mente tiene que informarle al corazón lo que debe hacer, y la voluntad debe entonces obedecer a la mente y no al corazón y así resolver esta tensión. Pero ese conflicto entre lo que queremos hacer y lo que debemos hacer solo se soluciona con la ayuda del Espíritu Santo una vez hemos decidido someternos a Cristo para vivir conforme a la verdad y no conforme a deseos que nacen de una naturaleza carnal.

LA MENTE PIENSA CONFORME A LOS VALORES QUE ACUMULA

Un valor es algo que tiene mérito o significado para nosotros y que nos lleva a reaccionar o comportarnos de una forma determinada. Por eso es vital guardar la mente de manera intencional y tener mucho cuidado con qué cosas permitimos que entren en ella porque, como bien decía Francis Schaeffer, los valores se adquieren de la misma manera que se adquieren los gérmenes en la vida: sin darnos cuenta y por el simple hecho de vivir. Por ejemplo, las empresas que se dedican a la venta de productos o servicios invierten grandes sumas de dinero en publicidad para posicionar sus marcas en el mercado a fin de distinguirse de los demás comercios y denotar que sus productos son más prestigiosos y de mejor calidad que otros similares. Entonces, cuando una marca comercial logra posicionarse en el mercado como símbolo de prestigio, esa marca adquiere un valor ante los ojos del consumidor que causa un impacto significativo en su decisión final a la hora de comprar. Los productos pueden ser semejantes y de igual calidad, pero si nuestra mente ha sido influenciada por las estrategias de publicidad y ha comprado la idea de que solo el producto de determinada marca tiene valor, entonces resulta que todas las demás opciones no sirven. En mercadología se habla de que lo importante es llegar a la mente primero porque el primero que se posiciona gana la carrera. Satanás sabe esto y quiere llegar a su mente primero.

La mente humana es tan influenciable que numerosos estudios de investigación publicados por la Academia Americana de Pediatría han demostrado que cuando los niños son expuestos a videojuegos y dibujos animados con contenido violento por un período de dos a tres horas, ellos experimentan un aumento de violencia en su comportamiento durante las próximas doce a veinticuatro horas. Sucede así porque, como ya hemos explicado, la mente de esos niños recibió un estímulo por medio de imágenes que dejaron una huella plasmada en su cerebro que luego provocó una respuesta agresiva en ellos. Y lo mismo ocurrirá con cualquier otro tipo de estímulo que la mente reciba porque las experiencias vividas marcan y moldean la mente para bien o para mal.[18]

LA MENTE NOS INDUCE A PECAR

La Palabra de Dios revela que así como la carne tiene deseos pecaminosos, la mente caída tiene también una inclinación natural hacia el pecado que induce a las personas a rebelarse contra Dios. Esta realidad es descrita por Pablo cuando exhorta a los creyentes en Éfeso a no olvidar cómo eran sus vidas antes de ser redimidos por Cristo. En Efesios 2, él les dice: "Entre ellos también todos nosotros en otro tiempo vivíamos en las pasiones de nuestra carne, *satisfaciendo los deseos de la carne y de la mente,* y éramos por naturaleza hijos de ira, lo mismo que los demás" (Ef 2:3, énfasis añadido).

La mente que no ha sido regenerada por Dios es una mente carnal, incapaz de tener pensamientos santos e incapaz de obedecer la ley de Dios, pero el obrar del Espíritu Santo en la vida de aquellos que han sido redimidos transforma su manera de pensar de forma tal que los anhelos pecaminosos de la mente son sustituidos por un anhelo por Dios y las cosas de Dios. Ahora bien, este cambio de mente no sucede de la noche a la mañana, sino que requiere de una constante exposición a la Palabra de Dios y completa sujeción al Espíritu de Dios. De ahí el gran interés que Satanás tiene en distraer nuestra mente de la verdad, pues él sabe muy bien que la mente del hombre le llevará a pecar contra Dios o a obedecer a Dios dependiendo de dónde estén enfocados sus pensamientos. El enemigo no descansa en su lucha por conquistar nuestra mente, así que nosotros debemos hacer todo lo posible para impedir que siga avanzando y ganando terreno sobre nuestras vidas.

La mente requiere de nuevos valores y un nuevo enfoque para poder pensar de una manera que agrade a Dios. Esos nuevos valores son adquiridos en la medida en que nosotros renovamos nuestra mente como enseña el apóstol Pablo en Romanos 12:2: "Y no se adapten a este mundo, sino transfórmense mediante la renovación de su mente, para que verifiquen cuál es la voluntad de Dios: lo que es bueno y aceptable y perfecto".

---

18. "Virtual Violence", de la *American Academy of Pediatrics*, vol. 138, n.° 2, agosto de 2016. https://publications.aap.org/pediatrics/article/138/2/e20161298/52469/Virtual-Violence.

«El resultado o posible propósito de la renovación de la mente es el discernimiento de la voluntad de Dios. Aquí, esa voluntad es descrita como "buena y aceptable y perfecta". La palabra (*dokimazein*, aprobar) significa aquello que es aprobado después de un proceso de prueba y examinación».[19] Esta verdad nos deja ver que, si la mente no es cambiada, permaneceremos sin la capacidad de discernir la voluntad de nuestro Dios, lo cual nos llevaría a vivir en franca desobediencia. Esto es simplemente una manera más de cómo la mente nos induce a pecar. Quizás esto explique por qué muchos creyentes no experimentan la santificación necesaria después de años de estar en la fe cristiana. Si no cultivamos la vida de la mente de acuerdo con la Palabra de Dios, el resultado será una mente carnal. Así seguimos viendo como la mente nos induce a pecar.

De hecho, nos atrevemos a decir que la mente es el más grande bastión de resistencia. El apóstol Pablo afirma en Efesios 4:17-19 que el entendimiento de los incrédulos está entenebrecido. Pero en 2 Corintios 4:4, el mismo Pablo habla de que «… el dios de este mundo ha cegado el entendimiento de los incrédulos, para que no vean el resplandor del evangelio de la gloria de Cristo, que es la imagen de Dios». Pablo alude a la misma idea en Hechos 26:18: «Satanás quiere mantener a la gente alejada de escuchar, entender y creer la verdad del Evangelio. El Evangelio revela la gloria de Cristo… El rechazo del Evangelio por parte de la humanidad no se explica simplemente en términos de una respuesta humana, sino que envuelve fuerzas demoníacas también».[20] Por eso, no es de extrañarnos cuando Cristo dijo, al explicar la parábola del sembrador: «Estos que están junto al camino donde se siembra la palabra, son aquellos que en cuanto la oyen, al instante *viene Satanás y se lleva la palabra* que se ha sembrado en ellos» (Marcos 4:15, énfasis añadido). Estos pasajes y muchos otros nos dejan ver claramente el rol vital que juega Satanás en el uso de la mente para oponerse a los planes de nuestro Dios. Cada acción pecaminosa o acto de desobediencia que nosotros cometemos es precedido por un pensamiento

19. Thomas Schreiner, *Romans, Baker Exegetical Commentary on the New Testament* (Grand Rapids: Michigan, 1998), p. 648.

20. William F. Cook III & Chuck Lawless, *Spiritual Warfare in the Storyline of Scripture* (Nashville: B&H Academic, 2019), p. 123. Ver: "The Blinding of Unbelievers", pp. 121-23.

también pecaminoso. Pero nuestra desobediencia puede ser inducida por Satanás mismo (1 Crónicas 21:1), pero lo hace a través de nuestra mente. Por eso Proverbios 4:23 nos instruye al decir: "Con toda diligencia guarda tu corazón, porque de él brotan los manantiales de la vida", que es otra forma de decir: "guarda tu mente". La mente es la torre de control de tu vida.

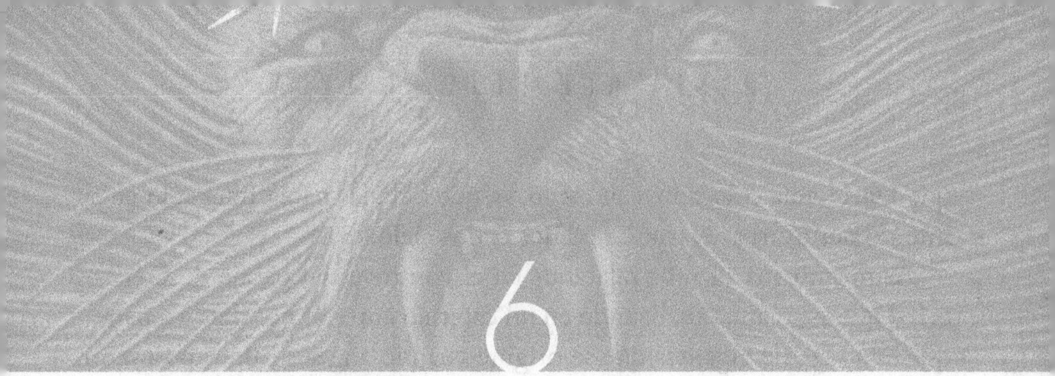

6

LA BATALLA DE SATANÁS POR EL CONTROL DE LA HUMANIDAD

"Sean de espíritu sobrio, estén alerta. Su adversario, el diablo, anda al acecho como león rugiente, buscando a quien devorar" (1 P 5:8).

Al considerar todo lo que hasta ahora hemos estudiado, no hay duda de que en la Palabra de Dios hay suficiente evidencia para concluir que la intención detrás de la rebelión de Satanás era desplazar a Dios de su trono y tomar control no solamente sobre las regiones celestiales, sino también sobre todo lo que Él había creado. Cuando Dios creó a Adán y a Eva, Él los colocó a cargo de toda su creación y Satanás no tardó en atacar su posición. Resulta difícil creer que el único interés de Satanás fuese hacer caer a esta pareja para verla unirse a su rebelión contra Dios, así como se unieron los ángeles que en el principio cayeron junto con él. En cambio, creemos que probablemente su principal objetivo era lograr que Adán y Eva se unirán a su rebelión para así poder ejercer dominio sobre la creación que Dios había colocado a su cargo, ya que Satanás había fracasado en su intento por usurpar el trono de Dios en los cielos.

Asimismo, los sucesos relatados en el controversial pasaje de Génesis 6:1-4 que estuvimos analizando en un capítulo anterior nos llevan a pensar que esta raza de gigantes que se originó cuando ángeles caídos poseyeron hombres para unirse con las mujeres de la tierra fue quizás otro intento más de Satanás de formar un nuevo grupo de insurrectos que pudiera rebelarse contra el orden divino y tomar control de la creación. Por todo lo que hasta ahora hemos visto y por aquellas cosas que hemos de compartir a continuación, estamos convencidos de que Satanás ha estado y aún está librando una batalla por el control de la humanidad.

John Ankerberg y John Weldon afirman: "Si el mundo es algo, es religioso. No es una exageración decir que la historia del hombre es la historia de la religión".[21] Y esto es así porque Dios puso la eternidad en el corazón del hombre (Ec 3:11). Menciono la frase de Ankerberg y Weldon porque una de las formas más efectivas de Satanás ganar control sobre las naciones es a través de la invención de las diferentes religiones. Cada religión representa una cosmovisión a través de la cual las personas interpretan y reaccionan al mundo a su alrededor. Por tanto, Satanás ha estado muy activo en la guerra espiritual detrás de las religiones del mundo. Si usted logra cambiar la lealtad del hombre a Dios por lealtad a algún otro dios, habrá triunfado en la batalla espiritual. Cuando usted mira la miseria de las naciones, descubrirá que Satanás las ha mantenido subyugadas a través de la adoración de dioses ajenos y de mentiras que las han alejado del Dios verdadero. Algo similar podemos decir de las naciones que en el pasado fueron impactadas por los valores judeocristianos y que hoy se hunden en el caos moral y social como fruto de un alejamiento del Dios Creador y Redentor. Dios le dio orden al mundo en seis días, y el hombre inició su descomposición en un solo momento y con una sola decisión relacionada a una "simple" fruta prohibida.

En su libro, *Handbook of Today's Religion*, Josh McDowell y Don Stewart definen la religión como "ese aspecto de la experiencia en el cual el ser humano procura vivir en armonía con la potencia o las potencias que él cree

21. John Ankerberg y John Weldon, *The Facts on World Religions* (Eugene, Oregon: Harvest House Publishers, 2004), versión Kindle, pos. 21 de 701.

están controlando el mundo".[22] Eso mueve al hombre a ser eminentemente religioso y Satanás conoce esa verdad muy bien. Por tanto, él ha sido sumamente exitoso en controlar a las naciones, por medio de religiones falsas. Es la lucha por la adoración, créase o no. Por eso, Satanás tentó a Jesús, ofreciéndole todos los reinos de este mundo, si se postraba a sus pies. Al final de los tiempos, «todo el mundo» terminará adorando la bestia: "*Y* la adorarán [a la bestia] todos los que moran en la tierra, cuyos nombres no han sido escritos, desde la fundación del mundo, en el libro de la vida del Cordero que fue inmolado" (Ap 13:8). El control de la humanidad por medio de la adoración de Satanás.

SATANÁS, NUESTRO ARCHIENEMIGO

"La vida cristiana no es un patio de juego. Más bien es un campo de batalla de guerra espiritual. Mientras más de cerca seguimos al Señor Jesucristo, más avanzamos hacia la línea frontal de combate".[23] Estas son las palabras del pastor Steven Lawson. En otras palabras, se trata de un combate entre el reino de Dios y el reino de las tinieblas, y mientras el creyente más se acerca a Cristo, más se convierte en blanco del enemigo porque es justamente a aquellos que son punta de lanza del evangelio a quienes Satanás está interesado en ver caer, pues eso produciría más daño que si cayera alguien que está sentado detrás, lejos de la línea de combate.

Las palabras del pastor Lawson nos ayudan a ver que detrás de lo ordinario y cotidiano con frecuencia hay un enemigo llamado Satanás. De hecho, en el libro de Apocalipsis leemos que Cristo escribe, por medio de Juan, a la iglesia de Esmirna (una de las siete iglesias que Él estaba inspeccionando y disciplinando): "No temas lo que estás por sufrir. Yo te digo que el diablo echará a algunos de ustedes en la cárcel para que sean probados, y tendrán tribulación por diez días. Sé fiel hasta la muerte, y Yo te daré la corona de la vida" (Ap 2:10). Note que el texto no menciona al Imperio romano ni al emperador o los gobernadores de Roma, que eran

22. Josh McDowell y Don Stewart, *Handbook of Today's Religions* (Nashville: Thomas Nelson, 1996).

23. Steven J. Lawson, en el prólogo del libro *Spiritual Warfare* de Brian S. Borgman y Rob Ventura (Grand Rapids: Reformation Heritage Books, 2014).

las autoridades de turno, sino que Cristo señala al diablo como el responsable de echar a muchos de ellos en la cárcel. Ahora bien, Satanás logra hacer eso influenciando la mente y la conducta de figuras humanas que eventualmente actuarán en contra de Dios y en favor del poder de las tinieblas como veremos más adelante. Por tanto, queremos iniciar este capítulo compartiendo varios pasajes de las Escrituras que nos ayudarán a caracterizar a este archienemigo llamado Satanás para que así podamos reconocer la manera en que él opera en el mundo.

SATANÁS ES UNA PERSONA

En la Biblia hay múltiples pasajes que hacen referencia a Satanás. Él es mencionado en siete libros del Antiguo Testamento, y cada autor del Nuevo Testamento hace referencia a Satanás. En los Evangelios, el enemigo es mencionado veintinueve veces, y lo más interesante es que de las veintinueve veces que Satanás es mencionado, veinticinco veces es Cristo quien está refiriéndose a él.[24] O sea que, quien más habla del enemigo es Cristo mismo. Esto debería llamar nuestra atención y ayudarnos a entender la realidad de este personaje y la importancia que debiéramos darle.

Para comenzar, lo primero que debemos dejar bien claro es que Satanás no es una fuerza maligna, sino que él es una persona. De la misma manera que Dios Padre es una persona, que Dios Hijo es una persona y que el Espíritu Santo es una persona, el enemigo es también una persona. Esto implica que él posee intelecto, emociones, voluntad y capacidad para comunicarse con otros (habló con Eva en Génesis 3; con Dios en Job 1-2; con Cristo en Mateo 4). Como persona, él también tiene una cantidad enorme de seguidores, y esos seguidores no solo se encuentran en las regiones celestiales, sino que se extienden a lo largo de todo el planeta Tierra (Ap 12:9).

Por otro lado, en la Biblia vemos que cuando Cristo habló de Satanás se refirió a él como una persona. Como ilustración, note las palabras de Jesús cuando oró por Sus discípulos en el aposento alto: "No te ruego que los saques del mundo, sino que los guardes del maligno» (Jn 17:15). Él no le pidió al Padre que los librara del mal, sino que los protegiera del maligno. Cristo

24. Robert Lightner, *Angels, Satan and Demons* (Nashville: Word Publishing, 1998), p. 66.

usó la palabra "maligno" como un nombre para referirse a Satanás. De igual manera, en su carta a los efesios, el apóstol Pablo se refirió a Satanás como una persona. Hablando de la armadura del Espíritu, Pablo escribe: "Sobre todo, tomen el escudo de la fe con el que podrán apagar todos los dardos encendidos del maligno" (Ef 6:16). Estos y múltiples otros pasajes nos permiten caracterizar a Satanás como una persona y no simplemente como una fuerza maligna.

LOS NOMBRES DE SATANÁS

A lo largo de todas las Escrituras, el enemigo es denominado de múltiples maneras, y cada uno de los nombres atribuidos a Satanás tiene algo que decir acerca de su persona. Decimos esto porque en el contexto hebreo los nombres son mucho más que una forma de identificar a las personas. Por lo general, el nombre que los padres escogían para sus hijos revelaba las expectativas que esos padres tenían para sus descendientes. Asimismo, cuando era Dios quien otorgaba el nombre, este usualmente contenía una profecía de lo que la persona llegaría a ser. Un ejemplo de ello es el nombre Emmanuel, dado a Jesús, que traducido significa "DIOS CON NOSOTROS" (Mt 1:23). De igual manera, en ocasiones Dios cambió el nombre de alguien para revelar algo con relación al carácter de esa persona y su condición delante de Dios.

Tomando lo anterior en consideración, entendemos necesario revisar algunos de los nombres con que la Palabra de Dios describe a nuestro archienemigo. El más común de esos nombres es *Satanás*, que en hebreo significa "adversario" (1 P 5:8). Este nombre aparece diecisiete veces en el Antiguo Testamento (una vez en 1 Cr 21:1 y dieciséis veces en los libros de Job y Zacarías); y treinta y cuatro veces en doce libros del Nuevo Testamento. El segundo nombre más común es *diablo*, que significa "acusador", el cual aparece exclusivamente en el Nuevo Testamento unas treinta y seis veces. Podemos encontrar a Satanás haciendo el papel de acusador en Zacarías 3:1, cuando el sumo sacerdote Josué se presenta ante el ángel del Señor vestido de ropas sucias y Satanás está a su derecha presentando acusación en su contra. Con tan solo estos dos nombres, "adversario" y "acusador", podemos conocer mucho acerca del carácter de Satanás y su modo de obrar. Aun así, el enemigo es también conocido como *la serpiente*

(Gn 3:1-6; 2 Co 11:3) o *la serpiente antigua* (Ap 12:9; 20:2) y como *Beelzebú* (Mt 12:24; 9:34; 10:25), que significa príncipe de los demonios.

Además de los ya citados, hay otros nombres dados a Satanás que pudieran parecernos un tanto sorprendente para el desconocedor de la Biblia. Estos nombres nos dan una idea de la extensión de su influencia. Pablo, bajo inspiración del Espíritu llama a Satanás *el príncipe de la potestad del aire* (Ef 2:2) o *el dios de este mundo* que ha cegado el entendimiento de muchos para que no vean el resplandor del evangelio de la gloria de Cristo (2 Co 4:4). Cristo por otro lado le llama príncipe de *este* mundo (Jn 12:31; 14:30; 16:11). Estos nombres deben hacernos pausar y reflexionar sobre la naturaleza y el poder que este ser tiene que hace que él sea llamado de esta manera. Un poder que es real, aunque opera bajo la soberanía de Cristo. Cuando Satanás tentó a Cristo en el desierto ofreciéndole todos los reinos de este mundo que a él le habían sido dados (Lc 4:5), el Señor Jesucristo no le llamó mentiroso ni cuestionó su capacidad para ofrecérselos. De modo que, cuando leemos en Ezequiel e Isaías que Dios lanzó a Satanás en tierra, es decir, hacia este mundo, evidentemente Dios le otorgó a Satanás dominio temporal sobre las naciones de la tierra como parte del plan de redención que Dios tenía en mente. De nuevo debemos insistir que esta realidad no convierte a Satanás en un ser angelical caído incontrolable. ¡De ningún modo! Lutero decía que «aún el diablo es el diablo de Dios».[25]

Por otro lado, en la Palabra de Dios vemos que Satanás es también conocido como *el tentador* (Mt 4:3; 1 Ts 3:5); *el dragón* (Ap 12:3-4, 7, 9, 13, 16-17; 13:1-4; 16:13; 20:2); *el maligno* (Jn 17:15; 1 Jn 5:18-19); y *el padre de mentiras* (Jn 8:44), pues él constantemente miente acerca de Dios, acerca de Su Palabra, y acerca de nuestro pecado. En fin, con solo analizar los nombres atribuidos a Satanás, podemos tener una mejor idea del carácter de nuestro mayor enemigo y entender por qué no debemos tener ninguna asociación con él.

LA NATURALEZA DE SATANÁS

Como ya hemos mencionado, nosotros podemos conocer mucho acerca de la naturaleza de nuestro archienemigo partiendo exclusivamente de los

25. Citado por Erwin W. Lutzer, *God's Devil* (Chicago: Moody Publisher, 2015), p. 16.

nombres que le han sido dados. A manera de ilustración, el nombre Satanás significa *adversario*, lo que implica que él está en contra de algo o alguien. Por la Palabra sabemos que él es enemigo de Dios, de Su causa y de Sus hijos. Satanás no tolera a los hijos de Dios ni nada que tenga que ver con el evangelio y el reino de los cielos porque mientras más personas se convierten a Cristo, menos control él tiene sobre el mundo que temporalmente le ha sido otorgado. Por otro lado, como *acusador*, que es lo que la palabra *diablo* significa, él es capaz de manipular nuestra mente y hacernos recordar pecados del pasado (Zac 3:1-5), que ya Cristo perdonó, con el único objetivo de hacernos sentir culpables y desanimarnos para que no continuemos corriendo la carrera de la fe. A su vez, el nombre de *serpiente* nos recuerda que Satanás es un individuo muy astuto y que además de todo juega sucio.

Por otro lado, *Beelzebú*, un nombre asociado a la idolatría del pasado nos habla de Satanás como el príncipe de los demonios y alguien que está continuamente tratando de robar la adoración que pertenece solo a Dios. El calificativo de *dios de este mundo* nos deja ver que detrás de toda la idolatría humana, incluyendo la más sofisticada, está Satanás. De igual manera, si Satanás es conocido como *el tentador* es porque él tiene una función capital en hacernos pecar en contra de Dios y, como hemos establecido, él nunca se presenta ante nosotros de forma clara y directa, sino que lo hace a través de algo o alguien que nos resulta familiar, prometiendo supuestas bendiciones y ocultando siempre las terribles consecuencias de nuestra desobediencia. No es por accidente, ni por un solo incidente en el Edén, que él es llamado padre de mentiras, sino porque la falsedad es su naturaleza. No hay nada de verdad en él. Toda mentira encuentra su origen en el Satanás.

Finalmente, el hecho de que Satanás sea conocido como *el dragón*, comparándolo así a uno de los animales mitológicos más agresivos y voraces, nos habla de su gran poder, maldad e ira. Es esa gran maldad la que hace que él también sea conocido como *el maligno*, pues toda su naturaleza es mala. Él no quiere ni sabe hacer nada bueno. De ahí que, los hijos de Dios debemos tener en cuenta todas estas verdades porque implican que Satanás estará siempre buscando la manera de acusarnos, tentarnos y hacernos mal, todo lo cual hará de una forma feroz y astuta, usando toda clase de engaños y artimañas para intentar destruir la obra de Cristo y robar la gloria que solo pertenece a nuestro Dios.

SATANÁS Y SUS ENGAÑOS

Ya en el capítulo 3 de este libro mencionamos la parábola del sembrador cuando hablamos de nuestra batalla en tres frentes. Pero quiero volver a este texto para ampliar una de las enseñanzas. Jesús relata la parábola, pero los discípulos quedaron sin entendimiento. Por tanto, ellos piden al Maestro que les explique dicha parábola. Jesús procede a hacerlo y entre las enseñanzas dadas está esta anotación relativa a Satanás: "A todo el que oye la palabra del reino y no la entiende, el maligno viene y arrebata lo que fue sembrado en su corazón. Este es aquel en quien se sembró la semilla junto al camino" (Mt 13:19). Satanás está al tanto de la obra de evangelización que se está llevando a cabo en la tierra. Y como él está atento al avance del evangelio, el enemigo sabe muy bien que hay semillas que no han caído en un terreno fértil. Entonces, de alguna manera, Satanás va y arrebata la verdad que fue sembrada en esos corazones. En otras palabras, a través de esta parábola, Cristo revela que Satanás juega un rol activo en evitar que el evangelio traiga fruto en la vida de aquellos que lo escuchan. Esta observación es consistente con lo revelado en 2 Corintios 4:4: "... el dios de este mundo ha cegado el entendimiento de los incrédulos, para que no vean el resplandor del evangelio de la gloria de Cristo, que es la imagen de Dios." Esto nos muestra cuán real, personal y activo es nuestro enemigo para obrar en nuestra contra, incluso en áreas de las cuales nosotros ni siquiera estamos apercibidos.

El apóstol Pablo, en su segunda carta a los corintios, habla justamente de cómo Satanás planea aprovecharse de nosotros por medio de engaños. Pablo exhorta a la iglesia en Corinto a que perdonen a un hermano y les dice que lo hagan para que Satanás no tome ventaja sobre ellos, pues ellos conocen como Satanás opera (2 Co 2:11). Algunas traducciones de la Biblia usan la expresión "los ardides" o "las maquinaciones malignas" de Satanás para referirse a sus planes y propósitos (ver 2 Co 2:11, LBLA y NTV). Esto nos habla de una estrategia, de algo que es premeditado y no simplemente dejado al azar. El maligno sabe que para hacer caer a uno de los escogidos de Dios, tiene que tomarse su tiempo para seducirle poco a poco; pues si él ataca de repente, la tentación resultará más bien obvia. La sutileza es un arma poderosa en sus manos. Por consiguiente, los creyentes debemos estar apercibidos de esto y hacer todo lo que esté a nuestro alcance para no permitir que el enemigo gane ventaja sobre nosotros. Cuando cedemos una pulgada de terreno a Satanás, él se aprovecha y continúa empujándonos poco a poco en dirección contraria a los propósitos de Dios. Esto ocurre desde el momento en que dejamos de creer lo que la Palabra de Dios dice y, por tanto, de vivir conforme a lo que Dios ha ordenado. Por ejemplo, si luego de recibir una ofensa nos rehusamos a perdonar, tal como nos manda la Palabra, y decidimos permanecer resentidos contra la persona que nos ofendió, estamos, sin darnos cuenta, cediendo terreno al enemigo y caminando en una dirección que deshonra el evangelio de Cristo, que crea división en el pueblo de Dios, y que potencialmente será nuestra destrucción.

Tomando en consideración estas cosas, el apóstol Pablo escribió lo siguiente: "Revístanse con toda la armadura de Dios para que puedan estar firmes contra *las insidias* del diablo" (Ef 6:11, énfasis añadido). La Biblia Nueva Traducción Viviente traduce este mismo versículo de la siguiente manera: "Pónganse toda la armadura de Dios para poder mantenerse firmes contra todas *las estrategias* del diablo" (Ef 6:11, NTV, énfasis añadido). En otras palabras, no podemos ignorar que al presente, Satanás tiene un plan, una estrategia para hacernos caer, tal y como lo tuvo cuando hizo caer a Adán y Eva. En el jardín del Edén, la serpiente probablemente estuvo observando a esta pareja por un tiempo y en algún momento los escuchó hablar sobre lo que Dios les había ordenado respecto al árbol del bien y el mal. Él entonces planificó de qué manera podía engañarles para hacerles comer del fruto del árbol y desobedecer así lo ordenado por Dios. Desde entonces, "[nuestro] adversario, el diablo, anda al acecho como león rugiente, buscando a quien devorar" (1 P 5:8). Por lo tanto, debemos hacer todo lo posible para no ser engañados por él.

Por otro lado, las palabras del apóstol Pablo a los efesios también nos recuerdan que el rol del creyente no es tanto andar por la vida luchando contra Satanás y sus demonios, a los que ni siquiera podemos ver, sino permanecer firmes en la posición que tenemos en el Señor para que cuando la tentación se presente podamos resistirla. Trataremos este tema más en detalle cuando hablemos acerca de la armadura de Dios.

Volviendo sobre la idea de que Satanás está luchando por el control de la humanidad, prestemos atención a un pasaje del libro de Apocalipsis que habla precisamente sobre los engaños de Satanás:

> "Y fue arrojado el gran dragón, la serpiente antigua que se llama Diablo y Satanás, *el cual engaña al mundo entero*. Fue arrojado a la tierra y sus ángeles fueron arrojados con él". (Ap 12:9, énfasis añadido)

A raíz de su rebelión, Satanás y sus demonios fueron expulsados del cielo y desde entonces se han dedicado a engañar al mundo entero. Nuestro acusador y adversario es un engañador por naturaleza que intenta seducirnos a través de ideas, sistemas de enseñanza, corrientes de pensamiento y patrones del mundo, que no son otra cosa que doctrinas de demonios, como bien advirtió Pablo a su discípulo Timoteo (1 Ti 4:1). Y como hemos visto hasta ahora, Satanás hace estas cosas con el único propósito de tomar control sobre la humanidad, destruir la obra de Cristo y detener la propagación del evangelio.

Las estrategias y maquinaciones de nuestro archienemigo son tan perversas que la Palabra de Dios dice que él "se disfraza como ángel de luz" (2 Co 11:14). Es decir que, cuando Satanás planifica algo, él lo hace de forma tal que luzca piadoso, que luzca atractivo para nosotros, y que aparente provenir de la mano de Dios. Todo esto con el propósito de introducir inadvertidamente el pecado en nuestras vidas para que acabemos siendo controlados y finalmente destruidos por él. Por eso insistimos en que debemos ser cuidadosos y procurar estar firmes en el Señor para no dejarnos engañar por la astucia de Satanás.

ENTIDADES ESPIRITUALES DETRÁS DE LOS ÍDOLOS

A fin de entender la importancia que todos estos conceptos teológicos tienen en nuestro diario vivir, resulta necesario tomar las enseñanzas que hemos compartido acerca de Satanás y sus demonios y bajarlas al día a día para ver cómo luce en la práctica este intento de Satanás por obtener el control de la humanidad.

En el Antiguo Testamento leemos que en un momento dado los hebreos, el pueblo escogido por Dios, dejaron de adorar al único Dios para ofrecer sacrificios a demonios. Este suceso se encuentra registrado en el libro de Deuteronomio y es narrado de la siguiente manera:

> "Ofrecieron sacrificios a demonios, no a Dios, a dioses que no habían conocido, dioses nuevos que vinieron recientemente, a los que los padres de ustedes no temieron". (Dt 32:17)

En ningún momento los judíos pensaron que estaban adorando demonios, sino que estaban ofreciendo sacrificios a dioses que simplemente eran nuevos para ellos y que estaban representados por estatuas y altares frente a los cuales ellos dejaban sus ofrendas. Sin embargo, Dios siempre ha estado interesado en que Su pueblo entienda que la adoración a ídolos es una estrategia más de Satanás para robar la adoración que le corresponde exclusivamente a Él. Satanás y sus demonios se "esconden" detrás de cada ídolo y falso dios que existe sobre la tierra —aun aquellos que silenciosamente erigimos en nuestros corazones— con el propósito de engañar a los hombres y corromper su adoración.

La idolatría que caracteriza las falsas religiones es una evidencia de cómo Satanás estratégicamente ha ideado todo un sistema para controlar la humanidad por medio de falsas creencias. El príncipe de este mundo ha cegado el entendimiento de los incrédulos para que no puedan ver las entidades espirituales de maldad que se ocultan detrás de los ídolos que ellos adoran. Como resultado, sus ídolos se convierten en su perdición. Esto fue justamente lo que sucedió con el pueblo hebreo y lo podemos confirmar en las siguientes palabras del salmista:

> "No destruyeron a los pueblos, como el Señor les había mandado, sino que se mezclaron con las naciones, aprendieron sus costumbres, *y sirvieron a sus ídolos que se convirtieron en lazo para ellos. Sacrificaron a sus hijos y a sus hijas a los demonios*". (Sal 106:34-37, énfasis añadido)

Increíblemente, el pueblo que conocía al Dios verdadero, que tenía los mandamientos, los estatutos y los decretos del Señor, que había escuchado a Moisés proclamar el Shemá y afirmar que el Señor uno es (Dt 6:4), fue capaz de abrazar la idea de que existían otros dioses a quienes ellos debían ofrecer incluso sus propios hijos. Lo triste es que, aunque hoy en día no vemos este tipo de rituales por doquier, diariamente millones de niños indefensos son sacrificados en el vientre de sus madres en honor a dioses que no están hechos de madera ni de bronce, sino que han sido erigidos en el corazón del hombre a base de anhelos, intereses y deseos egoístas. No importa qué tan sofisticados luzcan nuestros ídolos, detrás de cada forma de idolatría se encuentra Satanás intentado controlar la humanidad por medio de los ídolos que los hombres han erigido para sí.

LA SANTERÍA

En nuestros días, la idolatría que caracterizaba las religiones paganas del Antiguo Testamento quizás resulte un tanto extraña para nosotros, pero cuando trasladamos esas creencias y costumbres del pasado al terreno de lo que hoy conocemos como santería podemos darnos cuenta de que todos estos sistemas de creencias tienen un mismo origen. En particular, la santería es un sistema de creencias y cultos que forma parte de la cultura religiosa de países como Cuba, República Dominicana, Haití, Colombia, Venezuela, Argentina, Brasil y México; así como de diversas comunidades localizadas en Florida, Nueva Jersey, Nueva York y California en Estados Unidos de América.

Si bien pudiéramos invertir todo un capítulo para hablar de la santería, a manera de resumen compartiremos algunas de sus principales creencias y características para entender las fuerzas espirituales que se esconden detrás de ellas. En ese sentido, lo primero que necesitamos conocer es que en la santería existe la creencia de que hay un dios cabeza denominado Olorun u Olodumare, considerado como creador y dueño del universo y fuente de energía (*ashé*), pero que no es adorado de forma directa por aquellos que practican la santería. Más bien, en la santería existe la creencia de que por debajo de Olorun hay otras entidades espirituales conocidas como orishas que sí reciben adoración, pues son consideradas como agentes intermediarios entre los seres humanos y Olorun. Esto es particularmente interesante porque aun dentro del cristianismo hay grupos religiosos que entienden que existen mediadores entre Dios y el hombre fuera de Cristo Jesús (1 Ti 2:5), lo cual pone en evidencia que en efecto hay un hilo conductor detrás de cada práctica idólatra de los hombres.

Por otro lado, dentro de la santería se entiende que por debajo de estas divinidades hay seres mortales que poseen poderes o capacidades especiales que les permiten comunicarse con los orishas por medio de rituales, otorgándoles esto un nivel de autoridad por encima del resto de los seres humanos. De modo similar, los antepasados son vistos como dignos de respeto y veneración por aquellos que practican la santería. Y así, hay un sinnúmero más de cosas a las que los santeros le atribuyen cierto poder para ejercer influencia sobre el bienestar de los hombres y brindarles protección.

En la santería, los orishas son deidades que requieren adoración de parte de los hombres, y esa adoración es ofrecida a través de ofrendas de alimentos y sacrificios de animales. Asimismo, dentro de la santería se tiene la creencia de que estas deidades son capaces de poseer a seres humanos. De ahí que, para aquellos que hemos conocido la verdad resulta evidente que detrás de estas supuestas divinidades está escondido Satanás y sus demonios, tal como lo expresa el texto de Deuteronomio que citamos anteriormente. Sin embargo, aquellos que practican la santería no piensan que estén adorando demonios, como tampoco lo pensó el pueblo hebreo en la época de Moisés.

RELACIÓN ENTRE ORISHAS Y SANTOS

Cuando los colonizadores trajeron esclavos del oeste del África al Nuevo Mundo, las creencias y prácticas religiosas de ambos grupos se fueron mezclando y del sincretismo de ambas, nació el sistema de creencias que hoy conocemos como santería. Esta mezcla se originó porque los colonizadores, que provenían de un trasfondo católico, prohibieron que los esclavos africanos continuaran con sus prácticas paganas y ellos entonces buscaron la manera de preservar sus creencias intercambiando el nombre de sus deidades por los nombres de los santos del catolicismo que más se asemejaban a sus dioses africanos.

Babalú Ayé, el orisha de las enfermedades de la piel y la miseria, es conocido en santería como San Lázaro, el santo patrón de los pobres y enfermos, en el catolicismo. Mientras que, Eleguá, venerado como el dueño de los caminos y el destino, se equipara en la santería con el Santo Niño o Santo Niño de Atocha del catolicismo, que es una representación de la infancia de Jesús, capaz de proteger y presentado generalmente como un niño peregrino que porta un sombrero y tiene una cesta de pan en una mano y un bastón en la otra. Asimismo, la deidad conocida en santería como Obatalá, dueño de todas las cabezas del mundo, ha sido equiparada con la Virgen de las Mercedes, que en el catolicismo es otra representación de la virgen María. Y Changó, la orisha de los rayos y el trueno, es conocida como Santa Bárbara, una mártir cristiana reconocida como santa por la Iglesia católica, a quien se suele representar joven, con vestimentas rojas y espada en mano.

Conforme a lo que hemos visto revelado en la Palabra de Dios, detrás de toda esta santería se esconden ángeles caídos, huestes espirituales de maldad, que no hacen otra cosa que controlar a aquellos que brindan adoración a estos orishas o santos y que consultan a maestros del espiritismo con la esperanza de recibir algún tipo de revelación especial por parte de estas falsas deidades. Ahora bien, esto es solo un pequeño resumen de un tema que pudiera tomarnos todo un capítulo o más bien todo un libro para estudiarlo y analizarlo, pero que quisimos traer brevemente a colación para que pueda entender cuán astuto ha sido nuestro archienemigo en su intento por usurpar el lugar de Dios como único digno de nuestra adoración y devoción. Satanás anda al asecho intentando a toda costa tomar el control de la humanidad y los hijos de Dios necesitamos estar conscientes de esto para no caer en la trampa que el enemigo nos ha tendido. ¿Necesita la referencia para apoyar ¿cual idea?

SAÚL DOMINADO POR UN ESPÍRITU MALVADO

En el primer libro del profeta Samuel encontramos un pasaje que claramente nos muestra cómo las fuerzas espirituales de maldad pueden ejercer dominio y control sobre una persona incluso sin poseerla. En esos casos, no se habla de una posesión demoníaca, que es cuando el espíritu malvado entra en la persona y toma control físico de ella, sino de una demonización, que ocurre cuando una persona, ya sea creyente o incrédula, está siendo grandemente influenciada por el poder de las tinieblas, usualmente sin percatarse de ello. Si recuerda bien, unos capítulos atrás vimos cómo Dios permitió que un espíritu malo atormentara al rey Saúl, mediante una posesión demoníaca o de alguna otra manera desde afuera. Veamos nuevamente el pasaje bíblico que narra dicho suceso:

> "El Espíritu del Señor se apartó de Saúl, y *un espíritu malo de parte del Señor* le atormentaba. Entonces los siervos de Saúl le dijeron: He aquí ahora, *un espíritu malo* de parte de Dios *te está atormentando*. Ordene ahora nuestro señor a tus siervos que están delante de ti, que busquen un hombre que sepa tocar el arpa, y cuando *el espíritu malo* de parte de Dios esté sobre ti, él tocará el arpa con su mano y te pondrás bien". (1 S 16:14-16, LBLA, énfasis añadido)

Aquí vemos a Satanás ejerciendo influencia y control, ya no sobre el mundo entero mediante un sistema de falsas creencias y falsos dioses, sino directamente en la vida de una persona en particular. En este caso, Dios removió su protección de Saúl como parte de su juicio y en consecuencia el rey quedó completamente vulnerable a los embates del maligno.

En el mismo pasaje de 1 Samuel 16, unos versículos más adelante, leemos lo siguiente:

> "Sucedía que cuando *el espíritu malo de parte de Dios* venía a Saúl, David tomaba el arpa, la tocaba con su mano, y Saúl se calmaba y se ponía bien, y el espíritu malo se apartaba de él". (1 S 16:23, LBLA, énfasis añadido)

David fue uno de los salmistas, conocido como el dulce cantor de Israel (2 S 23:1), así que es fácil imaginárnoslo tocando el arpa y quizás cantando uno de sus salmos para calmar la ansiedad del rey. Si ese fue el caso, esto explicaría por qué el espíritu malo se apartaba de Saúl cuando David tocaba, pues los salmos de David fueron inspirados por el mismo Espíritu de Dios, ante el cual Satanás no tiene otra opción que salir huyendo.

ESPÍRITUS MALVADOS Y SU DOMINIO DEL SER HUMANO

Los pasajes bíblicos que acabamos de citar señalan que Saúl era atormentado por "un espíritu malo", una frase que tiene un rango amplio de posibles traducciones,[26] siendo algunas de ellas, "un espíritu maligno", "un espíritu malvado" o "un espíritu del mal"; pero que la mayoría de los académicos interpretan como un espíritu demoníaco que había sido enviado para atormentar a Saúl con el permiso de Dios. Ahora bien, lo que sí ha provocado gran reflexión es, qué interpretación debe dársele al término "atormentar" cuando es usado en esta porción de las Escrituras. Para algunos, el término hebreo traducido como atormentar puede referirse a una emoción de temor extremo… quizás temor o paranoia.[27] Con el avance de la ciencia nos hemos acostumbrado a pensar en la paranoia simplemente en términos médicos, es decir, como un trastorno mental que se caracteriza por un profundo temor y desconfianza de los demás, basado en la idea irracional y persistente de que la gente está tratando de causarnos daño. Pero resulta que la expresión hebrea traducida en 1 Samuel 16:23 como "un espíritu malo… le atormentaba" pudiera sencillamente indicar que cuando este espíritu demoníaco venía sobre Saúl, el rey se llenaba de gran temor o experimentaba algún tipo de paranoia, como ya aludimos.

A fin de conectar este evento con una idea a la que aludimos en un capítulo anterior, a continuación revisaremos otra porción de 1 Samuel donde el autor narra lo que Saúl estaba experimentando mientras era atormentado por el espíritu malo. Veamos:

> "Y aconteció al día siguiente que *un espíritu malo* de parte de Dios se apoderó de Saúl, *y este deliraba* en medio de la casa, mientras David tocaba el arpa con su mano como de costumbre. Saúl tenía la lanza en la mano, y arrojó Saúl la lanza, pues se dijo: «*Clavaré a David en la pared*». Pero David lo evadió dos veces". (1 S 18:10-11, énfasis añadido)

El dominio de este espíritu malo sobre la vida del rey era tal, que provocaba que Saúl distorsionara la realidad y viera a David como una amenaza que necesitaba ser eliminada en vez de verlo como un amigo que estaba tratando de ayudarle (ver también 1 S 19:9-11).

26. William F. Cook III y Chuck Lawless, *Spiritual Warfare in the Storyline of Scripture* (Nashville: B&H Academic, 2019), p. 21.

27. *Ibid.*, p. 22.

SATANÁS: CAPAZ DE INCITAR AL CREYENTE A PECAR CONTRA DIOS

En este capítulo estamos enfocándonos en la batalla que el reino de las tinieblas ha desatado contra el reino de Dios por el control de la humanidad, una humanidad que está constituida por un conjunto de millones de personas que en sí mismas representan una unidad que puede ser analizada por separado. Es por esto que hemos presentado cómo luce la influencia de las fuerzas espirituales de maldad en una sociedad o grupo de personas que adora ídolos a través del sistema de creencias conocido como santería, pero también hemos querido ver la manera en que esas mismas fuerzas del mal ejercen control sobre una persona en particular, como sucedió en el caso del rey Saúl en el Antiguo Testamento o como puede suceder en nuestras vidas cuando desestimamos la advertencia de Pablo de no dar lugar al diablo por medio de la falsedad y la ira prolongada.

En pocas palabras, Satanás es capaz de incitar a un individuo a pecar contra Dios, ganar absoluto control sobre él (posesión), y por medio de esa sola persona causar gran destrucción a mucha gente, con lo cual el maligno sigue ejerciendo control sobre la humanidad. A manera de ilustración, veamos a continuación un evento que se encuentra registrado en el Primer libro de Crónicas:

> "Y *se levantó Satanás contra Israel e incitó a David* a hacer un censo de Israel. Dijo, pues, David a Joab y a los jefes del pueblo: «Id, contad a Israel desde Beerseba hasta Dan, y traedme el resultado para que yo sepa el número de ellos». *Pero Joab dijo:* «Añada el Señor a su pueblo cien veces más de lo que son. Mas, oh rey, señor mío, ¿no son todos ellos siervos de mi señor? ¿Por qué procura esto mi señor? *¿Por qué ha de ser él motivo de culpa para Israel?»* Sin embargo, la palabra del rey prevaleció contra Joab. Salió, pues, Joab y recorrió todo Israel, y volvió a Jerusalén". (1 Cr 21:1-4, LBLA, énfasis añadido)

Este pasaje ilustra claramente cómo Satanás logra causar daño a toda una nación por medio de una sola persona, pues como bien conocemos, la acción de David costó la vida de setenta mil israelitas. Satanás logró controlar al rey David vendiéndole la falsa idea de que su victoria dependía del tamaño y la fortaleza de su ejército. En su orgullo, David se dejó seducir por las maquinaciones de Satanás, ignorando incluso la advertencia que Dios le hizo por medio de Joab. Este fue un plan maquiavélico que lógicamente provocó la ira de Dios, pues David conocía por experiencia propia que su confianza debía estar solamente en Dios. Lo que sucedió con David nos enseña que el orgullo es un pecado muy grave, capaz de ser usado por nuestro archienemigo para dañar nuestra relación con Dios y destruir a muchos en el proceso. Procuremos caminar siempre en humildad delante de Dios, no dando lugar al diablo como Pablo nos enseña, para que nuestra arrogancia no sea usada por Satanás para dañar la obra que Dios está haciendo en medio de Su pueblo.

ENSEÑANZAS PARA PONDERAR

A manera de resumen, he aquí varias conclusiones a las que podemos llegar luego de haber revisado los distintos pasajes de las Escrituras que nos hablan de esta batalla que se está librando por el control de la humanidad.

- Satanás es un opositor de los planes de Dios.
- Satanás intervino tempranamente en la historia de la redención, no simplemente tratando de convertir a Adán y a Eva en pecadores, sino procurando ganar el control de sus personas, de sus futuros descendientes, y de toda la creación que Dios había puesto a su cargo.
- El enemigo ha tratado de influenciar la raza humana, incluyendo los hijos de Dios, desde muy temprano.
- Detrás de las religiones paganas, hay espíritus engañadores o doctrinas de demonios.
- El espíritu de engaño puede ser tan poderoso y tener un efecto tan profundo que lleve a alguien a sacrificar incluso a sus propios hijos a los demonios.
- Dios ha usado a espíritus malvados para castigar el mal y llevar a cabo su voluntad.

- La influencia demoníaca puede producir algunos trastornos mentales o del comportamiento.
- Cuando la ira es severa y prolongada de alguna forma, abre una puerta para la influencia de los poderes de las tinieblas.
- Satanás puede tentar y hacer caer a una persona, pero la persona sigue siendo responsable de su pecado.
- El orgullo nos vuelve vulnerables a la seducción y a las caídas.
- Hay una relación directa entre la mentira y la influencia demoníaca, ya que la mentira es la principal arma de ataque del enemigo.
- El Señor nos advierte antes de la tentación y de la caída.

Todo lo que hasta aquí hemos visto es evidencia de que nuestro archienemigo busca controlar nuestras vidas y el mundo a nuestro alrededor con la esperanza de un día ganar control sobre toda la humanidad. Desde el principio, el enemigo ha hecho todo a su alcance para hacer oposición al control soberano que Dios ejerce sobre Su creación, pues su deseo siempre ha sido usurpar el trono de Dios y ser semejante al Altísimo. De esto trata la guerra espiritual en medio de la cual los hijos de Dios estamos llamados a permanecer firmes en la verdad, no dando oportunidad a que el enemigo tome control sobre nosotros.

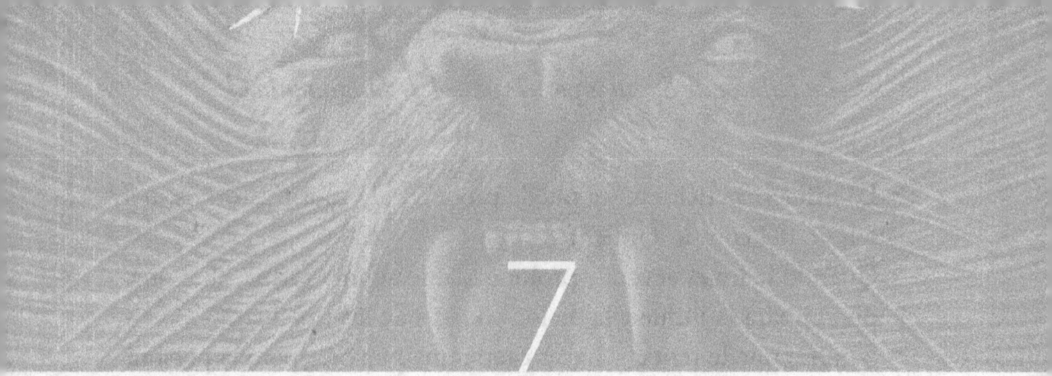

7

LA BATALLA POR EL CRISTO

"Jesús, lleno del Espíritu Santo, volvió del Jordán y fue llevado por el Espíritu en el desierto por cuarenta días, siendo tentado por el diablo". (Lc 4:1-2a)

En el jardín del Edén, el objetivo de Satanás era hacer caer a Adán como representante de la raza humana; cuando Cristo se encarnó, Él vino como el "último Adán" que nos representaría delante de Dios (1 Co 15:45). De modo que, si Satanás tenía la intención de hacer algo para completar la obra que inició en el Edén, y de hecho la tuvo, lo intentaría hacer tentando a este segundo Adán, como en efecto lo hizo. Es por esto que en lo próximo estaremos enfocándonos en la tentación de Cristo en el desierto. Pero a manera de introducción no podemos dejar de mencionar un evento ocurrido muy temprano en la vida de Jesús que también nos permite ver que la intención de Satanás siempre ha sido destruir a Aquel que un día habría de aplastar su cabeza (Gn 3:15).

Si recuerda la historia, poco después del nacimiento de Jesús se produjo una matanza de niños menores de dos años en Belén y en todos sus alrededores bajo las órdenes del rey Herodes, luego de este verse burlado por los sabios de oriente que le anunciaron que el Rey de los judíos había nacido en Belén de Judea (Mt 2:1-18). El rey pidió que al encontrar al niño que buscaban, que le dejaran saber donde había nacido para adorarle también. En realidad, su intención era eliminarle. Desde una perspectiva estrictamente terrenal, esta matanza fue motivada por el deseo de Herodes de eliminar al niño que veía como una potencial amenaza para su trono, pero como habíamos aludido antes, con toda probabilidad no fue más que otro intento del maligno de destruir a Jesús, el Cristo, antes de que este llegara a cumplir el propósito para el cual fue enviado por Dios. Decimos esto porque, aunque la Palabra no lo afirma de manera explícita, es evidente por todo lo que hasta ahora hemos visto en las Escrituras, que Satanás pudo haber incitado a Herodes a obrar de esta manera partiendo de los celos y la envidia que el rey sentía por ese niño que él no conocía, pero que había escuchado que algún día se convertiría en el Rey de los judíos.

DIOS DIRIGE LA BATALLA ESPIRITUAL

La tentación de Cristo en el desierto se encuentra registrada en los tres Evangelios sinópticos (Mateo, Marcos y Lucas), y cada uno de estos Evangelios tiene una contribución particular que hacer al momento de narrar dicho evento. Por esa razón, entendemos que sería de gran provecho revisar cada narración por separado y así tener una idea más acabada de este importante encuentro entre dos reinos con Cristo y el anticristo como sus representantes respectivos. El primer Adán permitió que Satanás cuestionara la palabra de Dios y con esto comenzó a perder terreno, algo que Cristo no permitió y ahí comenzó Su victoria. Lamentablemente, no solo nuestros deseos carnales nos llevan a desobedecer a Dios, sino que nuestro espíritu de rebelión, ese deseo innato de imponer nuestra voluntad, nos lleva a dejar nuestros apetitos sin freno alguno que los detenga. Sucede así porque la rebelión se sirve a sí misma, pero la obediencia le sirve a Dios. A través de la obediencia, Dios nos enseña a negar ese instinto natural de querer servirnos a nosotros mismos y sustituirlo por un deseo genuino de servirle a Él. De nuevo, obedecer a Dios cuando no tenemos deseos contrarios a lo que Él nos ha ordenado no es obediencia sino conveniencia. La obediencia implica hacer todo cuanto Dios espera que hagamos incluso cuando nuestros deseos y nuestra razón nos están empujando a hacer otra cosa completamente diferente.

La tentación de Jesús en el Evangelio de Marcos

Marcos contiene el relato más breve de la tentación de Jesús en el desierto. Su Evangelio no hace una descripción de cada una de las tentaciones, como los otros dos Evangelios sinópticos. Esto no debe sorprendernos, ya que Marcos usa una redacción breve y rápida en su Evangelio. Esto explica porque Marcos usa con frecuencia palabras como «enseguida»; «inmediatamente»; «inmediatamente después»; «otra vez» y algunas otras similares. Veamos:

> "*Enseguida el Espíritu le impulsó a ir al desierto.* Y estuvo en el desierto cuarenta días, *siendo tentado por Satanás;* y estaba entre las fieras, y los ángeles le servían". (Mr 1:12-13, énfasis añadido)

En este pasaje, la palabra "enseguida" es usada por Marcos para conectar el bautismo de Jesús en el Jordán —descrito en los versículos anteriores— con Su tentación en el desierto. El uso de esta palabra nos lleva a concluir que ambos eventos ocurrieron uno detrás del otro sin que transcurriera mucho tiempo entre ellos. De los tres evangelistas, Marcos es el único que menciona que Cristo estaba entre las fieras, y tanto él como Mateo narran, que había ángeles sirviendo a Jesús durante Su lucha espiritual contra Satanás en el desierto.

Por otro lado, la palabra traducida al español como "le impulsó" es el término griego ἐκβάλλειν (*ekballein*), el mismo que Marcos utiliza más adelante cuando relata que Jesús expulsaba los demonios mientras iba predicando por toda Galilea (Mr 1:34). El uso de este término nos comunica que cuando el Espíritu dirigió a Cristo hacia el desierto, lo hizo de forma tal que causó un fuerte deseo y un gran estímulo en el interior de Jesús que lo condujo hasta aquel lugar. En otras palabras, Cristo no llegó al desierto de forma accidental, sino que Dios estaba en control de hacia dónde Él se dirigía y de la necesidad de que este encuentro ocurriera. Una vez más vemos que Dios es el que dirige la batalla espiritual. Por tanto, los hijos de Dios debemos sentirnos seguros en medio de la lucha sabiendo que "la batalla es del SEÑOR" (1 S 17:47; 2 Cr 20:15; Pr 21:31).

La primera tentación en el Evangelio de Mateo

> "Entonces Jesús *fue llevado por el Espíritu* al desierto *para ser tentado por el diablo.* Y después de haber ayunado cuarenta días y cuarenta noches, entonces tuvo hambre. *Y acercándose el tentador,* le dijo: Si eres Hijo de Dios, di que estas piedras se conviertan en pan. Pero Él respondiendo, dijo: Escrito está: «NO SOLO DE PAN VIVIRÁ EL HOMBRE, SINO DE TODA PALABRA QUE SALE DE LA BOCA DE DIOS»". (Mt 4:1-4, LBLA, énfasis añadido)

A simple vista podemos notar que el relato de Mateo es más detallado e incluye algunos detalles que Marcos no revela en su Evangelio. Aunque usando distintos términos, ambos evangelistas señalan al Espíritu de Dios como responsable de guiar a Jesús al desierto. Sin embargo, Mateo va más allá y declara el propósito para el cual Cristo estaba siendo llevado al desierto: *para ser tentado por el diablo*. Asimismo, cuando Mateo se refiere al personaje detrás de esta tentación, él primero lo identifica como el diablo, que según hemos dicho significa acusador,[28] y luego le llama el tentador,[29] esto con el fin de dejar bien claro quién es que está tentando a Cristo en el desierto.

Cuando el Espíritu impulsó a Cristo al desierto para que fuese tentado por Satanás, Dios sabía que el desenlace de ese encuentro sería muy distinto al resultado final de la batalla que Adán y Eva libraron contra la serpiente en el jardín del Edén. De la misma forma en que Adán se enfrentó al enemigo y perdió la batalla en representación nuestra, en el desierto Cristo enfrentó a Satanás y obtuvo la victoria en nuestro nombre.

Después de haber ayunado por cuarenta días y cuarenta noches, Jesús tuvo hambre y Satanás vio esa necesidad física como una oportunidad para tentarle. Entonces, le dijo: "Si eres Hijo de Dios, ordena que estas piedras se conviertan en pan" (Mt 4:3). No es casualidad la manera en que Satanás

---

28. *Diábolos* (διάβολς), Strong's Concordance #1228.
29. *Peirázo* (πειράζω), Strong's Concordance #3985.

se dirigió a Cristo, pues apenas unos versículos atrás leíamos que Jesús fue ungido y afirmado como el Hijo amado de Dios luego de ser bautizado por Juan a orillas del Jordán. Dios expresó pública y audiblemente cuán complacido estaba con Su Hijo y Satanás inmediatamente puso en duda sus palabras. Este cuestionamiento de la Palabra de Dios fue hecho a través de una oferta bien sencilla y aparentemente inofensiva: la conversión de piedras en pan para satisfacer el hambre que Jesús estaba experimentando luego de cuarenta días de ayuno. En otras palabras, Satanás estaba incitando a Jesús a demostrar que Él tenía el poder, como Hijo de Dios, de evitar sus padecimientos y saciar Su necesidad de alimento. Frente a esta tentación, Cristo no entró en un debate sobre si Él tenía o no el poder para hacer tal cosa, tampoco negó el hecho de que estaba experimentando hambre, sino que simplemente empuñó la espada del Espíritu, que es la Palabra de Dios, y la usó para defenderse de las artimañas del enemigo. Entonces, frente a esta primera tentación, Jesús dijo al tentador: "Escrito está: 'No solo de pan vivirá el hombre, sino de toda palabra que sale de la boca de Dios'" (Mt 4:4). Cristo estaba citando una porción del Antiguo Testamento que de manera textual dice: "Él te humilló, y te dejó tener hambre, y te alimentó con el maná que tú no conocías, ni tus padres habían conocido, para hacerte entender que el hombre no solo vive de pan, sino que vive de todo lo que procede de la boca del Señor" (Dt 8:3). Durante los cuarenta años que Israel estuvo vagando en el desierto, Dios le sostuvo por el poder de Su Palabra al ordenar que cayera maná del cielo cada mañana para alimentar a todo el pueblo. Esta provisión milagrosa procedía de la boca del Señor y dejaba claramente establecido que la mayor necesidad del hombre no es física, sino espiritual. Jesús conocía esta verdad, por eso la abrazó y la usó para rechazar la oferta del enemigo de convertir las piedras en pan. De la misma manera, los hijos de Dios estamos llamados a buscar el rostro de Dios y encontrar satisfacción en Él, pues nada en este mundo podrá calmar el hambre y la sed que solamente Dios puede saciar.

La segunda tentación en el Evangelio de Mateo

> "Entonces el diablo lo llevó a la ciudad santa, y lo puso sobre el pináculo del templo, y le dijo: «Si eres Hijo de Dios, lánzate

> abajo, pues escrito está: "A SUS ÁNGELES TE ENCOMENDARÁ", Y: "EN LAS MANOS TE LLEVARÁN, NO SEA QUE TU PIE TROPIECE EN PIEDRA"». Jesús le contestó: «También está escrito: "NO TENTARÁS AL SEÑOR TU DIOS"»". (Mt 4:5-7)

Tal y como ocurrió en el Edén con Adán y Eva, en el desierto Satanás toma las palabras que Dios había pronunciado y las usa para abordar a Jesús con el propósito de tentarle. En este caso, Satanás estaba citando Salmos 91: "Pues Él dará órdenes a Sus ángeles acerca de ti, para que te guarden en todos tus caminos. En sus manos te llevarán, para que tu pie no tropiece en piedra" (vv. 11-12). Mas, así como Satanás usó la Palabra de Dios para tentar a Cristo, Jesús usó esa misma Palabra para resistirlo citando a Deuteronomio 6:16, Jesús le dijo: "«También está escrito: "NO TENTARÁS AL SEÑOR TU DIOS"»" (Mt. 4:7). Ciertamente, Cristo contaba con la asistencia de millares de ángeles que estaban listos para socorrerle apenas Él pronunciara las palabras, pero Él sabía muy bien que Satanás estaba tomando la promesa que Dios había pronunciado y la estaba citando fuera de contexto para inducirlo a comprar su maliciosa oferta.

La tercera tentación de Jesús en el Evangelio de Mateo

> "Otra vez el diablo lo llevó a un monte muy alto, y le mostró todos los reinos del mundo y la gloria de ellos, y le dijo: «Todo esto te daré, si te postras y me adoras». Entonces Jesús le dijo: «¡Vete, Satanás! Porque escrito está: "AL SEÑOR TU DIOS ADORARÁS, Y SOLO A ÉL SERVIRÁS"». El diablo entonces lo dejó; y al instante, unos ángeles vinieron y le servían". (Mt 4:8-11)

En esta tercera ocasión, el príncipe de este mundo se acerca a Cristo para tentarle ofreciéndole un atajo para conseguir de forma más rápida algo que ya Dios le había prometido para un tiempo futuro. Si recuerda bien, esta fue la misma estrategia que Satanás usó con Adán y Eva cuando les aseguró que con solo comer del fruto del árbol ellos inmediatamente llegarían a ser como Dios, algo que en cierta medida ellos ya eran, pues fueron creados a imagen y semejanza de Dios, pero algo que también estaba en los planes futuros de Dios, ya que Su intención siempre ha sido que lleguemos a ser conforme a la imagen de Cristo. En el caso del segundo Adán, Satanás le ofreció *todos los reinos de este mundo* a cambio de Su adoración, aun sabiendo que el Padre eventualmente entregaría todo en manos del Hijo. En otras palabras, Satanás estaba ofreciéndole a Cristo todo lo que el Padre le había prometido, pero sin obediencia, sin sacrificio, sin dolor, y sin cruz. Cristo no cedió ante la tentación y una vez más citó la Palabra de Dios para desarmar al enemigo (Dt 6:13).

La tentación de Jesús en el Evangelio de Lucas

En el desierto, *el príncipe de este mundo*, Satanás, se enfrenta al *Señor de este mundo*, Cristo Jesús, quien estaba allí no como la segunda persona de la Trinidad, aunque lo era, sino como representante de toda la raza humana y a fin de triunfar donde Adán había fallado previamente. Dicho encuentro es narrado por Lucas de la siguiente manera:

> "Jesús, *lleno del Espíritu Santo,* volvió del Jordán y *fue llevado por el Espíritu* en el desierto por cuarenta días, siendo *tentado por el diablo.* Y no comió nada durante esos días, pasados los cuales tuvo hambre. Entonces el diablo le dijo: «Si eres Hijo de Dios, dile a esta piedra que se convierta en pan». Jesús le respondió: «Escrito está: "No SOLO DE PAN VIVIRÁ EL HOMBRE"». El diablo lo llevó a una altura, y le mostró en un instante todos los reinos del mundo. «Todo este dominio y su gloria te daré», le dijo el diablo; *«pues a mí me ha sido entregado, y a quien quiero se lo doy.* Por tanto, si te postras delante de mí, todo será Tuyo». Jesús le respondió: «Escrito está: "Al Señor tu Dios adorarás, y a Él solo servirás"». Entonces el diablo lo llevó a Jerusalén y lo puso sobre el pináculo del templo, y le dijo: «Si eres Hijo de Dios, lánzate abajo desde aquí, pues escrito está: "A Sus ángeles te encomendará para que te guarden", y: "En las manos te llevarán, para que tu pie no tropiece en piedra"». Jesús le respondió: «Se ha dicho: "No tentarás al Señor tu Dios"». *Cuando el diablo hubo acabado toda tentación, se alejó de Él esperando un tiempo oportuno*". (Lc 4:1-13, énfasis añadido)

La tentación de Jesús tiene mucho que enseñarnos acerca de la guerra espiritual. Notemos que, cuando Jesús fue movido por el Espíritu a dirigirse al desierto, estaba lleno del Espíritu Santo, una condición vital para poder triunfar en la batalla espiritual contra el reino de las tinieblas. Lamentablemente, parte del problema del creyente hoy en día es que por lo general está librando sus batallas sin contar con la llenura del Espíritu de Dios. Sucede así porque para poder estar lleno del Espíritu primero necesitamos vaciarnos de nosotros mismos y rendir el control de nuestra mente y corazón a Dios, de manera que toda nuestra vida esté bajo Su señorío, algo que pocos están dispuestos a hacer.

En el Evangelio de Lucas leemos una vez más que Cristo fue dirigido al desierto con un propósito en particular. De forma clara, Lucas narra que Jesús "fue llevado por el Espíritu en el desierto por cuarenta días, siendo tentado por el diablo" (Lc 4:1-2). En otras palabras, Él fue tentado continuamente durante los cuarenta días que estuvo en el desierto. Hacemos esta aclaración porque la manera en que Mateo relata lo ocurrido pudiera darnos la impresión de que Cristo fue tentado por el diablo cuando tuvo hambre después de haber ayunado por cuarenta días y cuarenta noches. Y es cierto que al final de los cuarenta días hubo una tentación que tuvo lugar en medio del hambre que Jesús estaba experimentado, pero Él fue tentado de múltiples maneras y de forma continua por cuarenta días como bien especifica el Evangelio de Lucas.

Asimismo, es importante notar que, en medio de la tentación, Cristo es reconocido como el Hijo de Dios en dos ocasiones (Lc 4:3, 9; Mt 4:3, 6). Esto es particularmente significativo porque Adán, que también es llamado hijo de Dios en las Escrituras (Lc 3:38), fracasó en representación nuestra cuando fue tentado por la serpiente en el Edén, pero el Hijo eterno del Padre triunfó en el desierto en nuestro nombre. De igual manera, en Éxodo 4:22-23 vemos que Dios se refiere a la nación de Israel como "mi hijo, mi primogénito", pues Él mismo trajo dicha nación a existencia cuando escogió a Abraham y lo apartó para de él formar una nación santa, lo que implica que Jesús estaba actuando también en representación de Israel que fracasó en el desierto (en la carencia) y en representación de Adán que fracasó en el jardín (en la abundancia). En pocas palabras, Cristo fue al desierto a triunfar sobre los poderes de las tinieblas en nombre de los dos hijos de Dios que previamente habían fracasado en su intento por cumplir la ley de Dios, Adán e Israel, y en representación del resto de los hijos de Dios que también hemos fracasado en el camino. Cristo Jesús hizo lo que ningún otro pudo hacer antes y los méritos de Su perfecto obrar fueron contados a nuestro favor.

Después de cuarenta días y cuarenta noches de ayuno, Jesús podía estar físicamente muy hambriento, pero espiritualmente estaba lleno. Esa llenura del Espíritu fue la clave para Su victoria ante la tentación. Pues, en la guerra espiritual, el problema se presenta cuando estamos llenos físicamente, pero hambrientos espiritualmente. Mientras más alimentamos los deseos de la carne, dando riendas sueltas a las pasiones que combaten en nuestro interior, más ahogamos y debilitamos el obrar del Espíritu en nosotros. Sin llenura del Espíritu, quedamos completamente a expensas de Satanás a la hora de la tentación.

LA DIFERENCIA ENTRE UNA TENTACIÓN Y UNA PRUEBA

Considerando que el Evangelio de Mateo presenta a nuestro adversario como un acusador que nos hace oposición por medio de la tentación, es necesario explicar la diferencia que existe entre una tentación y una prueba. Cuando la Palabra de Dios habla acerca de la tentación o la prueba siempre utiliza el mismo término, *peirázo* (*πειράζω*), un vocablo griego que significa tanto tentar como probar. Esto pudiera resultar un poco confuso para nosotros porque las Escrituras afirman que Dios no tienta a nadie (Stg 1:13), pero a la vez enseña a través de múltiples pasajes que nuestras pruebas provienen de parte de Dios (Dt 8:2).

La diferencia entre una tentación y una prueba es determinada por el fin que cada una de ellas persigue. La tentación es una circunstancia orquestada con la mera intención de hacernos caer. En principio, esta proviene de Satanás, el tentador, pero la tentación pudiera también provenir de nosotros mismos cuando nuestros deseos caídos nos llevan en dirección contraria a los propósitos de Dios (Stg 1:14), que es como usualmente ocurre. En cambio, la prueba es una circunstancia diseñada por Dios con el propósito de probar nuestra fidelidad y purificar nuestra fe, con la intención expresa de que terminemos fortalecidos una vez hayamos pasado la prueba.

SATANÁS, ADÁN Y CRISTO

Comparemos brevemente el encuentro que Satanás tuvo con Adán en el jardín y con Cristo en el desierto. En aquel primer encuentro, Satanás obtuvo la victoria y Adán echó a perder la creación entera con una sola mordida a la fruta prohibida. De modo similar, Cristo fue tentado por Satanás a convertir las piedras en pan y a morder un pedazo de pan luego de haber ayunado por cuarenta días y cuarenta noches. Ciertamente, si Cristo hubiese mordido el pan que Satanás le ofreció, Él hubiese echado a perder todo el plan de redención de la misma manera que Adán echó a perder la obra que Dios había hecho en la creación. Pues, en ambos casos, detrás de la mordida de ese pan y de esa fruta había una dimensión espiritual monumental cuyas repercusiones escapan a nuestro completo entendimiento.

En último caso, el problema no era la fruta o el pan, sino la falta de confianza en la Palabra de Dios. Cuando Adán comió del fruto del árbol que Dios les había ordenado no comer, él no solo estaba desobedeciendo a Dios, sino que estaba cuestionando la credibilidad de sus palabras. Tanto en el jardín como en el desierto, Satanás buscaba poner en duda la confiabilidad de la Palabra de Dios y en ambas ocasiones lo hizo cuestionando, manipulando y tergiversando las palabras que Dios había pronunciado. "«¿Conque Dios les ha dicho: "No comerán de ningún árbol del huerto"?»" (Gn 3:1), le dijo a Adán y a Eva; mientras que a Cristo le tentó diciendo: "Si eres Hijo de Dios, dile a esta piedra que se convierta en pan" (Lc 4:3). En el desierto, Cristo hizo lo que Adán no supo hacer en el jardín, confió en la Palabra de Dios y permaneció firme en la verdad, citando esa misma Palabra para contrarrestar las mentiras de Satanás.

Satanás siempre ha vendido sus tentaciones envueltas en papel de regalo. Su intención, como ya hemos visto, es disfrazar sus ofertas de manera tal que las terribles consecuencias que vienen detrás de ellas no puedan ser vistas desde el inicio y sea así más fácil para nosotros comprarlas. Del mismo modo, Satanás usa nuestras necesidades para tentarnos por medio de ofertas que lucen inofensivas y benignas, pero que implican llenar esas necesidades legítimas de forma ilegítima. En esos momentos, el deseo de la carne tiende a hacernos caer y Dios frecuentemente permite esos deseos porque el apetito de la carne prueba la fidelidad del corazón. Dios anhela que todas las áreas de nuestro ser estén bajo Su señorío, pero la sujeción y la obediencia a Dios solo se demuestran en medio de la prueba y la tentación. De lo contrario, no estaríamos hablando de obediencia, sino de conveniencia.

DIOS NOS PREPARA PARA LA GUERRA ESPIRITUAL

En Su soberanía, Dios ha decidido permitir que Satanás y sus demonios aún permanezcan haciendo oposición contra la Iglesia del Señor a pesar de que Él ya venció sobre ellos por medio de Cristo (Col 2:15). Esto implica que los hijos de Dios estamos continuamente en medio de una guerra espiritual contra el reino de las tinieblas, pero es una batalla para la cual Dios mismo se encarga de prepararnos (Sal 18:34). En el caso de Cristo, el Espíritu que lo ungió fue el mismo Espíritu que lo llevó al desierto para ser tentado por Satanás. Pero, vale preguntarnos, ¿por qué en ese momento y no antes? De acuerdo con el relato bíblico, Cristo tenía unos treinta años cuando estas cosas sucedieron (Lc 3:23), que por mandato de Dios era la edad requerida para fungir como sacerdote (Nm 4:3), profeta (Ez 1:1) o rey (Gn 41:46; 2 S 5:4), por lo que no fue sino hasta cumplir esa edad que Él comenzó Su ministerio público. Para entonces, Jesús estaba listo para la batalla. Por eso, justo antes de ser llevado al desierto, Cristo fue ungido y afirmado públicamente por Dios cuando después de ser bautizado el Espíritu Santo descendió sobre Él y de los cielos se oyó una voz que dijo: "Este es Mi Hijo amado en quien me he complacido" (Mt 3:16-17). Una vez afirmado como el Hijo de Dios y ungido por el Espíritu de Dios, Cristo se enfrenta a Satanás en la soledad del desierto, y la batalla inició con la predicación de la Palabra.

LA PALABRA DE DIOS ES NUESTRA ESPADA

A diferencia de cómo la guerra espiritual ha sido librada en nuestros días, con un énfasis en la reprensión y expulsión de demonios, cuando analizamos el encuentro entre el máximo representante del reino de la luz y el máximo representante del reino de las tinieblas notamos que la estrategia de combate utilizada por Cristo para resistir al enemigo es totalmente distinta a lo que comúnmente vemos suceder en la Iglesia de hoy. En Su encuentro con Satanás, Cristo demostró algo que más adelante el apóstol Pablo nos anima a hacer a través de su carta a los efesios cuando nos exhorta a vestirnos de toda la armadura de Dios, y específicamente a tomar la espada del Espíritu que es la Palabra de Dios. De toda la armadura, la espada es la única pieza ofensiva y esta fue justamente la que Cristo utilizó para defenderse mientras era tentado por Satanás en el desierto. Frente a cada tentación, Jesús respondía diciendo "escrito está" e inmediatamente citaba una porción de las Escrituras. Él sabía muy bien que la mejor arma contra las mentiras de Satanás es la verdad de Dios.

EL MINISTERIO NOS COLOCA AL FRENTE DE LA GUERRA ESPIRITUAL

Como ha sido observado por algunos, el ministerio no es una fortaleza que nos protege y sirve de refugio en la guerra espiritual. Más bien nuestro llamado nos coloca al frente de la batalla. Esto fue exactamente lo que ocurrió con Cristo. Tan pronto se dispuso a dar inicio a Su ministerio público entre los judíos, luego de ser ungido por Dios, Cristo se colocó en la línea de fuego y es entonces cuando vemos a Satanás irse detrás de Él para tentarle. En su libro más reciente, el pastor estadounidense Paul David Tripp nos recuerda que nuestro conocimiento teológico, dones, talentos, experiencia y éxito ministerial no nos protegen de la caída. Por el contrario, muchas de estas bendiciones pueden hacernos más vulnerables a los ataques del enemigo. Por eso, el apóstol Pablo sabiamente escribió: "… el que cree que está firme, tenga cuidado, no sea que caiga" (1 Co 10:12). Cada uno de nosotros necesita tener humildad, dependencia del Espíritu, límites, disciplina y rendición de cuentas. La ausencia de estas cualidades nos califica como una persona de alto riesgo para el ataque y la caída. Prestemos atención a las palabras de Tripp:

> "El liderazgo ministerial no es una fortaleza en contra del ataque espiritual; de hecho, es la línea de fuego. La experiencia teológica

> no te protege del ataque, pero el orgullo del conocimiento puede ser una de las cosas que te hace susceptible. Dones poderosos no alivian tu vulnerabilidad, ya que, debido al engaño del pecado, nosotros somos mejores al predicar el evangelio a otros que a nosotros mismos".[30]

En otras palabras, el liderazgo está continuamente en la mira de Satanás y la mejor manera de resistir los ataques del enemigo es orando, dependiendo del Espíritu y permaneciendo firmes en la verdad del evangelio. Pero es lamentable ver cómo muchos no acaban de entender la necesidad que el creyente tiene de depender absolutamente del Espíritu de Dios, a pesar de que ese fue el modelo que Cristo mismo nos dejó. La vida de nuestro Señor Jesucristo es el mejor ejemplo de cómo vivir en completa dependencia del Espíritu de Dios. Aunque Jesús tenía a Su disposición todos los poderes de la divinidad, como hombre, nunca hizo nada basado en sus propias fuerzas, sino bajo la dirección y la unción del Espíritu Santo. Desde el momento de Su nacimiento hasta Su muerte y resurrección, Cristo hizo todo lo que hizo en el poder del Espíritu. De esa misma manera, los creyentes deben procurar la asistencia del Espíritu de Dios en su diario vivir, especialmente en su lucha contra el pecado y la maldad. ¡No hay otra forma de ganar la batalla!

Mas Dios, en Su gran sabiduría, también ha provisto un refugio terrenal llamado la iglesia local para que sus hijos puedan animarse y fortalecerse mutuamente para juntos pelear la buena batalla de la fe. No hay duda de que tanto los pastores como las ovejas necesitamos del cuidado de la iglesia local, pues como bien ha dicho el pastor Paul Tripp, no hay forma de que terminemos bien la carrera sin el compañerismo, el estímulo, la rendición de cuentas, la oración, la adoración y la enseñanza que nos brinda estar integrados a la iglesia local.

Russell Moore, reconocido teólogo y predicador estadounidense, escribió un libro que fue traducido al español como *La tentación y el triunfo de Cristo,* donde él comparte lo siguiente: "La tentación es muy fuerte en nuestras vidas precisamente porque no se trata de nosotros, sino de un

---

30. Paul David Tripp, *Lead* (Wheaton: Crossway, 2020), p. 126.

asalto por parte de los poderes demoníacos al imperio rival del Mesías".[31] Con estas palabras, Moore nos recuerda que los hijos de Dios estamos en medio de un conflicto entre dos reinos rivales; un conflicto que se desarrolla en medio y a través de nosotros, dando la impresión de que el creyente es el objetivo de los ataques de Satanás, pero que en última instancia tiene como meta el debilitamiento y la destrucción del reino de la luz, así como el derrocamiento, de ser posible, del Dios Altísimo.

APLICACIONES DE LAS TENTACIONES DE JESÚS

Luego de haber visto la manera en que el diablo se propuso tentar a Cristo en el desierto, hay varias aplicaciones para la vida de santificación del creyente. Por un lado, el hecho de que Satanás fuera detrás de Cristo inmediatamente después de Su experiencia en el Jordán, donde Él había sido afirmado por el Padre, nos debe advertir que algunas de nuestras mayores tentaciones vendrán después de algunos de nuestros mayores triunfos. Por lo general sucede así porque después de una gran victoria es cuando menos estamos pensando en la posibilidad de un ataque espiritual. Cuando nos sentimos más seguros de nosotros mismos es cuando más tendemos a bajar la guardia, y Satanás aprovecha esos momentos para tentarnos. Recordemos la enseñanza de Pablo una vez más: "Por tanto, el que cree que está firme, tenga cuidado, no sea que caiga" (1 Co 10:12).

No debemos olvidar que la tentación vino después de cuarenta días de ayuno. En otros términos, Satanás aprovecha nuestros momentos de debilidad para venir al asecho en medio de la soledad y la necesidad. De ahí que, hemos sido llamados a estar siempre alerta, conociendo bien cuáles son nuestras áreas de debilidad, pues nuestro adversario, el diablo, anda como león rugiente buscando a quien devorar (1 P 5:8). Satanás se acercó a Cristo en la soledad del desierto y de esa misma forma, cuando un hijo de Dios se aleja de la iglesia local, de la comunidad de creyentes en que Dios lo ha colocado, él o ella se vuelve mucho más vulnerable a los ataques del enemigo y más propenso a tropezar y caer en la tentación.

---

31. Russell Moore, *La tentación y el triunfo de Cristo* (Grand Rapids: Editorial Portavoz, 2020), p. 19.

En momentos de soledad y necesidad somos más dados a pensar que sería posible llenar nuestras necesidades de una manera distinta a la que Dios ha ordenado o provisto porque es entonces cuando la duda, el error y la mentira invaden nuestra mente con mayor facilidad. En el desierto, Satanás intentó venderle una mentira tras otra a Cristo justamente para tentarlo y hacerle caer, de ser posible, a través de esas mentiras. Esto debe motivarnos a seguir el ejemplo del apóstol Pablo y meditar constantemente en todo lo que es verdadero, todo lo digno, todo lo justo, todo lo puro, todo lo amable, todo lo honorable, y en todo aquello que sea digno de elogio (Fil 4:8).

De igual manera, los eventos del desierto nos enseñan que Satanás no tiene escrúpulos y está lleno de malicia. Si tuvo la osadía de tentar a Cristo, eso implica que nadie está inmune a los ataques del enemigo. Asimismo, la manera en que Cristo Jesús enfrentó la tentación nos demuestra que la mejor y más eficaz arma ofensiva en la batalla espiritual es la Palabra de Dios. La Palabra es la que nutre el alma, y si la tentación nos encuentra con el alma hambrienta, seremos presa fácil del enemigo. Es esa misma Palabra la que nos santifica (Jn 17:17), y si no estamos siendo santificados por la Palabra de Dios al exponernos y meditar en sus enseñanzas, seremos más vulnerables a la tentación, los tropiezos y las caídas. La Palabra de Dios es la verdad que nos evita creer la mentira y abrazar el error que nos lleva a la idolatría.

Sobre todo, Cristo mostró que es preferible estar hambriento en medio de la voluntad de Dios que estar saciado fuera de ella. Es mucho mejor sentirnos insatisfechos o infelices estando en la voluntad de Dios —aunque no debiéramos sentirnos así— que sentirnos plenos y felices dándole la espalda a Dios porque pronto descubriremos que esa plenitud y esa felicidad no eran más que un espejismo cuando comencemos a saborear las terribles consecuencias del pecado cometido.

Por otra parte, la tentación y el triunfo de Cristo en el desierto nos mostraron que el camino más largo siempre es preferible si es el camino de Dios. Los atajos usualmente son de Satanás y no funcionan en el reino de los cielos. El maligno está interesado en que nos enfoquemos en "el aquí y el ahora", pero Dios quiere formar nuestro carácter, que aprendamos a confiar y depender de Él mientras esperamos pacientemente el cumplimiento de Sus promesas.

De una manera muy sutil, la tentación de Cristo también nos muestra que Dios está pendiente de nosotros en las tentaciones y las pruebas. Recuerde que al narrar los hechos, tanto Marcos como Mateo mencionan que había ángeles sirviendo a Jesús en el desierto, cumpliéndose así la promesa en Salmos 91:11-12 que Satanás previamente había citado de forma tergiversada para tentar a Cristo. En su carta a los corintios, el apóstol Pablo nos confirma que ciertamente Dios tiene cuidado de nosotros en medio de las tentaciones cuando escribe lo siguiente:

> "No les ha sobrevenido ninguna tentación que no sea común a los hombres. Fiel es Dios, que no permitirá que ustedes sean tentados más allá de lo que pueden soportar, sino que con la tentación proveerá también la vía de escape, a fin de que puedan resistirla". (1 Co 10:13)

Esta porción de las Escrituras es evidencia de que cuando hemos caído en la tentación ha sido porque hemos cerrado los ojos para no ver la vía de escape que Dios ha provisto o porque habiéndola visto nos hemos resistido a hacer uso de ella porque preferimos seguir disfrutando un poco más de la oferta que el tentador nos ha hecho.

Otra enseñanza que nos deja el encuentro de Cristo con Satanás en el desierto es que Dios no es el autor de la tentación, algo que Santiago entendía muy bien y por eso escribió lo siguiente:

> "Que nadie diga cuando es tentado: «Soy tentado por Dios». Porque Dios no puede ser tentado por el mal y Él mismo no tienta a nadie. Sino que cada uno es tentado cuando es llevado y seducido por su propia pasión". (Stg 1:13-14)

Ahora bien, aunque Dios no tienta a nadie, ciertamente Él es quien permite la tentación para probarnos, para hacernos crecer y fortalecer nuestra fe. Más aún, Dios permite las tentaciones como pruebas reveladoras; ellas revelan nuestras fortalezas y debilidades, tal y como leemos que ocurrió con el pueblo hebreo en Deuteronomio 8. Dios conocía muy bien lo que había en el corazón de la nación de Israel, quienes no lo sabían eran los israelitas, y Dios usó el desierto para humillarlos, para probarlos y para finalmente hacerles bien (Dt 8:16). De la misma manera, Dios conoce nuestras debilidades y se ha propuesto revelárnoslas por medio de las tentaciones para quebrantarnos, santificarnos y fortalecer nuestra fe.

En la guerra espiritual, Satanás tratará por todos los medios de amedrentarnos, pero no olvidemos nunca que mayor es Aquel que está en nosotros que el que está en el mundo (1 Jn 4:4). Obviamente, nuestra lucha contra el reino de las tinieblas jamás se dará en el mismo contexto y bajo las mismas circunstancias que el encuentro de Cristo con Satanás en el desierto. La tentación de Cristo nos enseña cómo tiene lugar la guerra espiritual y cómo debe librarse de manera que no creamos las mentiras de Satanás ni compremos sus atractivas ofertas que solo persiguen hacernos caer. En ese sentido, le exhortamos a no jugar con la tentación, a no permitir que Satanás ponga un solo pie en la puerta de su corazón, pues cuando terreno santo es perdido, sus emociones comienzan a controlar su mente, y es entonces cuando corre el mayor peligro de caer en la tentación.

Lucas es el único evangelista que enfatiza el hecho de que Satanás es un enemigo persistente, pues cuenta que cuando el diablo hubo acabado toda tentación, se alejó de Cristo esperando un tiempo oportuno (Lc 4:13). En otras palabras, a pesar de no haber logrado su objetivo luego de tres intentos fallidos en el desierto, las tentaciones de Satanás no cesaron, sino que continuaron durante todo el tiempo que Jesús estuvo ministrando en la tierra. Y es que, como hemos visto hasta ahora, Satanás es un ferviente opositor de los planes de Dios que ha tratado de intervenir en la historia de redención desde muy temprano, valiéndose de planes y maquinaciones perversas que buscan influenciar la raza humana para volverla en contra de los propósitos de Dios. Así lo hizo con Adán y Eva en el Edén y quiso hacerlo también con Cristo en el desierto. Mas Jesús permaneció firme en la verdad aun en medio de las peores circunstancias y, según nos cuenta Lucas, "regresó a Galilea en el poder del Espíritu, y las nuevas acerca de Él se divulgaron por toda aquella región" (Lc 4:14).

Para concluir quisiéramos compartir una cita de F. B. Meyer, quien fue pastor y evangelista en Inglaterra, que precisamente nos habla de la guerra espiritual en medio de la cual los hijos de Dios continuamente nos encontramos: "Cuando vemos a un hermano o hermana en pecado, hay dos cosas que desconocemos: primero, no sabemos cuánto esfuerzo él o ella hizo tratando de no pecar. Y segundo, no conocemos el poder de las fuerzas que lo asaltaron. Tampoco sabemos qué hubiéramos hecho en las mismas circunstancias".[32] En otras palabras, Meyer nos llama a no ser prontos para criticar a aquellos creyentes que han pecado, no porque él esté tratando de justificar las tentaciones y las caídas, sino porque está tratando de ayudarnos a no pecar juzgando y condenando al hermano que ha tropezado sin realmente conocer estas cosas que él menciona y sin tener la certeza de cómo nosotros hubiésemos reaccionado ante las mismas circunstancias. La idea no es ser tolerantes con el pecado, sino compasivos con aquellos que han pecado.

Como Satanás no pudo obtener la victoria en la batalla por el Cristo, que se llevó a cabo en el desierto, él ha cambiado de estrategia, por así decirlo, aunque su objetivo sigue siendo el mismo. De ahí que, en el próximo capítulo veremos la batalla que Satanás actualmente está librando por nuestras emociones y nuestros deseos, de manera que seamos nosotros, los hijos de Dios, sus próximas víctimas.

32. F. B. Meyer, citado por Stephen Brown en *Christianity Today* (5 abril 1993), p. 17.

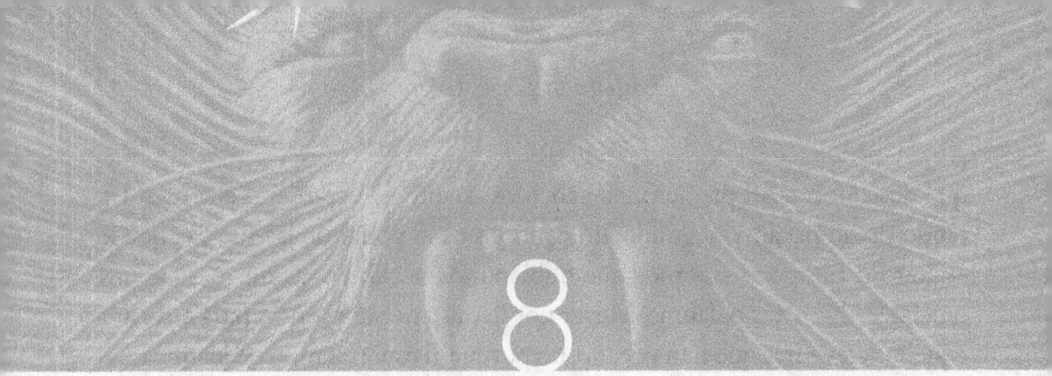

8

LA BATALLA POR NUESTRAS EMOCIONES Y DESEOS

> "Que nadie diga cuando es tentado: «Soy tentado por Dios». Porque Dios no puede ser tentado por el mal y Él mismo no tienta a nadie. Sino que cada uno es tentado cuando es llevado y seducido por su propia pasión. Después, cuando la pasión ha concebido, da a luz el pecado; y cuando el pecado es consumado, engendra la muerte". (Stg 1:13-15)

Es evidente por todo lo visto hasta ahora que la guerra espiritual en la que estamos envueltos es mucho más intensa y continua de lo que somos dados a creer. Esto se debe a que enfrentando a un enemigo invisible que además de ser poderoso, no tiene escrúpulos y juega bastante sucio. Esta realidad demanda que seamos sobrios y estemos alerta en todo tiempo porque nuestro archienemigo anda al acecho como león rugiente esperando a que nos descuidemos y bajemos la guardia para entonces atacar y devorarnos (1 P 5:8).

Conociendo esta realidad debemos prestar mucha atención a nuestros deseos y nuestras emociones porque frecuentemente son blancos de ataques muy usados por el enemigo. Nadie ha pecado sin que sus emociones y sus deseos estén involucrados de alguna manera en el proceso. Si lo duda, piense por un momento y trate de encontrar algún pecado en el que las emociones y los deseos del ser humano no estén envueltos. ¡No lo hay! Eso debe alertarnos y motivarnos a prestar mucha atención a esta área de nuestra vida porque los tropiezos y las caídas siempre ocurren con la participación de nuestros deseos y nuestras emociones.

NUESTRO PROBLEMA CON LOS DESEOS Y LAS EMOCIONES

La primera epístola del apóstol Juan (la más teológica de las tres) nos ayuda a entender cómo funciona el mundo de las emociones y los deseos humanos. Específicamente, Juan nos advierte sobre lo siguiente:

> "Porque todo lo que hay en el mundo, *la pasión de la carne, la pasión de los ojos, y la arrogancia de la vida,* no proviene del Padre, sino del mundo". (1 Jn 2:16, énfasis añadido)

Recuerde que la guerra espiritual contra el reino de las tinieblas es librada contra tres frentes de batalla: la carne, el mundo y Satanás. El enemigo se vale de las corrientes de pensamiento y sistemas de valores no piadosos que abundan en la sociedad incrédula para persuadir y esclavizar la mente del creyente, quien es llevado y seducido por su propia pasión (Stg 1:14). Sucede así porque las emociones y los deseos del hombre, aunque existen por diseño de Dios, después de Génesis 3 frecuentemente se originan en el pecado remanente en nosotros. Y es que, aunque Dios nos ha hecho nacer de nuevo por medio de Su Espíritu, los creyentes aún somos partícipes de una naturaleza caída que tiene emociones y deseos pecaminosos que nos llevan a pecar una y otra vez.

Las tentaciones tienen poder sobre nosotros precisamente porque disparan nuestros deseos. Ahora bien, las emociones no están ahí para dictar la conducta que debemos seguir; mas bien ellas rinden un reporte de la condición de nuestro mundo interior. John Bloom, en un artículo escrito para *Desiring God*, nos ayuda a entender que las emociones son buenas no solo porque Dios las creó, sino porque Él las diseñó para que nos sirvan de indicador y nos brinden un reporte de dónde está nuestro corazón. Según Bloom, el patrón de nuestras emociones nos dará una lectura sobre dónde está nuestra confianza y esperanza porque están conectadas a lo que creemos y valoramos.[33] Adems, Bloom agrega que las emociones revelan lo que nuestro corazón ama, confía y teme. De manera que, las emociones son excelentes reporteras de lo que sucede en nuestro interior, y en medio de la guerra espiritual, ellas se encargarán de revelar aquellas cosas que atesoramos y valoramos, aquellas cosas o personas en las que hemos depositado nuestra confianza, y aquellas cosas que nos atemorizan. En pocas palabras, nuestras emociones pudieran rendir un buen o un mal reporte dependiendo de la condición de nuestro corazón. Entonces, una vez hemos determinado la condición de nuestro mundo interior en base al reporte de nuestras emociones, tendremos una mejor idea de lo que necesitamos hacer para seguir adelante en nuestro caminar de fe o para corregir el rumbo si es que nos hemos desviado en el camino.

A propósito de esto, quisiéramos compartir una porción de la famosa novela apologética de C. S. Lewis, *Cartas del diablo a su sobrino*, pues entendemos que es una excelente ilustración de cómo Satanás usa los deseos y las emociones del ser humano para tentarle e inducirle a pecar. En dicha obra literaria, un demonio experimentado llamado Escrutopo está entrenando a su sobrino Orugario, un demonio principiante, sobre cómo lograr efectivamente la condenación de su víctima, a quien llama "su Paciente". En las cartas, el diablo es el padre de ambos (Escrutopo y Orugario) y Dios es llamado "el Enemigo". En un momento dado, con relación a los placeres, Escrutopo le dice a su sobrino lo siguiente:

> "Ya sé que hemos conquistado muchas almas por medio del placer. De todas maneras, el placer es un invento Suyo, no nuestro.
>
> Él creó los placeres; todas nuestras investigaciones hasta ahora no nos han permitido producir ni uno. Todo lo que podemos hacer es incitar a los humanos a gozar los placeres que nuestro Enemigo

33. John Bloom, *Your Emotions Are a Gauge, Not a Guide* (*Desiring God*, 3 de agosto de 2012). Disponible en línea en inglés en https://www.desiringgod.org/articles/your-emotions-are-a-gauge-not-a-guide.

> ha inventado, en momentos, o en formas, o en grados que Él ha prohibido".[34]

Dios creó al ser humano con múltiples receptores sensoriales capaces de captar estímulos y generar sensaciones de distintos tipos. Es decir, fue idea del Creador poner en nosotros la habilidad de experimentar placer, pero esos placeres vinieron con un manual de instrucción (la Biblia), por así decirlo. El problema es que, como dice C. S. Lewis, la caída pervirtió nuestra mente y nuestro corazón y nos llevó a buscar dichas sensaciones de forma creciente, pero con un disfrute cada vez menor. Pues, con cada experiencia de placer, el disfrute va disminuyendo, lo cual hace que el hombre persiga una experiencia de placer tras otra en su anhelo por encontrar satisfacción plena. En su astucia, Satanás se ha aprovechado de este maravilloso diseño divino, así como de nuestra condición caída, para incitarnos a pecar haciendo un mal uso de aquello que Dios puso en nosotros.

NUESTRO PROBLEMA CON LOS DESEOS

Satanás conoce nuestras áreas de debilidades como raza humana, pero también las conoce de manera personal. Una de las áreas que más dificultad ha traído al hombre es el control de sus deseos, impulsos y emociones. El apóstol Pablo describe el dominio propio como parte del fruto del Espíritu en Gálatas 5:22-23. Si no cedemos el control de las emociones humanas y los deseos de la carne al Espíritu de Dios terminaremos tropezando y cayendo.

El problema no es verse tentado, sino ceder a la tentación. La Biblia nos enseña que Cristo fue tentado en todo como nosotros, pero sin pecado (He 4:15). De manera que, la tentación no es problema, sino lo que hacemos con ella. En realidad, nosotros cedemos a la tentación cuando nuestros deseos son mayores que nuestro dominio propio, y resulta que el dominio propio es fruto del Espíritu y este es directamente proporcional a la llenura del Espíritu. Ahora bien, la llenura del Espíritu depende del control que hemos cedido a Dios sobre nuestras vidas. Por tanto, al final del camino,

34. C. S. Lewis, *The Screwtape Letters* (Edición especial ilustrada mejorada), Libro electrónico de HarperCollins, versión Kindle, p. 44.

nuestro problema es más bien un asunto de si vamos a ceder o no el control de nuestras vidas a Aquel que murió por nosotros.

El problema no es desear cosas materiales, sino desearlas de forma distorsionada. Frecuentemente, la razón por la que deseamos ciertos bienes materiales es por la manera como esas cosas nos hacen sentir y no necesariamente porque eso que deseamos es una necesidad. Por ejemplo, al momento de optar por una determinada marca de automóvil, ¿lo hacemos porque esa es la mejor opción de acuerdo con nuestro presupuesto y nuestra necesidad de transporte o porque esa marca en particular nos hace sentir más importantes, más seguros y más orgullosos de nosotros mismos? El problema no es desear un buen automóvil, sino desearlo por las razones equivocadas. Asimismo, *el problema no es desear poseer cosas, sino anhelarlas o codiciarlas de la misma manera que los incrédulos las desean.* Si estamos dispuestos a pecar para obtener lo que queremos, si nos resentimos cuando no podemos obtenerlo, nos estamos comportando como incrédulos, pues estamos amando otras cosas por encima de Dios.

El problema no es tener ciertos deseos, sino querer llenarlos a cualquier precio independientemente de que sea legítimo o no. Cuando nos aventuramos a satisfacer nuestros deseos sin tomar en cuenta los valores que vamos a violentar, las personas que vamos a herir o las relaciones que vamos a destruir en el proceso, sin duda estamos pecando porque estamos persiguiendo esos deseos de forma equivocada y contraria a la voluntad de Dios para nuestras vidas.

El problema no es desear divertirse, sino hacerlo de la manera como el mundo se divierte. Estamos convencidos de que el cielo no será un lugar aburrido; por el contrario, entendemos que será un lugar extremadamente divertido. Ahora bien, la diversión que habrá en el cielo será completamente distinta a lo que estamos acostumbrados a ver aquí debajo en la tierra. Dios nunca ha estado opuesto a que el hombre ocupe parte de su tiempo en recrearse y descansar del trabajo diario. De hecho, en el Antiguo Testamento vemos como el pueblo hebreo constantemente se alegraba y celebraba haciendo grandes fiestas, tal y como el Señor lo había mandado; pero también vemos que hay formas de diversión que no agradan a Dios porque no honran ni reflejan la gloria del Creador. La diversión que al final no nos conduce a adorar a Dios, a darle gracias incluso por la oportunidad que nos ha concedido de divertirnos, termina siendo vana y carente de propósito como todo lo que el mundo hace y nos ofrece.

El problema no es desear lucir bien, sino amar la apariencia. ¿Se ha fijado en la majestuosidad y la hermosura de la creación de Dios? Todo lo creado nos transmite un mensaje acerca del Creador, y si algo está claro es que Dios ama la belleza y el orden. De modo que, anhelar la belleza es hasta cierto punto un reflejo del Dios que nos creó; pero desear la belleza simplemente porque amamos aparentar y lucir bien ante los demás es un deseo egoísta y completamente contrario al carácter de Dios.

El problema no es disfrutar del mundo, sino querer amar sus formas, sus estilos, sus ideologías, su música, su vocabulario, su vestimenta, y todas aquellas cosas que lucen inofensivas, pero que en realidad son dañinas para el hombre porque se levantan contra el conocimiento de Dios. Cuando Dios contempló todo lo que había hecho, determinó que era bueno en gran manera (Gn 1:31). Entonces, Él entregó su creación en manos del hombre para que este cuidara de ella y la sojuzgara, pero también para que disfrutara de todo lo creado. El problema es que, después de Génesis 3, la creación entera está bajo los efectos de la caída (Ro 8:22) y ahora yace bajo el poder del maligno (1 Jn 5:19). Por esa razón, la Palabra nos manda a no amar al mundo ni las cosas que están en el mundo, pues el mundo pasa, y también sus pasiones, pero el que hace la voluntad de Dios permanece para siempre (1 Jn 2:15-17).

En pocas palabras, *amar al mundo es deleitarnos en cosas o en cantidades de cosas que tienden a disminuir nuestros deseos por las cosas de Dios.* Susana Wesley, madre de los hermanos Charles y John Wesley, nos da una de las mejores definiciones de pecado desde un punto de vista práctico, ya que nos permite entender claramente lo que significa amar al mundo y amar el pecado. Su definición es la siguiente:

> "Pecado es cualquier cosa que debilite tu razonamiento, altere la sensibilidad de tu conciencia, oscurezca tu apreciación de Dios, o te quite la pasión por las cosas espirituales. En pocas palabras, cualquier cosa que aumente el poder o la autoridad de la carne sobre tu espíritu... eso para ti se convierte en pecado, independientemente de cuán bueno sea en sí mismo".[35]

35. Carta a John Wesley, 8 de junio, 1725.

En resumen, cualquier cosa que fortalezca nuestra carne y debilite nuestro espíritu —sin importar de qué se trate— es para nosotros pecado.

NUESTROS DESEOS BATALLAN CONTRA NOSOTROS

En las epístolas de Pablo y Pedro es evidente que estos hombres entendieron muy bien el poder dañino de la carne cuando no está sujeta al Espíritu de Dios. Como muestra, observe el siguiente pasaje de la primera carta de Pedro:

> "Amados, les ruego como a extranjeros y peregrinos, que se abstengan de *las pasiones* carnales que *combaten* contra el alma". (1 P 2:11, énfasis añadido)

Lamentablemente, cuando leemos la frase "pasiones carnales" nuestra tendencia es a pensar principalmente en pecados relacionados a la inmoralidad sexual, la lujuria, la adicción a las drogas o el alcohol, pero no se trata simplemente de eso. Pues, aun dejando estas cosas a un lado, en nosotros hay todo tipo de pasiones pecaminosas que continuamente están en pugna con nuestro espíritu: pasión por ganar un argumento, pasión ser el primero, pasión por ser tomado en cuenta por otros, pasión por ser el primero o ser "lo máximo". En fin, una lista interminable de emociones y deseos que combaten contra nuestra alma regenerada. Por esta razón, el apóstol Pedro usa un lenguaje de batalla al escribir su carta, recordándonos así la guerra espiritual en la que nos encontramos.

En el original, la palabra traducida como "pasiones" es el término griego *epithumeó*,[36] que a su vez se deriva de la palabra *epithymia*,[37] la cual es usada para referirse a "deseos, pasiones, lujurias, anhelos". Una vez más, aquí debemos tener cuidado de no asociar la palabra *lujuria* exclusivamente con la sexualidad, pues la lujuria tiene que ver con un deseo desbordado o en exceso por algo. De hecho, la palabra *epithymia* aparece treinta y ocho veces en el Nuevo Testamento y generalmente se usa con una connotación

---

36. Epithumeó (ἐπιθυμέω), *Nueva concordancia Strong exhaustiva*, #1937.
37. Epithymia (ἐπιθυμία), *Nueva concordancia Strong exhaustiva*, #1939.

negativa excepto en tres ocasiones (Lc 22:15; Fil 1:23; 1 Ts 2:17).[38] En otras palabras, cuando Pedro habla de deseos carnales se refiere a todas las emociones y a todos los deseos que brotan de nuestra naturaleza caída y que hacen guerra contra el obrar del Espíritu Santo en nuestras vidas.

¿QUÉ HACEMOS CON NUESTRAS EMOCIONES Y NUESTROS DESEOS?

El apóstol Pablo, estando consciente de los deseos que continuamente combaten contra el alma regenerada, nos dejó ejemplo de cómo manejar esas pasiones carnales de manera que estas no ejerzan dominio sobre nosotros. En su primera carta a los corintios, él dejó plasmado lo siguiente:

> "Por tanto, yo de esta manera corro, no como sin tener meta; de esta manera peleo, no como dando golpes al aire, sino que *golpeo mi cuerpo y lo hago mi esclavo,* no sea que habiendo predicado a otros, yo mismo sea descalificado". (1 Co 9:26-27, énfasis añadido)

Pablo hace uso de una metáfora para comunicar a sus lectores que él estaba consciente de que su principal oposición no procedía de una fuente externa, sino que estaba dentro de sí mismo. Sus palabras nos permiten ver que él fue intencional al disciplinar su cuerpo para someter sus pasiones y sus deseos a la obediencia de Cristo, pues no estaba dispuesto a servir a sus pasiones, como si fuera esclavo de ellas, sino que sus deseos y sus pasiones habrían de servirle a él. Pablo entendió mejor que cualquier otro que el que cree estar firme debe tener cuidado, no sea que caiga (1 Co 10:12). Del mismo modo, los hijos de Dios debemos estar conscientes de que, si bien es cierto que la salvación es eterna y no se pierde, la calificación para ejercer el ministerio sí puede perderse y de hecho, hasta Moisés la perdió cuando no supo controlar sus emociones y se airó delante del pueblo hebreo en el desierto y pecó contra Dios. Al final, sus pasiones descontroladas le impidieron entrar a la tierra prometida (Dt 32:51-52). Conociendo esto, el

38. Colin G. Kruse, *The Letters of John - Pillar New Testament Commentary* (Grand Rapids: William B. Eerdmans, 2000) p. 95.

apóstol Pablo se propuso conquistar sus pasiones y deseos carnales a fin de que estos no se convirtieran en un obstáculo para el ejercicio de su ministerio y la causa de Cristo.

Como Pablo, nosotros tenemos una gran necesidad de vivir disciplinadamente, pues si no lo hacemos pagaremos las consecuencias. Nuestro cuerpo, con sus pasiones y deseos pecaminosos, tiene que ser dominado hasta que sirva a nuestros propósitos y no al revés. Uno de los grandes problemas del cristiano es no tener una vida disciplinada. Si presta atención se dará cuenta de que los frecuentes tropiezos y caídas en la vida de un creyente se deben definitivamente a la falta de disciplina en la vida de esa persona. Pues, no hay manera de tener santidad, sin disciplina. Por esta razón, Pablo exhortaba a Timoteo, su discípulo más joven, diciéndole: "*... disciplínate a ti mismo para la piedad*" (1 Ti 4:7b).

Lamentablemente, la cultura latinoamericana es muy indisciplinada, pues tendemos a ser muy románticos y sentimentales y en consecuencia, todo nos da pena. Nos da pena disciplinar a los hijos, nos da pena disciplinar a los miembros de la iglesia, y así sucesivamente, nos da pena el dolor por el que otro pasa cuando es disciplinado. Entonces, en vez de disciplinar nuestro romanticismo y sentimentalismo, le damos rienda suelta a esos sentimientos y terminamos sucumbiendo a ellos. Mas, como ya mencionamos, es imposible vivir en santidad cuando constantemente somos dominados por nuestras emociones y nuestros deseos carnales.

Una de las características de los falsos maestros es precisamente que de una forma u otra propagan el liberalismo y, como resultado, se vuelven esclavos de sus pasiones. Observe cómo Pedro explica esto en una de sus cartas:

> "Les prometen libertad, mientras que ellos mismos son esclavos de la corrupción, pues *uno es esclavo de aquello que lo ha vencido*". (2 P 2:19, énfasis añadido)

Ciertamente, todos tenemos un cuerpo corrupto por el pecado, pero hay quienes se han vuelto esclavos de esa corrupción porque sirven a sus pasiones y se mueven por instinto como animales irracionales (Jud 1:10). Ahora, la razón por la que hacen esto, explica Pedro, es porque uno se convierte en esclavo de aquello que lo ha derrotado. Esas tentaciones ante las que cedemos, esas cosas que nos hacen caer repetidamente son áreas indisciplinadas de nuestra vida que terminan llevándonos a la esclavitud en lugar de la libertad que tanto anhelábamos. De ahí el llamado de Pablo a disciplinar nuestro cuerpo, despojándonos de todo peso y del pecado que tan fácilmente nos envuelve, para que podamos correr bien la carrera que tenemos por delante (He 12:1).

¿CÓMO LUCHAR CONTRA LOS DESEOS DE LA CARNE?

Si prestamos atención a las palabras del apóstol Pablo, veremos que la manera apropiada de golpear nuestro cuerpo y disciplinar nuestra carne es mediante la llenura del Espíritu Santo. Así lo vemos en un par de pasajes de las Escrituras que probablemente le resulten muy familiares, pero que quizás nunca haya visto en el contexto de la guerra espiritual. Muchos pueden citar de memoria el fruto del Espíritu descrito por Pablo en Gálatas 5:22-23, pero pocos entienden cuán esencial es este fruto para la guerra espiritual.

El fruto del Espíritu es amor, gozo, paz, paciencia, benignidad, bondad, fidelidad, mansedumbre, dominio propio; y es justamente el dominio propio que hemos recibido por medio del Espíritu Santo lo que nos ayuda a restringir nuestras emociones y someter nuestros deseos a la obediencia de Cristo. De hecho, el texto bíblico que nos manda a ser llenos del Espíritu primero nos llama a no estar bajo el dominio del alcohol (Ef 5:18). Pues sucede que, cuando una persona ingiere alcohol, sus centros de inhibición, que trabajan con el dominio propio, comienzan a ser deprimidos y de repente ese individuo queda parcial o completamente desinhibido. Con esto en mente, Pablo advierte a sus lectores que no deben permitir que la falta de control que produce el abuso del alcohol caracterice sus vidas, sino que deben ser llenos del Espíritu Santo para que este produzca en ellos el dominio propio necesario para resistir los deseos de la carne o resistir la mundanalidad de nuestros días.

Asimismo, en el contexto de la guerra espiritual que se da en el interior de cada creyente, que es la más frecuente y la más intensa de todas, Pablo explica claramente la razón por la cual necesitamos ser llenos del Espíritu:

> "Porque *el deseo de la carne es contra el Espíritu, y el del Espíritu es contra la carne, pues estos se oponen el uno al otro*, de manera que ustedes no pueden hacer lo que deseen". (Gá 5:17, énfasis añadido)

En pocas palabras, los deseos de nuestra carne que surgen del pecado remanente en nosotros y los deseos de nuestra alma regenerada por el Espíritu están constantemente en pugna y no hay manera de que podamos resistir esos deseos pecaminosos sin la ayuda del Espíritu de Dios porque es Dios quien obra en nosotros por medio de Su Santo Espíritu tanto el querer como el hacer (Fil 2:13b). Cuando alimentamos la carne más que al espíritu, no podemos obedecer a Dios; pero alimentar el espíritu nos permite hacer lo que debemos hacer. La llenura del Espíritu implica que la batalla sea mejor peleada con mejores resultados.

Una vez más, debemos seguir la enseñanza del autor del libro de Hebreos y deshacernos de todo peso y del pecado que tan fácilmente nos envuelve (He 12:1). Amado hermano, en nuestro diario vivir hay prácticas en las que incurrimos que en un principio nos pueden parecer inofensivas, pero que deben ser abandonadas porque están alimentado los apetitos de la carne y aumentando su control sobre nuestra voluntad, lo que acabará llevándonos en una dirección contraria a los propósitos de Dios.

LA ESTRATEGIA DE SATANÁS: ALIMENTAR NUESTROS DESEOS

En un capítulo anterior mencionamos que Satanás conoce muy bien las repercusiones de la caída en la mente de los hombres y astutamente se aprovecha de la debilidad que caracteriza nuestra naturaleza caída para tentarnos. Ahora bien, como ya sabemos, Satanás no puede programar nuestra mente como se programa una computadora y hacernos pecar. Sin embargo, él ha estado ocupado observando a los hombres y sabe cuál es la mejor manera de entretener, engañar y distraer la mente humana para alejarla cada vez más de la verdad de Dios. La estrategia de Satanás es precisamente alimentar nuestros deseos y emociones caídas para inducirnos a pecar contra Dios.

El enemigo está al tanto de que en nosotros hay deseos y emociones carnales que están en conflicto con el obrar del Espíritu de Dios en nuestras vidas, por eso se enfoca en identificar nuestras debilidades para entonces, de alguna manera que no comprendemos a plenitud, infiltrar nuestros pensamientos y alimentar esos deseos y emociones caídas. Esto lo vimos claramente ilustrado cuando revisamos el pasaje de 1 Crónicas 21:11, donde se nos dice que Satanás incitó a David a hacer un censo de Israel. De modo similar, es posible que Satanás también haya incitado a David a pecar con Betsabé, la esposa de Urías, aunque la Biblia no lo revela y debe quedar claro que esta es solo una especulación basada en el *modus operandi* de nuestro archienemigo.

¿Recuerda la estrategia que Satanás usó en el jardín del Edén cuando se acercó a Eva? Él la involucró en una conversación y le hizo ver que el árbol prohibido era bueno para comer, agradable a los ojos, y deseable para alcanzar sabiduría (Gn 3:6). En otras palabras, Satanás incitó a Eva a desobedecer a Dios alimentando sus deseos a través de sus sentidos. En ese momento, el sentido auditivo y el sentido visual se combinaron para producir un deseo en Eva que luego se convirtió en una acción de desobediencia contra Dios. Más tarde, cuando Satanás se encuentra con Cristo en el desierto, repite el mismo patrón y comienza a hablar con Jesús, usando sus sentidos para tentarle. En esa ocasión, la propuesta de convertir las piedras en pan apelaba a un deseo, a la necesidad de alimento que Cristo tuvo como consecuencia de haber ayunado por cuarenta días. Pero Satanás estaba haciendo justamente lo que C. S. Lewis expresó a través del personaje Escrutopo en *Cartas del diablo a su sobrino:* incitando a Jesús a gozar los placeres que Dios había creado, pero en un momento, en una forma, o en un grado que Él había prohibido. Asimismo, cuando Satanás le muestra y ofrece todos los reinos de este mundo a cambio de su adoración, apelaba al deseo de poder o control, incitándole a tomar lo que eventualmente le sería entregado por el Padre, pero sin tener que padecer y morir en un madero, es decir, sin cumplir Su misión redentora.

LA PERSISTENCIA DE LA TENTACIÓN DEBILITA NUESTRA RESISTENCIA

Otro aspecto importante que destacar de la estrategia que Satanás utilizó durante su encuentro con Cristo es que, según el relato bíblico, Jesús fue tentado constantemente durante los cuarenta días que estuvo en el desierto. Ocurrió así porque Satanás sabe muy bien que la persistencia de la tentación alimenta los deseos que nos dominan. Y es que, mientras más dure la tentación en nuestras vidas, mayor probabilidad hay de que comiencen a surgir en nosotros deseos pecaminosos que antes no teníamos o que adquieran mayor intensidad si es que han estado presentes. Cuando la tentación es constante, la oferta que calificamos de reprobable el primer día comienza a lucir más atractiva al quinto día. Y ahora nos resulta más difícil resistirla. Por esta razón, Pablo instruye a Timoteo diciéndole: "Huye, pues, de las pasiones juveniles" (2 Ti 2:22a). Eso fue precisamente lo que José hizo ante la insistencia de la esposa de Potifar para que se acostara con ella. Dicen las Escrituras que ella insistía a José día tras día —así como Satanás estuvo detrás de Cristo insistentemente por cuarenta días—, pero él no accedía a acostarse ni a estar con ella (Gn 39:10). Entonces, un día ella lo tomó de la ropa y le dijo: "«¡Acuéstate conmigo!»; pero *él le dejó su ropa en la mano, y salió huyendo afuera*" (Gn 39:12b).

En el Antiguo Testamento encontramos otros ejemplos de cómo nuestras emociones y deseos pecaminosos pueden ir creciendo hasta el punto de dominarnos y llevarnos a pecar contra Dios. En el segundo libro de Samuel leemos que Amnón, hijo de David, se enamoró de Tamar, su media hermana, y su deseo por ella era tal que vivía deprimido día tras día. Como probablemente recordará, el deseo desenfrenado de Amnón por su hermana lo llevó a tramar un plan perverso que le permitió tomarla por la fuerza y abusar sexualmente de ella (2 S 13:1-14).

Asimismo, la historia de Acán es otro ejemplo de cómo la tentación va despertando y alimentando los deseos que nos dominan. Durante la conquista de Jericó, Josué advirtió a los israelitas diciéndoles:

> "Pero ustedes, tengan mucho cuidado en cuanto a las cosas dedicadas al anatema, no sea que las codicien y tomando de las cosas del anatema, hagan maldito el campamento de Israel y traigan desgracia sobre él". (Jos 6:18)

Sin embargo, cuando Acán vio entre el botín un hermoso manto, doscientos siclos de plata y una barra de oro de cincuenta siclos, los codició, los tomó y los escondió dentro de su tienda (Jos 7:19-21). Como resultado, la ira del Señor se encendió contra los israelitas (Jos 7:1). Al igual que ocurrió con Eva cuando vio el fruto prohibido, Acán vio el botín prohibido, y le pareció agradable a sus ojos y lo deseó para sí mismo. Y de la misma manera en que Adán y Eva se escondieron después de pecar, Acán corrió a esconder la evidencia de su pecado. Aún más, el pecado de David con Betsabé fue similar al de Acán, pues él vio a esta hermosa mujer, la codició, la tomó y luego trató de esconder su pecado (2 S 11). Y si somos honestos, debemos admitir que hemos seguido este mismo patrón en algún momento de nuestras vidas.

Por otro lado, lo que sucedió entre Sansón y Dalila es una muestra más de cómo la persistencia de la tentación alimenta nuestras pasiones y debilita nuestra capacidad para resistirlas. De acuerdo con el relato bíblico, Dalila fue contratada por los príncipes de los filisteos para que averiguara dónde residía la gran fuerza de Sansón y así poder dominarlo. Sansón, que estaba enamorado de Dalila, evadió revelar su secreto en varias ocasiones. Pero, como ella le presionaba diariamente con sus palabras y le apremiaba, su alma se angustió hasta la muerte, así que finalmente accedió a revelarle dónde residía su gran fuerza. El Señor entonces se apartó de él, y los filisteos lo prendieron y le sacaron los ojos (Jue 16:4-21).

Cuando no estamos firmemente plantados en la verdad, la persistencia de la tentación poco a poco va erosionado nuestras convicciones. Así lo vemos en la historia de Balac y Balaam. En un momento dado, Balac, rey de Moab, al ver cómo Israel había derrotado a los amorreos, tuvo temor y envió mensajeros a Balaam, un supuesto profeta, para que maldijera a los israelitas y trajera desgracia sobre ellos. En principio, Balaam rechazó inmediatamente la oferta: "...y dijo a los jefes de Balac: «Vuelvan a su tierra, porque el Señor ha rehusado dejarme ir con ustedes»" (Nm 22:13). Sin embargo, cuando el rey envió mensajeros otra vez, más numerosos y más distinguidos que los anteriores, "Balaam respondió a los siervos de Balac: «Aunque Balac me diera su casa llena de plata y oro, yo no podría traspasar el mandamiento del Señor mi Dios para hacer ni poco ni mucho. Pero, les ruego que permanezcan aquí también esta noche, y sabré qué más me dice el Señor»" (Nm 22:18-19). En vez de huir de la tentación como lo hizo José, Balaam le abrió las puertas de su casa y los hospedó por una noche.

Cuando comenzamos a sentirnos tentados, hay una sola cosa que debemos hacer: huir de la tentación (2 Ti 2:22). Si se detiene a ver, escuchar o prestar cualquier tipo de atención a la tentación, ha cedido terreno al enemigo y este acampará allí hasta usar sus deseos y emociones para seducirlo y hacerle caer. Eva vio la fruta; Acán vio el manto, la plata, y la barra de oro; David vio a Betsabé; y lo que ellos vieron fue alimentando sus propios deseos y emociones hasta que estos dieron a luz el pecado. Consideremos, pues, a qué cosas nos estamos exponiendo en nuestro diario vivir que pudieran estar alimentando nuestra carne y debilitando nuestro espíritu. Hace ya muchos años, cuando aún vivíamos en Estados Unidos, al leer por primera vez el texto de Job 31 que dice: "Hice un pacto con mis ojos, ¿cómo podía entonces mirar a una virgen?" (Job 31:1), tomamos la decisión de hacer lo mismo que Job hizo y comprometernos ante Dios, no solamente a no mirar inapropiadamente a otra mujer, sino a apartar la mirada y la atención de todo aquello que no sea puro y honroso ante Dios.

Hoy más que en cualquier otro momento de la historia nuestros sentidos son bombardeados continuamente por tentaciones que aparecen por doquier, y seríamos muy ingenuos en creer que no necesitamos tomar todas las medidas necesarias para guardar nuestra mente y nuestro corazón del pecado que tan fácilmente nos envuelve. Comencemos por las películas y las series de televisión que el mundo nos ofrece: ¿cómo hemos de deleitarnos los hijos de Dios en ver a personas que portan la imagen de Dios comportándose perversamente y disfrutando ilegítimamente de los placeres y las habilidades que Dios ha puesto en el hombre? Por el contrario, necesitamos hacer un pacto con nuestros ojos y comprometernos a ver como Dios ve, y que estas cosas ni siquiera se mencionen entre nosotros, como corresponde a los santos (Ef 5:3).

SOMOS RESPONSABLES DE LO QUE HACEMOS CON NUESTROS DESEOS E IMPULSOS

Ciertamente, Satanás juega un rol importante en hacernos tropezar y caer, pero antes de atribuirle toda la responsabilidad a nuestro archienemigo por nuestras caídas, debemos recordar las palabras de Santiago acerca de la dinámica de la tentación:

> "Sino que cada uno es tentado cuando es llevado y seducido *por su propia pasión.* Después, cuando la pasión ha concebido, da a luz el pecado; y cuando el pecado es consumado, engendra la muerte". (Stg 1:14-15, énfasis añadido)

En el contexto de la guerra espiritual, por lo general Satanás simplemente se ocupa de colocar el pastel delante de nosotros, pero es nuestro deseo por lo dulce lo que nos lleva a comernos un pedazo o todo el pastel. Si ese deseo no estuviera en nosotros, la oferta no luciría atractiva a nuestros ojos. En otras palabras, Satanás no nos empuja a pecar, sino que nos atrae colocando la tentación ante nuestros ojos. Él tiene poder sobre nosotros por la naturaleza pecadora que heredamos de Adán y Eva producto de la caída, y mientras más fortalecida esté nuestra naturaleza caída, más poder el enemigo tendrá sobre nosotros. Por tanto, cuando se sienta tentado, recuerde que el problema no está en la tentación, sino en los deseos y las pasiones de su corazón. Lo que nos tienta jamás dependerá de algo externo, sino de nuestras pasiones carnales que combaten y hacen guerra contra los deseos de nuestra alma regenerada. En ausencia de deseos, la tentación pierde su poder de seducción. Por eso insistíamos anteriormente en que necesitamos disciplinar nuestra carne, como Pablo lo hizo, a fin de someter nuestras pasiones y nuestros deseos a la obediencia de Cristo.

LA TENTACIÓN REVELA NUESTRAS FORTALEZAS Y DEBILIDADES

La palabra traducida al español como tentación es el vocablo hebreo *"nacah"*, un término que implica probar o examinar la calidad de algo. Este vocablo también ha sido traducido al español como "prueba, intento, o tratar». Si consideramos esta definición, podemos afirmar que la tentación, cuando es permitida por Dios, tiene la intención de probar la fidelidad de nuestro corazón. Recuerde que, la tentación jamás procede de Dios (Stg 1:13), pero sí es permitida por Dios para revelar nuestras fortalezas y debilidades. Ahora bien, en el griego, la palabra usualmente traducida como tentación es *"peirasmos"*, un término usado en ocasiones para referirse a "una tentación con la intención de hacernos pecar, ya sea que provenga de los deseos o de circunstancias externas",[39] pero también es utilizada para hablar de "una prueba que tiene un propósito beneficioso".

De manera que, como ya hemos mencionado antes, la diferencia entre una prueba y una tentación está determinada por el origen de cada una y la intención final que estas persiguen. La tentación proviene de Satanás con el único fin de hacernos caer, mientras que la prueba procede de Dios con el propósito de refinar nuestra fe (1 P 1:7). Aun así, es posible tropezar y caer en medio de la prueba, pero esa no es la intención de Dios al probarnos, sino todo lo contrario, pues Dios siempre provee una vía de escape para nosotros, a fin de que podamos resistir (1 Co 10:13).

EL PROBLEMA CON LA TENTACIÓN

La razón por la que la tentación es tan problemática para nosotros es por la naturaleza de esta. Para comenzar, *la tentación es atractiva* en el sentido de que estimula en nosotros las hormonas del placer. En otras palabras, la tentación despierta interés y agrado en nosotros por aquello que nos atrae. Pero no solo esto, sino que también *la tentación es gozosa*, pues el placer inicial que produce va aumentando hasta convertirse en un deleite para nosotros.

Peor aun, *la tentación es evasiva,* es decir, evade nuestra conciencia, porque en medio del placer que experimentamos no somos capaces de reconocer que estamos siendo tentados ni tampoco de percatarnos del peligro que la tentación representa para nuestra vida. Y si no nos alejamos de ella a tiempo, pronto nos damos cuenta de que *la tentación es esclavizante,* pues termina dominando nuestra mente y nuestras emociones hasta el punto de que ya no es ella quien sale a buscarnos, por así decirlo, sino que nosotros terminamos buscando la tentación porque nos parece atractiva y nos brinda placer y gozo. Sin embargo, *la tentación es decepcionante* porque no produce lo que promete. Cuando Eva finalmente comió del fruto que lucía tan agradable a sus ojos, fue decepcionante darse cuenta de que lo único que obtuvo fue un gran sentido de culpa y vergüenza. Y es que, *la tentación es engañosa,* porque siempre nos oculta las terribles consecuencias que acarrea la desobediencia.

---

39. Joseph H. Thayer, *Thayer's Greek-English Lexicon of the New Testament* (Peabody, MA: Hendrickson Publishers, 1896), 2014, s. v. *πειρασμός* (peirasmos).

Finalmente, *la tentación es escalonada*, ya que cada vez es más atrevida y cuanto más atrevida es, los que son tentados la desean más y más. Tristemente, mientras más lejos llegamos en nuestro coqueteo con la tentación, más difícil se nos hará escapar de la trampa que el diablo nos ha tendido. Asimismo, mientras más escalones subamos yendo tras de la tentación, más dolorosa será la caída.

ANTE LA TENTACIÓN, CORRA A DIOS

La Palabra de Dios nos exhorta a huir de la tentación (2 Ti 2:22), pero la idea no es simplemente alejarnos de aquello que nos tienta, sino correr hacia Dios. El salmista nos da una excelente razón para acudir a Dios en Salmos 25, que dice: "De continuo están mis ojos hacia el Señor, *porque Él sacará mis pies de la red*" (Sal 25:15, énfasis añadido). El enemigo ha tendido una red delante de nosotros con el propósito de atraparnos, pero Dios no solo conoce con exactitud el tamaño y la fuerza de esa red, sino que está dispuesto a socorrernos cuando acudimos a Él en busca de auxilio.

No olvide que estamos en medio de una batalla por nuestras emociones y deseos, por tanto, no debe permitir que Satanás ponga un pie en la puerta de su mente y corazón, porque al hacerlo estaría cediendo terreno al enemigo. Cuando pierde terreno santo, sus emociones se disparan y comienzan a controlar su mente. Esto hace que comience a desear cosas que en otro momento consideraba como pecado, y uno de los problemas del pecado cuando se une a la tentación es que el pecado es bastante creativo y siempre buscará la manera de lograr su objetivo.

PARA RECORDAR

June Hunt, escritora y fundadora del ministerio Hope for the Heart (Esperanza para el corazón), en una de las publicaciones que forma parte de tres carpetas donde ella resume su consejería sobre *100 temas vitales para el cristiano*, publicados por Hope for the Heart, hace varias observaciones interesantes sobre la tentación que quisiéramos compartir en este momento a manera de resumen. Según explica Hunt:

- La tentación ocurre usualmente en un área donde usted ha sido previamente tentado.
- La tentación entra por su mente.
- La tentación se aprovecha de lo que a usted le atrae.
- La tentación parece llenar una necesidad legítima, pero lo hace ilegítimamente, en la forma incorrecta, en el tiempo incorrecto.
- La tentación golpea cuando usted no está alerta.
- La tentación usa su imaginación.
- La tentación usa la racionalización para adormecer la conciencia.
- La tentación se vuelve compulsiva.
- La tentación abre posibilidades poco usuales.

Compartimos estas excelentes observaciones porque mientras mejor conocemos cómo opera la tentación, mejor podremos resistirla cuando se presente en nuestras vidas. El Señor Jesucristo estaba consciente de que hay un enemigo que anda como león rugiente buscando a quien devorar; por eso dijo a sus discípulos: "Velen y oren para que no entren en tentación; el espíritu está dispuesto, pero la carne es débil" (Mt 26:41).

Aunque en el aposento alto Pedro estaba dispuesto a ir con Cristo, tanto a la cárcel como a la muerte (Lc 22:34), Jesús conocía algo que los discípulos ignoraban: el poder de la debilidad de la carne. Él sabía que Su arresto llenaría de temor a los discípulos y que Pedro le negaría tres veces antes de que el gallo cantara esa noche. Entonces, los mandó a orar para que pudieran resistir la tentación que se avecinaba. Sin embargo, como muchos saben, los discípulos en vez de orar se durmieron.

PREGUNTAS IMPORTANTES

Por último, considere las siguientes preguntas como una manera de evaluar su corazón y conocer si está en una condición que le hace vulnerable a la tentación.

1. ¿Está usted negando la tentación?
2. ¿Es usted defensivo con relación a la tentación?

3. ¿Se siente culpable, pero lo oculta?
4. ¿Está usted siendo distraído y descuidando sus intereses?

Si ha respondido que sí a cualquiera de estas preguntas, no pierda más tiempo. Huya de la tentación y corra a Dios en busca de auxilio. La guerra espiritual por nuestras emociones y deseos es bastante compleja porque no siempre estamos apercibidos de todo lo que está sucediendo a nuestro alrededor y que está siendo usado por nuestro archienemigo para tentarnos y hacernos caer. Tampoco podemos entender con exactitud la dinámica de nuestro mundo interior ni captar la intensidad real de todas nuestras emociones, que aunque nos fueron dadas por Dios, están ahora teñidas por el pecado producto de nuestra naturaleza caída. Así que, lo mejor que podemos hacer es refugiarnos en Aquel que es poderoso para guardarnos sin caída y para presentarnos sin mancha en presencia de Su gloria con gran alegría (Jud 1:24).

9

LA BATALLA POR EL TERRENO PERDIDO

"Porque el Hijo del Hombre ha venido a buscar y a salvar lo que se había perdido". (Lc 19:10)

En el principio, cuando Dios creó a Adán y Eva, los puso a cargo de toda Su creación, pero ellos pecaron contra Dios al transgredir Su ley y perdieron no solo la vida espiritual de la que hasta ese momento disfrutaban, sino también el terreno que Dios había entregado en sus manos. De manera que, con la desobediencia de esta primera pareja se perdió literalmente un terreno físico y un terreno espiritual, y cuando Cristo se encarnó, Él vino precisamente a recuperar ese terreno perdido.

Nosotros somos parte del terreno perdido, pero no somos lo único que se perdió durante la caída. Por esta razón, entendemos que sería ilógico escribir un libro acerca de guerra espiritual sin hablar de cómo lució esa guerra espiritual durante el ministerio de Cristo Jesús en la tierra, ya que lo que sería el contrataque final comenzó con la encarnación de Cristo. Si pensamos en Satanás como el anticristo, debemos pensar en Cristo como el "antisatanás" porque justamente así es. Él vino a destruir las obras del diablo (1 Jn 3:8) y rescatar el terreno perdido.

EL RESCATE DE LO PERDIDO

El Evangelio de Lucas es de los documentos más extensos del Nuevo Testamento, contando de veinticuatro capítulos, y el texto de Lucas 19:10 es considerado como el versículo clave de dicho Evangelio por la importancia de la declaración que contiene: "… porque el Hijo del Hombre ha venido a buscar y a salvar *lo que se había perdido*" (Lc 19:10, énfasis añadido). En el contexto original, Cristo está hablando de la vida espiritual que el hombre perdió como consecuencia de la caída. Es decir, Cristo vino a darnos vida porque eso fue lo que Adán y Eva perdieron en el Edén. Sin embargo, cuando analizamos el resto de lo que la Palabra de Dios revela, resulta que no solamente perdimos la vida espiritual, así como la conexión, la comunión y adoración continua con Dios, sino que además el terreno en el que vivimos también se perdió y ahora tenemos una creación sujeta a corrupción (Ro 8:20-23).

Con frecuencia decimos que vivimos en territorio enemigo, no como una expresión poética, sino como una realidad que las Escrituras revelan. Cuando nos referimos a Satanás como el dios y príncipe de este mundo, a lo cual hemos aludido anteriormente, no es solo porque la humanidad en su gran mayoría de una u otra forma adora cosas que pertenecen al reino de las tinieblas, sino también porque la Palabra de Dios enseña que el mundo entero está bajo el poder del maligno (1 Jn 5:19). Entonces, si el mundo yace bajo su poder, eso implica que tanto los seres humanos como la creación física están bajo su dominio, aunque permitido por Dios, obviamente. Tanto así que, cuando Satanás se encuentra con Cristo en el desierto, le ofrece todos los reinos de este mundo y le dice: "Todo este dominio y su gloria te daré… pues a mí me ha sido entregado, y a quien quiero se lo doy" (Lc 4:6).

Obviamente, el dominio de Satanás es temporal y permitido por Dios como ya dijimos, y dicho control es ejercido más como administrador que como dueño y Señor; pero sin lugar a dudas este mundo fue entregado en sus manos. Entonces, parte de lo que ocurre bajo su administración, así como la realidad de que el terreno físico que se perdió está en proceso de ser rescatado, es justamente lo que Pablo describe en su carta a los romanos, capítulo 8, cuando dice:

> "Porque la creación fue sometida a vanidad, no de su propia voluntad, sino por causa de Aquel que la sometió, en la esperanza de que *la creación misma será también liberada de la esclavitud de la corrupción a la libertad* de la gloria de los hijos de Dios. Pues sabemos que la creación entera gime y sufre hasta ahora dolores de parto". (Ro 8:20-22, énfasis añadido)

Dios mismo sometió la creación a esclavitud, es decir, a la corrupción y el deterioro que a diario vemos reflejado tanto en el mundo físico como en la vida de los hombres que lo habitan, y que caracteriza esta época de tinieblas en que Satanás reina. Pero, cuando Cristo hace Su entrada al mundo, hace una declaración de independencia —registrada en el pasaje del Evangelio de Lucas previamente citado—, anunciando así que las cosas estaban a punto de cambiar, y literalmente así fue. De hecho, en más de una ocasión la Palabra de Dios habla de "los últimos días" refiriéndose al tiempo comprendido desde la llegada del Mesías hasta el presente (Hch 2:17; 2 Ti 3:1; Heb 1:2; 2 P 3:3) porque a partir del advenimiento de Cristo todo fue diferente.

LA DESTRUCCIÓN DEL REINO DE LAS TINIEBLAS

Revisemos a continuación varios pasajes bíblicos que nos ayudarán a entender cómo es que se está dando esta guerra espiritual por el terreno perdido en la caída. Para esto, volvamos una vez más al Evangelio de Lucas y leamos acerca de un evento ocurrido en Capernaúm, ciudad de Galilea, mientras Jesús enseñaba en la sinagoga un día de reposo.

> "Y había en la sinagoga un hombre poseído por el espíritu de un demonio inmundo, y gritó a gran voz: «Déjanos. ¿Qué tiene que ver con nosotros, Jesús de Nazaret? *¿Has venido a destruirnos?* Yo sé quién Tú eres: el Santo de Dios». Jesús entonces lo reprendió, diciendo: «¡Cállate y sal de él!»". (Lc 4:33-35a, énfasis añadido)

Lo primero que debemos destacar sobre este pasaje es que la persona poseída por un espíritu inmundo, es decir, por un demonio, no está en un lugar donde se practica el pecado, como lo sería un prostíbulo, sino que está en medio de una congregación reunida para adorar a Dios. Por otro lado, note que cuando Jesús hace Su aparición en la sinagoga, el demonio que estaba poseyendo al hombre inmediatamente reconoció que la persona que estaba enseñando en la sinagoga era su enemigo, su antítesis, su polo opuesto. Este demonio estaba apercibido de que Jesús era Aquel que vino a hacer justamente lo que él pregunta: "¿Has venido a destruirnos?" (Lc 4:34b).

Jesús no tuvo que responder, pues en realidad esa era una pregunta retórica, ya que aquel demonio no tenía la menor duda de quién era Jesús, por eso dijo: "Yo sé quién Tú eres: el Santo de Dios" (Lc 4:34b). Entonces, como Él ciertamente vino a destruir las obras del diablo (1 Jn 3:8b), Jesús demuestra su autoridad sobre este espíritu inmundo y le dice: "¡Cállate y sal de él!" (Lc 4:35a).

Otro aspecto que destacar es la manera en que Cristo manejó esta situación. Él no permitió que el demonio continuara hablando ni se involucró en una conversación con él. Una forma de proceder muy distinta al movimiento de expulsión y liberación de demonios que vemos hoy en día, donde las personas empiezan a hablar de "tú a tú" con los demonios. Al contrario, Cristo siempre ordenó a los espíritus inmundos que guardaran silencio, porque, como hemos dicho antes, todo lo que sale de la boca de un demonio es básicamente una mentira o está siendo tergiversado de alguna manera. Y como era de esperarse, el demonio inmediatamente salió del hombre sin hacerle ningún daño (Lc 4:35b). Quizás nunca se había percatado de esto, pero todas las liberaciones relatadas en los Evangelios apuntan y son evidencia externa del poder de Cristo y la misión que Él vino a cumplir en la tierra: dar testimonio de la verdad y destruir las obras del diablo.

CRISTO INVADE EL REINO DE LAS TINIEBLAS

Al estudiar los Evangelios podemos percatarnos de cómo Cristo invadió el mundo de las tinieblas cuando se encarnó y ministró entre los hombres de aquella época. De hecho, Juan inicia su Evangelio diciendo que la Luz —refiriéndose a Cristo— resplandece en las tinieblas y las tinieblas no prevalecieron contra ella (Jn 1:5). Veamos a continuación un ejemplo más de cómo el poder de Cristo prevaleció contra el reino de las tinieblas.

> "Entonces trajeron a Jesús un endemoniado ciego y mudo, y lo sanó, de manera que el mudo hablaba y veía. Todas las multitudes estaban asombradas, y decían: «¿Acaso no es este el Hijo de David?». Pero cuando los fariseos lo oyeron, dijeron: «Este no expulsa los demonios sino por Beelzebú, el príncipe de los demonios». Conociendo Jesús sus pensamientos, les dijo: «Todo reino dividido contra sí mismo es asolado, y toda ciudad o casa dividida contra sí misma no se mantendrá en pie. Si Satanás expulsa a Satanás, está dividido contra sí mismo; ¿cómo puede entonces mantenerse en pie su reino? Y si Yo expulso los demonios por Beelzebú, ¿por quién los expulsan los hijos de ustedes? Por tanto, ellos serán sus jueces. Pero si Yo expulso los demonios por el Espíritu de Dios, entonces el reino de Dios ha llegado a ustedes. ¿O cómo puede alguien entrar en la casa de un hombre fuerte y saquear sus bienes, si primero no lo ata? Y entonces saqueará su casa. El que no está a favor Mío, está contra Mí; y el que no recoge a Mi lado, desparrama»". (Mt 12:22-30)

Aunque el texto simplemente dice que Jesús sanó a un endemoniado ciego y mudo, una lectura comprensiva nos permite ver que Cristo expulsó a un demonio de esa persona y la expulsión del demonio resultó en la sanación de ese individuo. Esto es muestra de que las posesiones demoníacas no solo pueden afectar emocional y espiritualmente a un individuo, sino también físicamente. No obstante, los fariseos que presenciaron aquel milagro, en vez de reconocer la divinidad de Jesús, puesta en evidencia por el poder y la autoridad que demostró tener sobre el mundo de las tinieblas, lo acusaron de echar fuera demonios en el poder de Satanás. Una acusación completamente absurda, tanto así que Cristo hizo una construcción lógica para ayudarles a entender lo contradictorio de su razonamiento. Por eso, les dijo: "Todo reino dividido contra sí mismo es asolado, y toda ciudad o casa dividida contra sí misma no se mantendrá en pie. Si Satanás expulsa a Satanás, está dividido contra sí mismo; ¿cómo puede entonces mantenerse en pie su reino?" (Mt 12:25-26).

Ahora bien, Jesús no simplemente expuso la incoherencia del argumento de los fariseos, sino que manifestó el propósito de Su venida cuando les dijo: "Pero si Yo expulso los demonios por el Espíritu de Dios, *entonces el reino de Dios ha llegado a ustedes*" (Mt 12:28, énfasis añadido). En otras palabras, si Cristo está expulsando demonios en el poder del Espíritu de Dios, la conclusión lógica es que el reino de la luz ha invadido el reino de tinieblas en el que los hombres habían estado viviendo hasta ese momento. En principio, esta revelación no es tan fácil de comprender, pero un análisis del contexto de este pasaje, así como del resto de las Escrituras, nos permite comprobar que ciertamente Cristo vino a destruir este mundo de tinieblas. En el contexto de Mateo 12:22-30, Satanás es el hombre fuerte que necesita ser atado; su casa es este mundo que temporalmente ha sido entregado en sus manos, y sus bienes son todas aquellas cosas que pertenecen al reino de las tinieblas. Con esta ilustración, Jesús estaba declarando que vino a saquear el reino de las tinieblas, pero antes de hacerlo, Satanás necesitaba ser atado.

En aquel momento, Cristo puso en claro que hay dos reinos en conflicto y que el que no está de Su lado está contra Él (Mt 12:30). Con esto, Jesús dejó claro que en la guerra espiritual no hay un terreno intermedio. No existe un bando neutral al que podamos unirnos. O estamos con Cristo, como parte del ejército del reino de la luz, o estamos con Satanás, luchando a favor del reino de las tinieblas.

LA DESTRUCCIÓN DEL REINO DE LAS TINIEBLAS

En la Palabra de Dios encontramos varios pasajes que nos muestran cómo Satanás comenzó a ser atado y uno de ellos es el siguiente:

> "Ya está aquí el juicio de este mundo; ahora *el príncipe de este mundo será echado fuera.* Pero Yo, si soy levantado de la tierra, atraeré a todos a Mí mismo». Pero Él decía esto para indicar la clase de muerte que iba a morir". (Jn 12:31-33, énfasis añadido)

Con estas palabras, Cristo anuncia el cumplimiento de la profecía contenida en Génesis 3:15, donde se nos dice que la simiente de la mujer, Cristo, asestaría un golpe mortal en la cabeza de la serpiente, es decir, de Satanás. Y es que, en la crucifixión de Cristo sucedería algo que tendría que ver justamente con la destrucción del reino de las tinieblas y que representaba una continuación de la obra que Cristo había previamente iniciado. Esto fue lo sucedido:

> "Y habiendo despojado a los poderes y autoridades, hizo de ellos un espectáculo público, triunfando sobre ellos por medio de Él". (Col 2:15)

Hasta ahora habíamos visto que hubo una inauguración del reino de Dios en la tierra que tuvo lugar cuando Cristo, el mayor representante del reino de la luz, invadió el reino de las tinieblas y Satanás y sus demonios comenzaron a ser atados. Mas en la cruz, los poderes de las tinieblas fueron desarmados y la derrota de Satanás fue determinada. Es por esta razón que entendemos que después de la muerte y resurrección de Cristo, Satanás y su reino no permanecieron igual. No sabemos exactamente en qué condiciones quedaron, pero la mayoría de los teólogos ortodoxos entienden que el acceso que Satanás tenía a Dios, como lo vemos en la conversación que ambos tuvieron acerca de Job en el capítulo 1 del libro que lleva su nombre, hoy en día probablemente no existe de la misma forma. De manera que, el terreno que Satanás ocupa o controla va siendo cada vez menor. Al presente, el reino de Dios está básicamente en el corazón de cada creyente, pues es allí donde Él reina, ya que este mundo de pecado, aunque es controlado por Dios, está todavía bajo el reinado de Satanás, el príncipe de este mundo (Jn 12:31 y 14:30), hasta que la creación entera sea redimida y vuelta a su condición inicial. Mientras eso sucede y por razones que solo Dios conoce, el repliegue del reino de las tinieblas es paulatino.

Entonces, al llegar al libro de Apocalipsis, que relata el final de la historia de la redención, vemos que el repliegue de las fuerzas del mal continuará avanzando paulatinamente hasta que Satanás y sus demonios sean encarcelados permanentemente y se complete así la destrucción total del reino de las tinieblas. Observe esto en los siguientes pasajes:

> "El ángel prendió al dragón, la serpiente antigua, que es el Diablo y Satanás, *y lo ató por mil años.* Lo arrojó al abismo, y lo encerró

> y puso un sello sobre él para que no engañara más a las naciones, hasta que se cumplieran los mil años. *Después de esto debe ser desatado por un poco de tiempo*". (Ap 20:2-3, énfasis añadido)

Este pasaje muestra claramente cómo la atadura de Satanás continúa avanzando y cómo su poder sobre las naciones es cada vez menor. Obviamente, aquellos que tienen una posición amilenial, es decir, que no creen que habrá un milenio literal (Apocalipsis 20), no estarán de acuerdo con esta interpretación, pero entendemos que los eventos aquí narrados han de ocurrir tal y como están descritos en este pasaje. Entonces, luego de que transcurra ese tiempo y sucedan todas estas cosas, finalmente, veremos la destrucción del reino de las tinieblas, como se describe a continuación:

> "Y *el diablo que los engañaba fue arrojado al lago de fuego y azufre*, donde también están la bestia y el falso profeta. Y serán atormentados día y noche por los siglos de los siglos". (Ap 20:10, énfasis añadido)

En resumen, la secuencia de eventos es la siguiente: Cristo invade el reino de las tinieblas e inmediatamente notamos que las fuerzas del mal comienzan a replegarse, pues resulta que los demonios están siendo expulsados y los endemoniados están siendo liberados, evidencia de que el reino de las tinieblas está perdiendo poder. Luego, Cristo despoja a Satanás y sus demonios de todo poder y autoridad al triunfar sobre ellos en la cruz del Calvario, y vemos cómo el repliegue del reino de las tinieblas continúa avanzando paulatinamente. A pesar de su derrota, Satanás continúa aún luchando contra el reino de la luz, haciendo todo lo posible para no perder más terreno, algo que Dios ha permitido como parte de Su plan redentor. Pero la Palabra de Dios afirma que en un futuro él será atado y arrojado en el lago de fuego y azufre donde permanecerá encerrado por la eternidad.

Una vez hayan sucedido todas estas cosas habrá un cielo nuevo y una tierra nueva (Ap 21:1), pues la creación que había estado sujeta a vanidad y corrupción será renovada. De manera que, la creación entera volverá a la condición original previa a la caída de Adán y Eva.

LA AUTORIDAD DE CRISTO SOBRE EL REINO DE LAS TINIEBLAS

Retrocedamos un poco y regresemos nuevamente a los Evangelios para ver de qué manera Cristo Jesús va mostrando que Él vino a este mundo a recuperar el terreno que se había perdido. En esta ocasión, veamos en su totalidad aquel evento narrado en el capítulo 4 del Evangelio de Lucas que tuvo lugar dentro de una sinagoga mientras Jesús enseñaba en un día de reposo.

> "Jesús descendió a Capernaúm, ciudad de Galilea, y les enseñaba en los días de reposo. *Todos se admiraban de Su enseñanza porque Su mensaje era con autoridad.* Y había en la sinagoga un hombre poseído por el espíritu de un demonio inmundo, y gritó a gran voz: «Déjanos. ¿Qué tienes que ver con nosotros, Jesús de Nazaret? ¿Has venido a destruirnos? Yo sé quién Tú eres: el Santo de Dios». Jesús entonces lo reprendió, diciendo: «¡Cállate y sal de él!». Y después que el demonio lo derribó en medio de ellos, salió de él sin hacerle ningún daño. Todos se quedaron asombrados, y discutían entre sí: «¿Qué mensaje es este? Porque con autoridad y poder manda a los espíritus inmundos y salen». Y Su fama se divulgaba por todos los lugares de aquella región". (Lc 4:31-37, énfasis añadido)

No era la primera vez que alguien se paraba a enseñar en la sinagoga, pero los que estaban presentes aquel día reconocieron que delante de ellos había alguien que traía un mensaje con una autoridad que hasta ese momento ellos desconocían. Esta era la persona en quien quizás ellos podían poner su confianza y en quien pudieran encontrar la esperanza que antes no tenían. Si había en ellos algún temor con relación a Satanás y sus demonios, esta quizás era la persona con autoridad sobre el reino de las tinieblas en quien ellos finalmente podían poner su confianza. Y al liberar a aquel hombre poseído, Cristo demostró justamente Su poder y autoridad sobre el reino de las tinieblas.

Asimismo, en Lucas 4:41 podemos ver una vez más la autoridad de Cristo sobre el reino de las tinieblas por Su evidente habilidad para atar y expulsar demonios, y el reconocimiento de dicha autoridad por parte de los espíritus inmundos.

> "También de muchos salían demonios, gritando: «¡Tú eres el Hijo de Dios!». Pero, reprendiéndolos, no les permitía hablar, porque sabían que Él era el Cristo". (Lc 4:41)

Contrario a los fariseos presentes en la sinagoga, los espíritus inmundos nunca tuvieron inconveniente en reconocer quién era Aquel que estaba frente a ellos. Pero, tal y como ocurrió en otras ocasiones, Cristo no sostuvo una conversación con estos demonios; por el contrario, ni siquiera les permitió hablar. En este caso, el texto especifica que Jesús no los dejó hablar porque ellos sabían que Él era el Cristo. Por tanto, pudiéramos concluir que Cristo los manda a callar porque no quería que los demonios dieran testimonio de Él. Si Cristo va a recibir algún tipo de reconocimiento, no lo quiere recibir de parte de espíritus inmundos que están dando testimonio de Su divinidad por las razones incorrectas.

De modo similar, el Evangelio de Marcos narra otro encuentro que demuestra que Cristo Jesús vino a destruir el reino de las tinieblas. En el capítulo 5, se relata lo siguiente:

> "Llegaron al otro lado del mar, a la tierra de los gadarenos. Cuando Jesús salió de la barca, enseguida se acercó a Él, de entre los sepulcros, un hombre con un espíritu inmundo, que tenía su morada entre los sepulcros; y nadie podía ya atarlo ni aun con cadenas; porque muchas veces había sido atado con grillos y cadenas, pero él había roto las cadenas y destrozado los grillos, y nadie era tan fuerte como para dominarlo. Siempre, noche y día, andaba entre los sepulcros y en los montes dando gritos e hiriéndose con piedras. Cuando vio a Jesús de lejos, corrió y se postró delante de Él; y gritando a gran voz, dijo: *«¿Qué tengo yo que ver contigo, Jesús, Hijo del Dios Altísimo? Te imploro por Dios que no me atormentes»*. Porque Jesús le decía: «Sal del hombre, espíritu inmundo». *«¿Cómo te llamas?», le preguntó Jesús. «Me llamo Legión», respondió, «porque somos muchos»*". (Mr 5:1-9, énfasis añadido)

Lo primero que llama nuestra atención al leer esta historia es que el hombre poseído por un espíritu inmundo es quien toma la iniciativa de acercarse a Jesús y postrarse delante de Él. Cualquiera pensaría que su reacción inicial sería salir corriendo de la presencia de Cristo, pero no fue así. Es como si los espíritus inmundos no pudieran resistir el hecho de que Cristo es Señor y ellos deben postrarse ante Él. Esto es precisamente lo que el apóstol Pablo describe en su carta a los Filipenses, donde dice que al nombre de Jesús se doblará toda rodilla de los que están en el cielo, y en la tierra, y debajo de la tierra (Fil 2:10).

Por otro lado, el ruego que salió de este endemoniado nos enseña que la mera presencia de Jesús representa un tormento para los espíritus inmundos. Hasta cierto punto, esta experiencia nos recuerda la reacción de Isaías cuando por medio de una visión tuvo un encuentro con la majestad y la santidad de Dios. Dice la Palabra que Isaías vio al Señor sentado sobre un trono alto y sublime (Is 6:1) y la mera visión del trono lo atormentó hasta el punto de hacerle clamar lo siguiente:

> "¡Ay de mí! Porque perdido estoy, pues soy hombre de labios inmundos y en medio de un pueblo de labios inmundos habito, porque mis ojos han visto al Rey, el SEÑOR de los ejércitos". (Is 6:5)

Si Isaías, siendo portador de la imagen de Dios y profeta de Dios, se sintió arruinado y desecho al tener una visión del trono de Dios, cuán atormentado debió haberse sentido este demonio que no tiene la imagen de Dios y que estaba ante la presencia misma de Dios, siendo Cristo infinitamente santo y él infinitamente inmundo.

Ahora bien, en esta ocasión Jesús hizo algo diferente. Por primera y única vez, Cristo hace una pregunta a un espíritu inmundo y le permite responder, en vez de ordenarle que guardara silencio como era su costumbre. "«¿Cómo te llamas?», le preguntó Jesús. «Me llamo Legión», respondió, «porque somos muchos»" (Mr 5:9). Los judíos creían que para expulsar un demonio se debía primero conocer su nombre, pues en la cultura hebrea se entiende que el que nombra a alguien tiene poder sobre esa persona. Sin embargo, en nuestra opinión, la única razón por la que Cristo hizo esta pregunta fue para permitir que los testigos alrededor se percataran de una realidad que Él ya conocía. Cristo sabía la respuesta a Su pregunta, pero quería que todos supieran que una persona puede ser poseída por múltiples demonios, como también fue el caso de María Magdalena, de la que Jesús echó fuera siete demonios, según relata Marcos 16:9.

El encuentro de Cristo con esta legión de espíritus inmundos continúa siendo narrado en Marcos 5 de la siguiente manera:

> "Le rogaba entonces con insistencia que no los enviara fuera de la tierra. Había allí una gran manada de cerdos paciendo junto al monte. Y los demonios le rogaron, diciendo: «Envíanos a los cerdos para que entremos en ellos». Jesús les dio permiso. Y saliendo los espíritus inmundos, entraron en los cerdos; y la manada, unos 2,000, se precipitó por un despeñadero al mar, y en el mar se ahogaron. Los que cuidaban los cerdos huyeron y lo contaron en la ciudad y por los campos. Y la gente vino a ver qué era lo que había sucedido. Vinieron a Jesús, *y vieron al que había estado endemoniado, sentado, vestido y en su cabal juicio,* el mismo que había tenido la legión; y tuvieron miedo". (Mr 5:10-15, énfasis añadido)

Como habrá notado, los demonios no pueden actuar sin el permiso de Dios. Ellos rogaron a Jesús que no los enviara al abismo (Lc 8:31), es decir, al lugar donde los ángeles caídos están en cautiverio (2 P 2:4; Ap 9:1-2, 11; 11:7; 20:1, 3), sino que los dejara libres y les permitiera entrar en una manada de cerdos que estaba cerca. Y Jesús, en Su soberanía, les concedió permiso para hacerlo.

Entonces, una vez los demonios fueron expulsados fuera, aquel hombre que andaba entre los sepulcros dando gritos e hiriéndose con piedras fue hallado sentado, vestido y en su cabal juicio. La condición de este hombre previo a su liberación representa justamente lo que Satanás ha hecho con la humanidad. Él caminaba entre los sepulcros, lugar que representaba la muerte; gritaba día y noche, es decir, no tenía paz; se hería a sí mismo con piedras, o sea, se autodestruía; y era indomable, pues nada ni nadie podía dominarlo. Tal es la condición de la humanidad bajo el poder de Satanás;

anda como muerta, sin paz ni reposo, caminado conforme a su propia voluntad rumbo a la autodestrucción.

Pero "el Hijo de Dios se manifestó con este propósito: para destruir las obras del diablo" (1 Jn 3:8b). Cristo vino a rescatarnos de la muerte para darnos vida en abundancia; cubrió nuestra desnudez, iluminó nuestro entendimiento, y nos devolvió la paz y el sosiego que tanto anhelábamos. El reino de las tinieblas estaba tipificado en este hombre por su agitación, su desnudez y su locura. Pero cuando aquel hombre fue liberado por Cristo, su serenidad, vestidura y sano juicio tipificaron el reino de los cielos. De modo que, los milagros que Jesús hizo no fueron simplemente actos de misericordia, sino que cada uno de ellos apuntaba a una realidad mayor que tenía que ver con Su obra redentora. Estos nos permiten ver la invasión y destrucción del reino de las tinieblas a manos de Cristo.

Pero el relato de Marcos sobre este evento no termina ahí, sino que continúa en los siguientes versos de su Evangelio:

> "Los que lo habían visto les describieron cómo le había sucedido esto al endemoniado, y lo de los cerdos. Y comenzaron a rogar a Jesús que se fuera de su región. Al entrar Él en la barca, el que había estado endemoniado le rogaba que lo dejara ir con Él. Pero Jesús no se lo permitió, sino que le dijo: *«Vete a tu casa, a los tuyos, y cuéntales cuán grandes cosas el Señor ha hecho por ti, y cómo tuvo misericordia de ti»*. Y él se fue, y empezó a proclamar en Decápolis cuán grandes cosas Jesús había hecho por él; y todos se quedaban maravillados". (Mr 5:16-20, énfasis añadido)

Al ver lo que había sucedido, los habitantes de aquella región se asustaron y rogaron a Jesús que abandonara aquel lugar. Además de tener miedo, es muy probable que los que cuidaban de los cerdos se molestaran con Cristo por la gran pérdida que les había causado, ya que toda la piara de cerdos se lanzó al precipicio cuando los demonios entraron en ella. Con toda seguridad, este suceso provocó todo tipo de emociones, pero lo que lamentablemente no hubo fue regocijo por el gran milagro que había acontecido en aquel lugar. Solo el hombre que fue liberado se acercó a Cristo con la intención de seguirle; pero Él no se lo permitió. En cambio, Jesús le ordenó que fuera a los suyos y diera testimonio de la obra que el Señor había hecho en él. Esto debe enseñarnos que cuando Dios hace una obra en nuestras vidas no podemos quedarnos callados. Es nuestra responsabilidad contar a los demás lo que Dios es capaz de hacer, pues nuestro testimonio es la manera en que otros llegarán a conocerle. Así lo hizo este hombre gadareno por toda Decápolis (un grupo de diez ciudades que fueron centro de la cultura grecorromana) y muchos quedaron maravillados de la obra de Cristo (Mr 5:20).

Indudablemente, el pasaje de Marcos 5:1-20 tiene mucho que enseñarnos acerca de lo que Dios anhela para nosotros y lo que Satanás está tratando de evitar a toda costa. Dios quiere darnos dominio propio; Satanás quiere dominarnos. Dios quiere asemejarnos a Su imagen; Satanás quiere destruir tal imagen. Dios quiere liberarnos; Satanás quiere esclavizarnos. Dios quiere protegernos; Satanás quiere destruirnos. Dios quiere glorificarse en nuestras vidas; Satanás quiere deshonrar la gloria de Dios. En pocas palabras, la meta de Satanás es destruir a los hijos de Dios. Por eso Cristo dijo a Sus discípulos: "El ladrón solo viene para robar, matar y destruir. Yo he venido para que tengan vida, y para que la tengan en abundancia" (Jn 10:10).

LA FE Y LA ORACIÓN EN LA LIBERACIÓN

La fe y la oración de los hijos de Dios juegan un rol importante en la guerra espiritual. Para ilustrar esta realidad, veamos ahora un evento registrado en el Evangelio de Mateo que narra el encuentro de Jesús con una mujer cananea cuya hija estaba endemoniada.

> "Saliendo Jesús de allí, se retiró a la región de Tiro y de Sidón. Entonces una mujer cananea que había salido de aquella región, comenzó a gritar: «Señor, Hijo de David, ten misericordia de mí; *mi hija está terriblemente endemoniada*». Pero Él no le contestó nada. Y acercándose Sus discípulos, le rogaban: «Atiéndela, pues viene gritando tras nosotros». Y Jesús respondió: «No he sido enviado sino a las ovejas perdidas de la casa de Israel». Pero acercándose ella, se postró ante Él, diciendo: «*¡Señor, ayúdame!*».

> Y Él le dijo: «No está bien tomar el pan de los hijos, y echárselo a los perrillos». Ella respondió: «Sí, Señor; pero también los perrillos comen de las migajas que caen de la mesa de sus amos». Entonces Jesús le dijo: *«Oh mujer, grande es tu fe; que te suceda como deseas». Y su hija quedó sana desde aquel momento»*". (Mt 15:21-28, énfasis añadido)

En este pasaje, Cristo luce distante y apático ante la necesidad de esta madre. Sus palabras para con esta mujer gentil suenan ásperas y contrarias al carácter misericordioso de nuestro Señor. No obstante, la mujer cananea no se apartó de Él, sino que insistió en su petición. Piense por un momento en cuándo fue la última vez que una situación difícil le hizo postrarse de rodillas y clamar al Señor por ayuda. Eso fue lo que esta mujer hizo. Ella estaba admitiendo su incapacidad para resolver su terrible situación por sí misma. Mas a pesar de su clamor, Cristo usa un lenguaje comparativo para básicamente desestimar su petición y decirle que Su ministerio no estaba orientado hacia los gentiles, sino hacia la nación de Israel. Y esta mujer, una vez más, humildemente admite su carencia y responde: "Sí, Señor; pero también los perrillos comen de las migajas que caen de la mesa de sus amos" (Mt 15:27). Entonces, Jesús reconoció la grandeza de su fe y finalmente le concedió lo que ella tanto anhelaba.

Es nuestra convicción que Cristo no estaba siendo insensible ni indiferente al actuar de la manera en que lo hizo con esta mujer cananea, pues eso sería contrario a Su naturaleza. Más bien, Cristo conocía algo acerca del mundo interior de esta mujer que Él quería sacar a la luz como ejemplo y quizás hasta como juicio para los judíos que estaban alrededor, incluyendo Sus discípulos. Esta mujer era gentil y probablemente no conocía nada acerca de Jesús como el Mesías, pero algo debió haber escuchado que la motivó a acudir a Él en busca de ayuda. A pesar del poco entendimiento que tenía, la humilde fe de esta mujer movió a Jesús a liberar a su hija que ni siquiera estaba presente. Sin dudas, eso debió haber sido una gran lección de fe para los discípulos. En aquel evento se combinaron el poder y la soberanía de Cristo con la fe y la oración de esta mujer. Recuerde que la oración es una conversación que tenemos con Dios, y esta mujer tuvo una conversación con Jesús, la segunda persona de la Trinidad. Asimismo, una oración intercesora es una oración que hacemos por otro, y esta madre intercedió a favor de su hija que estaba endemoniada.

En ese sentido, en este pasaje vemos claramente la relación que existe entre la fe, la intercesión y la liberación. Por un lado, la historia de la mujer cananea nos enseña que la fe de quien ora juega un rol importante en la respuesta obtenida, incluyendo en la liberación de un endemoniado. Por otro lado, la respuesta de Jesús es evidencia de que la oración intercesora puede ser el instrumento de liberación de alguien que está poseído. Asimismo, la liberación de la hija de esta mujer nos enseña que no es necesario estar frente a un endemoniado para interceder por su liberación ni para que Dios lleve a cabo Su obra. La oración intercesora puede funcionar a distancia, aun para la liberación de alguien poseído por un demonio.

En la Palabra de Dios hay otro evento que nos deja ver cuán vitales son la fe y la oración en la guerra espiritual, el cual se encuentra registrado en los siguientes versículos de Mateo 17:

> "Cuando llegaron a la multitud, se acercó a Jesús un hombre, que arrodillándose delante de Él, dijo: «Señor, ten misericordia de mi hijo, porque es epiléptico y sufre terriblemente, porque muchas veces cae en el fuego y muchas en el agua. Lo traje a Tus discípulos y ellos no pudieron curarlo». Jesús respondió: «*¡Oh generación incrédula y perversa!* ¿Hasta cuándo estaré con ustedes? ¿Hasta cuándo tendré que soportarlos? Tráiganmelo acá». Jesús lo reprendió y el demonio salió de él, y el muchacho *quedó curado* desde aquel momento. Entonces los discípulos, llegándose a Jesús en privado, dijeron: «¿Por qué nosotros no pudimos expulsarlo?». Y Él les dijo: «*Por la poca fe de ustedes*; porque en verdad les digo que si tienen fe como un grano de mostaza, dirán a este monte: "Pásate de aquí allá", y se pasará; y nada les será imposible. Pero esta clase no sale sino *con oración y ayuno*»". (Mt 17:14-21, énfasis añadido)

Al narrar este mismo evento, el Evangelio de Marcos señala que este joven tenía un espíritu mudo (Mr 9:17), es decir, estaba poseído por un espíritu inmundo que lo había dejado mudo. Además, el joven sufría convulsiones como consecuencia de la posesión demoníaca y cuando convulsionaba frecuentemente terminaba haciéndose daño porque caía en el fuego o en el agua. Sin dudas, la intención de este demonio era destruir a aquel joven porque esa es la meta de Satanás con cada uno de nosotros.

Según el relato bíblico, el padre de este joven había acudido primero a los apóstoles en busca de ayuda, pero ellos no pudieron hacer nada para sanar a su hijo. Entonces, sin darse por vencido, este hombre fue a Jesús en busca de misericordia y sanidad para su hijo. Al enterarse del fracaso de sus discípulos, Cristo no justificó su inefectividad diciendo: "Es que les falta entrenamiento". Tampoco dijo: "Es que ellos no son parte de la Trinidad y, por tanto, no tienen el mismo poder que el Hijo de Dios tiene". Por el contrario, las primeras palabras que salen de los labios de Cristo tienen la intención de reprender severamente la incredulidad de toda aquella generación. La indignación de Cristo es más que evidente en Sus palabras, pero aun así procedió a expulsar al demonio de aquel muchacho e inmediatamente fue sanado.

"¿Por qué nosotros no pudimos expulsarlo?", fue la pregunta que los discípulos hicieron a su Maestro. Ellos estaban realmente sorprendidos de no haber podido liberar al muchacho y quizás estaban esperando que Jesús les enseñara alguna técnica o estrategia de liberación desconocida para ellos hasta entonces, pero Cristo tenía una sola explicación para su fracaso: su poca fe (Mt 17:20a). De modo que, una vez más vemos la relación que existe entre la fe del creyente, la soberanía de Dios y la respuesta que Él da a nuestras oraciones. El problema de los discípulos estuvo en su falta de fe, pero no solo eso, sino que Cristo agregó otro elemento más cuando dijo que esa clase de liberación solo se lograba con oración y ayuno (Mt 17:21b). Con esto, Jesús dio a entender que hay posesiones que aparentemente requieren cierto esfuerzo adicional para su liberación, el ayuno y la oración, y Sus discípulos no lo estaban haciendo porque tenían poca fe. En otras palabras, donde hay mucha fe, hay mucha oración porque la fe es la confianza que tenemos de que Dios nos oye y como nos oye, Él ha de responder nuestras oraciones. De ahí que, cuando hay falta de fe, hay también falta de oración y de ayuno.

En esta liberación que Cristo llevó a cabo, así como en la guerra espiritual que enfrentamos a diario, hay una estrecha relación entre la manera en que creemos, la manera en que oramos y la manera en que Dios actúa. Esto no debe sorprendernos, pues cuando el apóstol Pablo termina de describir todos los componentes de la armadura de Dios en Efesios 6, él concluye diciendo: "Con toda oración y súplica oren en todo tiempo en el Espíritu, y así, velen con toda perseverancia y súplica por todos los santos" (Ef 6:18). Y es que, como bien ha dicho Joel Beeke, (de los grandes académicos de hoy en día) en uno de sus libros sobre este pasaje, la armadura de Dios sin la oración es totalmente no funcional. Podemos traer puesta toda la armadura de Dios, pero si falta la oración, la armadura no funciona en lo absoluto. La oración sostiene la armadura en su lugar y la hace funcionar.

Al observar la historia del pueblo de Dios en el Antiguo Testamento notamos que los tiempos de ayuno y oración siempre ocurrieron en momentos de grandes dificultades. Esto debe transmitirnos y enseñarnos que hay situaciones que solo pueden ser enfrentadas con oración y ayuno. Asimismo, que hay momentos en los que Dios ha decidido que solo trabajará cuando oremos y ayunemos. No es que Dios necesite nuestras oraciones y nuestro ayuno para poder intervenir, sino que Él está interesado en ver hasta dónde estamos prestos a confiar en Su poder para actuar a favor nuestro en la vida cotidiana, o para expulsar un demonio y dejar a alguien en libertad, como sucedió en el caso del joven endemoniado en Mateo 17.

10

LA BATALLA ES DEL SEÑOR Y LA ARMADURA TAMBIÉN

(PRIMERA PARTE)

"Por tanto, tomen toda la armadura de Dios, para que puedan resistir en el día malo, y habiéndolo hecho todo, estar firmes". (Ef 6:13)

Sin lugar a duda, los creyentes estamos librando una batalla espiritual que es real e intensa, pero al final del camino la batalla no es de Satanás, sino del Señor. Nuestro enemigo es simplemente un contrincante en la batalla, y ni siquiera es el más importante. La batalla es dominada, permitida, orquestada, detenida o acelerada por el Señor, nuestro Buen Padre, y por Cristo Jesús, nuestro hermano y abogado, quien está por nosotros y no contra nosotros. Estas verdades bíblicas deben llenarnos de mucha paz y al mismo tiempo de mucha confianza para seguir peleando la buena batalla en este conflicto en el que estamos envueltos.

Entonces, como la batalla es del Señor, una de las cosas que Dios ha provisto para equiparnos para la guerra espiritual es algo que Él mismo describe en Su Palabra como la "armadura de Dios", sobre lo cual estaremos hablando en este capítulo. Pero antes hablemos del Dios de la batalla y de cómo ese mismo Dios ha dicho que dicha batalla es del Señor.

DIOS ES EL SEÑOR DE LA BATALLA

La expresión "la batalla es del Señor" proviene de varios pasajes del Antiguo Testamento. Quizás el más conocido sea el que se encuentra en el primer libro del profeta Samuel donde se registra el famoso enfrentamiento entre David y Goliat (1 S 17:47). Como es conocido por muchos, Goliat era un campeón del ejército de los filisteos que estaba muy bien armado y cuya estatura era de casi tres metros (1 S 17:4). Dice la Palabra de Dios que "cuando Saúl y todo Israel oyeron estas palabras [desafiantes] del filisteo, se acobardaron y tuvieron gran temor" (1 S 17:11). Pero David, quien era tan solo un joven pastor de ovejas, al escuchar a Goliat dijo: "¿Quién es este filisteo incircunciso para desafiar a los escuadrones del Dios viviente?" (1 S 17:26b). Para David, el problema no era simplemente que este formidable guerrero estaba amenazando a los israelitas, sino que estaba desafiando al Dios viviente. La reputación de Dios estaba en juego y David no estaba dispuesto a permitir que el nombre del Señor fuera tirado por el suelo. En un sentido, David estaba más dispuesto a ir a la batalla para salvaguardar el honor de Dios que para preservar la seguridad del pueblo de Israel. Y eso es algo que la Iglesia de hoy necesita recordar; nosotros estamos en una batalla en contra del reino de las tinieblas, pero por encima de todo estamos defendiendo la causa de Cristo y el honor de nuestro redentor.

A pesar de su juventud e inexperiencia en el campo de batalla, el joven pastor no tuvo temor de enfrentarse a Goliat porque entendió mejor que ningún otro que lo importante no era quién estaba contra ellos, sino quién estaba a favor de ellos. De hecho, cuando el rey Saúl le dijo que no podía enfrentarse a Goliat porque él era un muchacho y Goliat había sido un guerrero desde su juventud, David respondió: "El Señor, que me ha librado de las garras del león y de las garras del oso, me librará de la mano de este filisteo" (1 S 17:37). David confiaba plenamente en el poder y la fidelidad del Señor porque lo había experimentado en su propia vida. Asimismo, David estaba consciente de que Dios no iba a perder esa batalla ni permitir que la fama de Su nombre fuera pisoteada por un pagano irreverente. Por eso, justo antes de enfrentarse a Goliat, David dijo:

> "«*Tú* vienes a mí con espada, lanza y jabalina, pero yo vengo a ti en el nombre del Señor de los ejércitos, el Dios de los escuadrones de Israel, a quien tú has desafiado. El Señor te entregará hoy en mis manos, y yo te derribaré y te cortaré la cabeza. Y daré hoy los cadáveres del ejército de los filisteos a las aves del cielo y a las fieras de la tierra, para que toda la tierra sepa que hay Dios en Israel, y para que toda esta asamblea sepa que el Señor no libra ni con espada ni con lanza; porque *la batalla es del Señor* y Él los entregará a ustedes en nuestras manos»" (1 S 17:45-47, énfasis añadido).

Y así fue. Dios trajo honra a Su nombre ante los filisteos y todo Israel al otorgarle la victoria a David sobre Goliat contra todo pronóstico, comprobando que ciertamente, la batalla es del Señor. Si nunca había visto esta historia desde este punto de vista, sería recomendable volver a visitar el texto completo y leerlo con esta idea en mente: Dios preserva el honor de Su nombre.

Por otro lado, en el Nuevo Testamento leemos que hay una armadura de la cual todo creyente debe revestirse para poder librar la batalla del Señor y esa armadura es también del Señor. Por esa razón, el apóstol Pablo la llama "la armadura de Dios" (Ef 6:11). Asimismo, la causa por la que luchamos es del Señor (Ef 3:14). Somos embajadores de Cristo (2 Co 5:20), es decir, representantes del reino de los cielos en la tierra. Somos el pueblo de Dios, llamado a anunciar las virtudes de Aquel que nos llamó de las tinieblas a Su luz admirable (1 P 2:9). Por tanto, lo que está en juego no es nuestro honor ni nuestra reputación, sino la gloria, el honor, el nombre y la causa de Aquel que nos llamó y nos salvó conforme a Su propósito. "Por esta causa, pues, doblo mis rodillas ante el Padre de nuestro Señor Jesucristo", dijo Pablo en Efesios 3:14. Pues, todo lo que el apóstol hacía era hecho con la causa de Dios en mente. De igual manera, la causa de Dios debe ser la razón y el motivo por el cual nosotros hacemos todo lo que hacemos.

La Palabra de Dios también revela que el ejército que lucha a favor los santos es del Señor (2 R 6:16-17; Heb 1:14). Vemos esta verdad ilustrada en el Antiguo Testamento cuando el profeta Eliseo, rodeado por el ejército sirio, le dice a su siervo: "No temas, porque los que están con nosotros son más que los que están con ellos» (2 R 6:16). Eliseo se refería al ejército angelical que Dios había enviado para protegerlos y librarlos de la mano de los sirios, que su criado no pudo ver sino hasta que Eliseo oró al Señor para que sus ojos fueran abiertos. Entonces, él vio que "el monte estaba lleno de caballos y carros de fuego alrededor de Eliseo" (2 R 6:17). De modo que, el ejército celestial lucha constantemente a favor de los santos contra las huestes espirituales de maldad descritas en Efesios 6. Pero no solo eso, sino que la Palabra de Dios también revela que los creyentes son ministrados y servidos por los ángeles que conforman ese ejército celestial (He 1:14). ¿¡No es eso extraordinario!? Dios ha ordenado que seres angelicales, santos y poderosos, estén al servicio de aquellos que han de heredar salvación para ayudarles y ministrarles cuando lo necesiten.

Finalmente, la Palabra de Dios nos garantiza no solo que la batalla es del Señor, sino que la armadura que usamos, la causa que defendemos y el ejército que lucha a favor nuestro son también del Señor. Por tanto, no hay razón para temer porque el Señor de la batalla está de nuestro lado.

LA GUERRA ESPIRITUAL Y LA ARMADURA DE DIOS (EF 6:10-13)

El texto bíblico que nos habla acerca de la guerra espiritual y la armadura de Dios para el cristiano se encuentra en la carta de Pablo a los efesios, y el mismo comienza de la siguiente manera:

> "Por lo demás, fortalézcanse en el Señor y en el poder de su fuerza. Revístanse con *toda la armadura de Dios* para que puedan *estar firmes contra las insidias del diablo. Porque nuestra lucha* no es contra sangre y carne, sino contra principados, contra potestades, contra los poderes de este mundo de tinieblas, *contra las fuerzas espirituales de maldad* en las regiones celestes. Por tanto, *tomen toda la armadura de Dios,* para que puedan resistir en el día malo, y habiéndolo hecho todo, *estar firmes.* Estén, pues, *firmes...*" (Ef 6:10-14a, énfasis añadido).

En este pasaje hay dos palabras clave: "lucha e insidias". En el idioma original, la palabra traducida como lucha es "pálē", que implica un conflicto o una pelea que tiene lugar entre dos individuos hasta que uno de los dos triunfe. Es decir, los creyentes estamos involucrados en una lucha en la que habrá un ganador y un perdedor, y nosotros sabemos muy bien quién va a ganar esa pelea porque Cristo Jesús venció los poderes de las tinieblas en la cruz y en Él nuestra victoria en la guerra espiritual está garantizada.

Con el paso de los años, algo que nos ha quedado bien claro es que la lucha que libramos no es solo contra huestes de maldad en las regiones celestes, sino también contra entidades e ideologías humanas propias de este mundo de tinieblas. Todas las religiones, filosofías e ideologías que hemos visto surgir a través del tiempo y que son contrarias a Dios corresponden indiscutiblemente al mismo reino: el reino de las tinieblas. Todas estas corrientes de pensamiento, como la denominada ideología de género, "huelen a azufre" y forman parte de la guerra espiritual que Satanás y sus demonios están librando contra los hijos de Dios. Sin duda alguna, la ideología de género es un ataque feroz contra el reino de la luz porque apunta directamente a la base de la estabilidad de la sociedad: la familia, formada por un hombre y una mujer unidos en matrimonio. El enemigo sabe muy bien que cuando la unidad básica de la sociedad no está estable, el resto de la sociedad tampoco puede estarlo, y él hará todo lo posible para aprovecharse de eso.

Como hemos mencionado antes, la batalla espiritual es real, ardua, debilitante, desafiante y, en ocasiones, intimidante; pero de todas maneras hay que librarla. Ciertamente, aquellos que estamos en Cristo no tenemos razón para temer, pero necesitamos reconocer que hay momentos en que inevitablemente experimentaremos temor. Es entonces cuando más necesitamos correr a Dios en busca de fortaleza y auxilio.

En cuanto al término "insidias", que aparece en el pasaje de Efesios 6, la palabra en griego es *methodeia*, de donde proviene la palabra "método". El uso de este vocablo implica que Satanás tiene métodos para luchar contra los hijos de Dios y un método es una forma pensada y planificada de actuar o proceder. Y cuando uno de sus métodos falla, él aplica un método tras otro hasta encontrar el adecuado para cada persona, porque lo que tienta y hace caer a algunos no necesariamente tiene el mismo efecto en otros. Asimismo, el método que Satanás usó para tentarnos en el pasado puede ser distinto del que está usando en el presente o del que usará en el futuro porque no descansará hasta encontrar la manera de derribarnos. Por esta precisa razón, Cristo advirtió a Sus discípulos que debían ser astutos como las serpientes e inocentes como las palomas porque los hijos de Dios andamos como ovejas en medio de lobos (Mt 10:16), enfrentándonos a un enemigo que es realmente sagaz y feroz.

HUESTES ESPIRITUALES

Es evidente que existen entidades contra las cuales luchamos en nuestro caminar como hijos de Dios y, como hemos visto, muchas de esas entidades son huestes espirituales de maldad que la Biblia denomina ángeles caídos o demonios. El mundo demoníaco es muy amplio y complejo, pero el relato bíblico revela que mientras algunos de estos demonios están en las regiones celestiales, otros se encuentran circulando entre nosotros en el plano terrenal. Asimismo, en un capítulo anterior habíamos mencionado que actualmente hay demonios encarcelados en prisiones eternas esperando el día del juicio final. Observe esto en los siguientes pasajes:

> "Porque Dios no perdonó a los ángeles cuando pecaron, sino que los arrojó al infierno y los entregó a fosos de tinieblas, reservados para juicio". (2 P 2:4)

> "Y a los ángeles que no conservaron su señorío original, sino que abandonaron su morada legítima, los ha guardado en prisiones eternas bajo tinieblas, para el juicio del gran día". (Jud 1:6)

No sabemos exactamente cómo lucen esas prisiones eternas, pero deben ser terribles. Donde Dios no está, no hay luz. Dios habita en luz inaccesible y cuando Él decide no manifestar Su presencia, lo único que queda es oscuridad y así están los espíritus encarcelados, completamente en tinieblas.

CÓMO LIBRAR LA BATALLA

Volvamos una vez más a la epístola de Pablo a los efesios para conocer un poco más acerca de la armadura que Dios ha provisto para el cristiano y cómo podemos usarla en la guerra espiritual contra el reino de las tinieblas.

> "Por lo demás, *fortalézcanse* en el Señor y *en el poder de su fuerza. Revístanse* con toda la armadura de Dios para que puedan *estar firmes* contra las insidias del diablo". (Ef 6:10-11, énfasis añadido)

En la guerra espiritual, lo peor que podemos hacer es tratar de pelear en nuestras propias fuerzas, conforme a nuestra sabiduría y en independencia de Dios. Cuando hacemos esto, nos convertimos en un blanco fácil para Satanás y sus ángeles caídos. Por eso, Pablo exhortaba a los creyentes en Éfeso a encontrar fortaleza en el Señor y en el poder de su fuerza, algo que solo es posible cuando vivimos en completa dependencia de Dios, pues separados de Él nada podemos hacer (Jn 15:5).

En su carta, el apóstol Pablo nos exhorta a vestirnos con toda la armadura de Dios porque sin ella no podemos estar firmes, y cuando no estamos firmes ciertamente tropezamos y caemos, pues nuestra firmeza está íntimamente relacionada a la armadura Dios. Sin esta armadura, quedamos expuestos y vulnerables a las insidias del diablo. Por el contrario, cuando llevamos puesta toda la armadura de Dios contamos con sabiduría, discernimiento y la llenura del Espíritu para ayudarnos a librar la batalla.

La palabra traducida como fortalézcanse es el vocablo griego *endunamoo*, que implica dotar de "poder, fortaleza". Ahora bien, el término original para revístanse es *enduoo*, que tiene la connotación de algo que nos ponemos "de una vez y para siempre". De manera que, la idea que circula en algunas denominaciones evangélicas de que no podemos salir de nuestras casas sin ponernos la armadura de Dios es completamente errada, ya que dicha armadura no es algo que nos ponemos y nos quitamos como quien se pone y se quita una ropa, sino algo con lo que vivimos permanentemente porque la armadura es del Señor y Él es quien nos la coloca. Entonces, el punto no es si la llevamos o no puesta, sino si estamos haciendo uso de ella como Dios espera que lo hagamos.

ESTÉN FIRMES PARA LA BATALLA

La idea de proveernos de una armadura es con la intensión de que podamos estar firmes contra las asechanzas del diablo. En ese sentido, el llamado a estar firmes hace referencia a un grupo de soldados a quienes se les entrega una posición que tienen que defender mientras permanecen bajo ataque. Si aplicamos esto al ámbito cristiano, estar firmes involucra una posición en Cristo, un estado mental y un compromiso a no movernos.

Sin ningún mérito propio, Dios nos ha dado una posición en Cristo y nos ha llamado a defenderla. Aquellos que dudan de su salvación y de su fe, como veremos más adelante, no están firmes en el Señor porque estar firmes implica reconocer que, si estamos en Cristo, para que algo nos suceda tiene que contar con Su aprobación primero. Este reconocimiento nos da la confianza y seguridad necesarias para librar la batalla espiritual contra Satanás y sus huestes en absoluta dependencia de Dios. De ahí que, estar firmes también implica un estado mental de alerta, pues no ignoramos que hay un enemigo que activamente está buscando a quién devorar, y la disposición a no actuar impulsivamente, sino conforme a la sabiduría y el discernimiento que proviene de Dios. Cuando estamos firmes en Cristo, aunque en ocasiones sintamos el impulso de hacer algo, antes de actuar filtraremos nuestras emociones y nuestros pensamientos para ver si corresponden a los propósitos de Dios.

De igual manera, estar firmes es hacer un compromiso delante de Dios de no movernos de la posición que Él nos ha entregado en Cristo. Implica comprometernos a vivir en obediencia al Señor, no jugando ni tomando a la ligera las enseñanzas doctrinales reveladas en la Palabra de Dios. Los creyentes de doble ánimo, aquellos que se comportan de una manera hoy y mañana de otra, yendo y viniendo entre lo sagrado y lo mundano, no están permaneciendo firmes en el Señor ni en el poder de Su fuerza porque no están realmente comprometidos a defender y no moverse de la posición que les ha sido entregada.

Como habrá notado, en el pasaje de Efesios 6 que hemos estado revisando, el apóstol Pablo enfatiza la necesidad de permanecer firmes en el Señor para no ceder terreno santo a nuestro enemigo. Observe cómo Pablo repite una segunda y tercera vez el mismo llamado:

> "Por tanto, tomen toda la armadura de Dios, para que puedan resistir en el día malo, y habiéndolo hecho todo, estar *firmes.* Estén, pues, *firmes...*" (Ef 6:13-14a, énfasis añadido)

No hay duda de que Pablo está tratando de que sus lectores estén conscientes de que para librar la batalla espiritual exitosamente es necesario permanecer firmemente plantados en la posición que tenemos en Cristo, porque esa es nuestra mejor defensa contra los embates del enemigo. De hecho, en la Palabra de Dios hay un número significativo de versículos que de una u otra manera exhortan al creyente a estar firme en el Señor. Los términos usados pueden ser distintos dependiendo de la traducción de la Biblia que estemos leyendo, pero el llamado es el mismo: estar firmes.

Como ilustración podemos citar una porción del capítulo quince de la primera epístola del apóstol Pablo a los corintios, donde hace una exposición detallada de la resurrección de Cristo como nuestra mayor garantía de que Dios nos dará la victoria final sobre la muerte y el pecado por medio de nuestro Señor Jesucristo. Al final de su exposición, Pablo concluye con esta exhortación:

> "Por tanto, mis amados hermanos, *estén firmes,* constantes, abundando siempre en la obra del Señor, sabiendo que su trabajo en el Señor no es en vano". (1 Co 15:58, énfasis añadido)

Por otro lado, en la misma carta a los corintios, Pablo exhorta a los creyentes de la siguiente manera:

> "Estén alerta, *permanezcan firmes en la fe,* pórtense varonilmente, sean fuertes". (1 Co 16:13, énfasis añadido)

Una vez más, el llamado es a mantenernos firmes en la posición que hemos recibido en Cristo; no solo por determinado momento, sino de forma consistente a través del tiempo. Ahora bien, este versículo en particular nos dice que debemos permanecer firmes en la fe, y si continuamos avanzando en el Nuevo Testamento, resulta que la carta de Santiago tiene algo más que decirnos acerca de esa fe:

> "Pero que pida *con fe, sin dudar*. Porque el que duda es semejante a la ola del mar, impulsada por el viento y echada de una parte a otra. No piense, pues, ese hombre, que recibirá cosa alguna del Señor". (Stg 1:6-7, énfasis añadido)

En otras palabras, la falta de fe debilita nuestras oraciones y una oración débil recibe poco porque proviene de un corazón que duda y desconfía de Dios. Y, como veremos más adelante, no hay manera de permanecer firmes en la fe cuando dudamos del carácter y las promesas de Dios. En su segunda carta, el apóstol Pedro afirma que Dios nos ha concedido todo cuanto concierne a la vida y a la piedad, es decir, a nuestra salvación y nuestra santidad, mediante el conocimiento de Cristo y sus maravillosas promesas (2 P 1:3). Son precisamente estas promesas las que no podemos poner en duda porque ellas nos dan firmeza en medio de la guerra espiritual. Por el contrario, los creyentes necesitamos creerle a Dios y orar en base a lo que Él nos ha prometido y garantizado en Cristo.

FIRMES EN LA DOCTRINA Y LA VOLUNTAD DEL SEÑOR

El llamado a permanecer firmes en la fe y en la doctrina que nos ha sido entregada puede verse ilustrado en los siguientes pasajes de las Escrituras:

> "Así que, hermanos, *estén firmes y conserven las doctrinas* que les fueron enseñadas, ya de palabra, ya por carta nuestra". (2 Ts 2:15, énfasis añadido).

Cuando comenzamos a distorsionar la doctrina, empezamos inmediatamente a perder terreno y de inmediato nos encontramos caminando en arena movediza. En otras palabras, cuando tomamos las enseñanzas de las Sagradas Escrituras y le damos un significado distinto al que Dios tuvo en mente cuando la inspiró, causamos una distorsión de la doctrina bíblica y esto hace que ya no estemos sobre terreno firme, provocando que el fundamento donde estamos parados se vuelva arenoso e inestable. Esta es la razón por la que debemos comprometernos a defender la verdad y no negociar la doctrina bajo ninguna circunstancia. Pues, como bien dijo Pablo: "es en la fe que permanecen firmes" (2 Co 1:24b). Fuera de la fe, no hay firmeza.

Entendemos que es necesario enfatizar estas cosas porque muchos estarían de acuerdo en afirmar que si algo ha faltado de manera universal en aquellos que integramos la Iglesia de Cristo es precisamente la fe, sin la cual no podemos estar firmes. Ahora, para tener una fe profunda, amplia y firme, necesitamos conocer mejor a Dios.

Al concluir su carta a los colosenses, Pablo comparte con ellos algunos saludos de otros hermanos en la fe y les dice que Epafras, presunto fundador de la iglesia en Colosas, siempre ora por ellos intensamente *"para que estén firmes, perfectos y completamente seguros en toda la voluntad de Dios"* (Col 4:12b, énfasis añadido). La intención detrás de esta oración nos habla una vez más de la necesidad de estar firmes en el Señor. Y es que, cuando no tenemos claridad sobre la voluntad de Dios para nuestras vidas, aquella que Dios ha revelado en Su Palabra para todos Sus hijos, nos resulta imposible permanecer firmes ante las insidias y los embates del enemigo.

Si queremos estar firmes, debemos estar anclados en la voluntad de Dios, y Su voluntad es "que los que viven, ya no vivan para sí, sino para Aquel que murió y resucitó por ellos" (2 Co 5:15). Cuando el creyente no vive de esta manera, carece de firmeza porque es caminando en toda la voluntad de Dios que podemos permanecer firmes.

Por otro lado, en su carta a la iglesia de los tesalonicenses, Pablo comparte un aspecto más sobre la voluntad de Dios, cuando escribe: "Porque esta es la voluntad de Dios: su santificación" (1 Ts 4:3a). En otras palabras, si el creyente no está luchando, esforzándose día a día para santificarse, no podrá estar firme en la fe porque no anda conforme a la voluntad de Dios, sino según su propio entendimiento, es decir, carnal y pecaminosamente. Pues, la firmeza del creyente está atada a la voluntad de Dios.

LA ARMADURA DE DIOS (EF 6:14-17)

Después de haber analizado lo que significa y lo que implica estar firmes en el Señor, para lo cual, como hemos visto, necesitamos vestirnos con toda la armadura de Dios, es necesario tomarnos un tiempo para revisar en detalle en qué consiste la armadura de Dios y analizar su función pieza por pieza.

> "Estén, pues, firmes, *ceñida su cintura con la verdad*, revestidos con *la coraza de la justicia*, *y calzados* los pies con la preparación para anunciar *el evangelio de la paz*. Sobre todo, tomen *el escudo de la fe* con el que podrán apagar todos los dardos encendidos del maligno. Tomen también *el casco de la salvación*, y *la espada del Espíritu* que es la palabra de Dios". (Ef 6:14-17, énfasis añadido)

En este pasaje, el apóstol Pablo utiliza una imagen bastante familiar para sus lectores, la armadura que solían usar los soldados romanos, para ilustrar cómo luce un cristiano que está preparado para defender su posición en Cristo en medio de la guerra espiritual. En ese sentido, note que la primera pieza de la armadura de Dios es la verdad, con la cual estamos llamados a ceñirnos la cintura. En aquella época, las vestimentas consistían en túnicas holgadas que eran sujetadas al cuerpo con un cinto o cordón. En el caso de los soldados, el cordón era elemental porque sostenía toda la armadura. El cordón servía para ajustar la túnica al cuerpo, ya que una vestimenta holgada podía convertirse en un obstáculo para el buen desempeño del soldado en medio de la batalla, pero también servía para sujetar tanto el pectoral como la espada del soldado, ambas piezas esenciales de la armadura. De ahí que, algunas versiones de la Biblia traducen Efesios 6:14 de la siguiente manera: "Defiendan su posición, poniéndose el cinturón de la verdad" (Ef 6:14a, NTV).

El apóstol Pablo, inspirado por el Espíritu de Dios, quiso comunicarnos a través de esta analogía que si no conocemos la verdad, si no buscamos la verdad, si no amamos la verdad, si no vivimos ni proclamamos la verdad, nuestra armadura no está completa, pues fuimos llamados a vestirnos de toda la armadura de Dios. Sin la verdad, es decir, sin la Palabra de Dios (Jn 17:17) no podemos permanecer firmes en medio de la batalla porque el cinto de la verdad es lo que sujeta las demás piezas de la armadura en su lugar. De modo que, para librar exitosamente la guerra espiritual necesitamos estar arraigados en la Palabra de Dios.

Asimismo, hay varias cosas que la Palabra de Dios nos dice acerca de la verdad, y una de ellas es que Dios desea que la verdad esté presente incluso en lo más profundo de nuestro ser. Vemos esto en uno de los salmos del rey David, quien en un momento dado trató de ocultar su pecado para que la verdad no saliera a la luz, pero eventualmente reconoció la importancia de un corazón veraz cuando dijo: "Tú [Dios] *deseas la verdad* en lo más íntimo" (Sal 51:6a, énfasis añadido). En otras palabras, David entendió que, aunque nadie se enterara de su pecado, todavía tenía el mismo problema, ya que su problema no era con la gente, sino con Dios. Del mismo modo, aunque nadie más sepa que no estamos viviendo en la verdad, Dios lo sabe y eso es más que suficiente.

Por otro lado, Salmos 86 registra una petición que nos muestra algo más acerca de la verdad. Dirigiéndose a Dios, el salmista dice: "Enséñame, oh Señor, Tu camino; *andaré en Tu verdad*" (Sal 86:11a, énfasis añadido). El hecho de que David le pidiera al Señor que le enseñara a andar en la verdad es evidencia de que realmente entendió la importancia de la verdad. Nosotros tenemos acceso a la verdad de Dios revelada en Su Palabra, pero frecuentemente no somos capaces de ver toda la verdad aun leyéndola en las Escrituras. Es por esto que, como David, debemos pedirle al Señor que nos enseñe la verdad para poder caminar conforme a Sus propósitos.

De igual manera, con relación a la verdad, el salmo 145 nos enseña lo siguiente: "El Señor está cerca de todos los que lo invocan, de todos los que lo invocan *en verdad*" (Sal 145:18, énfasis añadido). En este pasaje, invocar a Dios en verdad pudiera tener dos connotaciones. Por un lado, que estamos invocando al Dios verdadero conforme Él se ha revelado en las Escrituras. O, por otro lado, que estamos invocando a Dios con sinceridad, es decir, sin tener el corazón dividido. Lamentablemente, cuando pensamos en alguien que tiene el corazón dividido o que vive una dualidad de vida, nuestra tendencia natural es a relacionar ese concepto con aquellos pecados que consideramos escandalosos, como lo sería el adulterio, por ejemplo. Sin embargo, hay un sinnúmero de cosas que a diario hacemos o decimos que no consideramos como graves, pero que igualmente reflejan que tenemos un corazón dividido entre la verdad y la mentira, que como ya dijimos, tiene su origen en Satanás, el padre de toda mentira. Peor aún, con frecuencia esperamos que Dios escuche y responda nuestras oraciones a pesar de estar conscientes de que hemos acudido a Él con un corazón dividido.

Cuando la Palabra de Dios dice que el Señor está cerca de los que le invocan en verdad, obviamente no se está refiriendo a cercanía geográfica, sino que la cercanía en términos bíblicos implica una disposición por parte de Dios a bendecirnos, guiarnos y darnos discernimiento para entender y conocer Su voluntad. De ahí la importancia, una vez más, de permanecer firmes en la verdad. De hecho, en el capítulo acerca de la batalla por la verdad, hablamos precisamente de la necesidad de hacer un compromiso con la verdad y dijimos, entre otras cosas, que eso implicaba tomar la decisión de amar la verdad, buscar la verdad, vivir por la verdad, caminar en la verdad y obedecer la verdad.

LA CORAZA DE JUSTICIA: UNA VIDA DE SANTIDAD

La segunda pieza de la armadura de Dios con la que debemos revestirnos es la coraza de justicia (Ef 6:14b). En inglés, la palabra traducida como justicia es *righteousness*, que hace referencia a la cualidad de ser moralmente correcto o justificable. En otras palabras, vestir la coraza de justicia habla de la vida de rectitud moral que debe caracterizar a todos los hijos de Dios. Sin una vida de rectitud moral, la armadura de Dios no funcionará bien y estaremos altamente expuestos a los ataques del enemigo.

Dios nos ha concedido todo cuanto necesitamos para vivir una vida de santidad mediante el conocimiento de Cristo y sus maravillosas promesas (2 P 1:3), tal y como mencionamos anteriormente. Entonces, tomando en cuenta esta maravillosa concesión que Dios ha hecho con cada uno de sus hijos, el apóstol Pedro nos exhorta a hacer nuestro mayor esfuerzo para vivir conforme a la gracia que hemos recibido. Veamos esto en los siguientes versos de la Palabra:

> "Por esta razón también, obrando con toda diligencia, añadan a su fe, *virtud*, y a la virtud, conocimiento; al conocimiento, dominio propio, al dominio propio, perseverancia, y a la perseverancia, *piedad*, a la piedad, fraternidad y a la fraternidad, amor". (2 P 1:5-7, énfasis añadido)

En el idioma original, las palabras "virtud" y "piedad" que aparecen en este pasaje implican exactamente la misma cosa: "excelencia moral". Sin embargo, el apóstol Pedro menciona esta cualidad dos veces dentro del listado de virtudes que el cristiano debe ir añadiendo a su vida; de manera que pueda reflejar la fe que por gracia ha recibido del Señor. En ese sentido, el término "virtud" probablemente hace referencia a una vida externa de excelencia moral, mientras que la palabra "piedad" apunta más a una vida interna caracterizada por la excelencia moral. De cualquier modo, la razón por la que enfatizamos esto es porque la segunda pieza de la armadura de Dios, la coraza de justicia, alude precisamente a la vida de santidad que el apóstol Pedro nos exhorta a cultivar con toda diligencia. Ahora bien, la razón para poner nuestro mayor esfuerzo en cultivar una vida de santidad es porque estamos en medio de una guerra espiritual para la cual necesitamos estar firmes y parte de nuestra firmeza depende justamente de nuestra santidad.

En 2 Pedro 1:10, el apóstol concluye su exhortación a vivir una vida de santidad diciendo algo extraordinario:

> "Así que, hermanos, sean cada vez más diligentes para hacer *firme* su llamado y elección de parte de Dios. Porque mientras hagan estas cosas *nunca caerán*". (2 P 1:10, énfasis añadido)

Los absolutos de la Palabra de Dios siempre nos han llamado la atención. Sin vacilar, Pedro afirma que mientras pongamos nuestro mayor esfuerzo en cultivar estas virtudes, nunca caeremos o nunca tropezaremos, como dice en algunas traducciones de la Biblia. Esta afirmación fue hecha por alguien que tropezó varias veces en su andar de fe, de manera que, proviene de un experto en tropiezos que inspirado por el Espíritu de Dios está tratando de guiarnos para que entendamos que la armadura de Dios, de la cual depende nuestra firmeza, está íntimamente ligada a una vida de santidad.

CALZADOS LOS PIES CON EL APRESTO DEL EVANGELIO

El llamado a tomar toda la armadura de Dios continúa en Efesios 6 de la siguiente manera: "… calzados LOS PIES CON LA PREPARACIÓN PARA

ANUNCIAR EL EVANGELIO DE LA PAZ" (Ef. 6:15). La tercera pieza de la armadura es el calzado que cubre los pies del soldado. En el caso de la armadura de Dios, ese calzado es el evangelio de la paz, es decir, las Buenas Nuevas de salvación en Cristo Jesús, por quien los creyentes estamos en paz con Dios. Esta es una pieza clave porque todas las enseñanzas de la doctrina cristiana se derivan del evangelio. De manera que, es imposible estar firmes en medio de la guerra espiritual si de alguna manera estamos comprometiendo el evangelio de Cristo.

El apóstol Pablo entendió la importancia y el poder del evangelio, de ahí que siempre estuvo dispuesto y preparado para anunciar el evangelio de la paz sin importar el costo ni las consecuencias, que en su caso incluyeron naufragios, persecución, azotes y cadenas. Observe a continuación el aprecio que Pablo tenía por el evangelio de Cristo:

> "Porque *no me avergüenzo del evangelio,* pues es el poder de Dios para la salvación de todo el que cree, del judío primeramente y también del griego. Porque en el evangelio la justicia de Dios se revela por fe y para fe, como está escrito: MAS EL JUSTO POR LA FE VIVIRÁ". (Ro 1:16-17, énfasis añadido)

Existen diferentes formas en las que un creyente puede avergonzarse del evangelio, pero la más frecuente es no identificarnos como cristianos por temor a lo que los demás puedan pensar de nosotros. A veces no hablamos de nuestra fe con nuestros amigos y compañeros de trabajo porque no queremos ofenderlos con las verdades del evangelio. Mientras que otras veces nos intimidamos y no nos identificamos como cristianos en nuestro círculo social porque no queremos que los demás piensen que somos poco sofisticados porque creemos en lo que muchos hoy en día consideran como cuentos de hadas. Asimismo, cuando el deseo de encajar lleva al creyente a comportarse de una manera dentro de la iglesia y de otra muy distinta cuando está fuera de ella, esa dualidad de vida es evidencia de que esa persona se avergüenza del evangelio.

En fin, avergonzarse del evangelio implica no estar presto a proclamar y defender el evangelio, lo cual conlleva a una falta de firmeza porque la firmeza del creyente radica precisamente en el glorioso mensaje del evangelio: que Cristo Jesús nos reconcilió con Dios por medio de Su sacrificio en la cruz, y Él ahora pelea de nuestro lado en la guerra espiritual que libramos contra el reino de las tinieblas. Si comprometemos el evangelio, si menospreciamos esta pieza clave de la armadura de Dios, seremos fácilmente engañados por las mentiras de Satanás y caeremos abatidos en el campo de batalla.

En el próximo capítulo continuaremos hablando de la armadura de Dios y de cómo ella está a nuestro servicio para triunfar en la guerra espiritual. Recordemos que la armadura de Dios no es algo que nos quitamos y nos ponemos de manera recurrente, sino algo que Dios nos otorga conociendo la realidad de la guerra espiritual y las artimañas del enemigo. Aún no hemos cubierto toda la armadura de Dios como ya aludimos, pero en el próximo capítulo estaremos abordando el resto de la armadura para tener un entendimiento más completo. Y así veremos el rol que juegan la fe y la oración en la defensa de nuestra posición en Cristo.

11

LA BATALLA ES DEL SEÑOR Y LA ARMADURA TAMBIÉN

(SEGUNDA PARTE)

"Con toda oración y súplica oren en todo tiempo en el Espíritu, y así, velen con toda perseverancia y súplica por todos los santos. Oren también por mí, para que me sea dada palabra al abrir mi boca, a fin de dar a conocer sin temor el misterio del evangelio, por el cual soy embajador en cadenas; que al proclamarlo hable sin temor, como debo hablar". (Ef 6:18-20)

En este capítulo terminaremos de desarrollar la idea de la armadura de Dios y al final, a manera de conclusión, ofreceremos algunos lineamientos para ver de qué manera la armadura del Espíritu nos es útil para resistir la tentación a la hora de la prueba. El próximo elemento de la armadura está relacionado a la vida de fe.

EL ESCUDO DE LA FE

La cuarta pieza de la armadura de Dios representa nuestra arma de defensa contra Satanás. "Sobre todo, tomen *el escudo de la fe* con el que podrán apagar todos los dardos encendidos del maligno" (Ef 6:16, énfasis añadido). En otras palabras, Satanás nos va a tentar a través de múltiples ofertas con la única intención de hacernos pecar, y la instrucción del apóstol Pablo en Efesios 6 es que usemos la fe como un escudo de defensa contra los ataques del maligno. Y la fe a la que se refiere Pablo no es más que la confianza que tenemos de que lo que Dios ha afirmado y prometido es verdad y se cumplirá, y no lo dudamos. Pues, como bien dice el autor de Hebreos: "... la fe es la certeza de lo que se espera, la convicción de lo que no se ve" (He 11:1).

Unos párrafos atrás citamos la carta de Santiago y vimos que "el que duda es semejante a la ola del mar, impulsada por el viento y echada de una parte a otra" (Stg 1:6), lo que impide que esa persona pueda confiar plenamente en el carácter de Dios y en sus promesas porque su corazón está dividido. Asimismo, en la Palabra de Dios hay múltiples pasajes que ilustran cuán vulnerable al pecado es el hombre cuando la duda y la incredulidad toman control de su mente y corazón. Por ejemplo, en Romanos 14, Pablo afirma lo siguiente: "Pero *el que duda,* si come se condena, porque *no lo hace por fe. Todo lo que no procede de fe, es pecado*" (Ro 14:23, énfasis añadido). En este pasaje, el apóstol está abordando un tema relacionado a las leyes ceremoniales y la libertad cristiana que aparentemente amenazaba la unidad de la iglesia en Roma; pero más allá de eso, la enseñanza detrás de este versículo es que la ambivalencia que caracteriza a aquellos que dudan frecuentemente les hace pecar porque sus acciones no proceden de un corazón que actúa en base a convicciones firmemente arraigadas en el carácter de Dios y Sus promesas. Por el contrario, los que dudan actúan sin fe y sin fe es imposible agradar a Dios (He 11:6a) porque todo lo que no procede de fe (es decir, toda incredulidad) es pecado.

Todo lo anterior nos habla de la necesidad que el creyente tiene de crecer en fe. "¡Hombres de poca fe!" fue una expresión usada por Cristo en varias ocasiones para amonestar a Sus discípulos por su incredulidad (Mt 6:30; 8:26; 16:8). De hecho, fue la poca fe de los discípulos lo que les impidió liberar al joven endemoniado de que habla Mateo 17. Asimismo, el Evangelio de Mateo afirma que Jesús no hizo muchos milagros en Nazaret precisamente a causa de la incredulidad del pueblo (Mt 13:58).

Así que, la falta de fe en Dios y Sus promesas no solo nos deja vulnerables a los dardos de fuego del enemigo, sino que también nos impide ser testigos del obrar de Dios y receptores de Sus bondades. Porque, como dice el autor de Hebreos, "es necesario que el que se acerca a Dios crea que Él existe, y que recompensa a los que lo buscan" (He 11:6b).

Ciertamente, Dios recompensa la fe y la confianza de aquellos que verdaderamente creen en Él y en Sus promesas; de aquellos que en medio de la guerra espiritual no dudan de que Dios está con ellos y a favor de ellos. Por esa razón, el enemigo está siempre al acecho, buscando la manera de socavar nuestra fe, de hacernos dudar del carácter de Dios y de Sus promesas porque la duda que sacude nuestra fe es una de sus armas más poderosas contra los hijos de Dios, pudiendo incluso ser la más poderosa. En efecto, así fue como Satanás ganó la batalla en el jardín del Edén. La serpiente hizo dudar a Eva del carácter y las promesas de Dios, creando en ella y luego en Adán incredulidad acerca de lo que Dios había revelado, y Eva inmediatamente perdió la batalla contra el enemigo.

EL EFECTO DE LA FE

La fe actúa como escudo porque mantiene al creyente de rodillas orando y creyendo que Dios escuchará su clamor. Es esa misma fe que nos lleva a depender del poder y de la gracia de Dios; y esperanzado en Su futura respuesta. Un hombre de fe es un hombre de oración. Es un hombre que dobla sus rodillas y su voluntad ante Dios, confiando en Su poder y Su gracia para dar respuesta oportuna a sus oraciones conforme a Su perfecta y buena voluntad.

Existe una relación directa entre la oración y la fe. Mientras menos fe, menos oramos porque es la fe que motiva mis peticiones a Dios. Si nuestras oraciones no están acompañadas de fe, es decir, de una confianza absoluta en el carácter de Dios y Sus promesas, no recibiremos cosa alguna del Señor porque estamos dudando y el que duda es inestable como las olas del mar (Stg 1:6), pues aunque pide, realmente no cree ni confía en un Dios soberano, todopoderoso y fiel.

De manera que, cuando la fe no está presente, no podemos bajar lo mejor de Dios a nuestra experiencia cotidiana. Por el contrario, aquellos que tienen "fe como un grano de mostaza, dirán a este monte: «Pásate de aquí allá», y se pasará; y nada les será imposible" (Mt 17:20), dijo Cristo a Sus discípulos. Nuestra fe no es meritoria, pero complace a Dios y cuando Dios está complacido con Sus hijos, Él se deleita en bendecirlos y responder sus oraciones conforme a Su gracia y Sus propósitos eternos. ¿Recuerda el encuentro de Cristo con la mujer cananea cuya hija estaba endemoniada? Fue la grandeza de la fe de esta mujer lo que hizo que Cristo le extendiera Su gracia y finalmente le concediera lo que ella tanto anhelaba (Mt 15:21-28).

EL CASCO DE LA SALVACIÓN

El yelmo o casco de la salvación es el quinto elemento de la armadura de Dios que el apóstol Pablo describe en Efesios 6. Esta pieza tenía como propósito proteger la cabeza del soldado en el campo de batalla, pues desde épocas muy tempranas se sabía que si un arma lograba penetrar la cabeza de un individuo, esa persona con toda probabilidad era un hombre muerto. Esto convertía la cabeza del soldado en un blanco de ataque favorito. Entonces, Pablo usa la imagen del casco que protege la cabeza del soldado para comunicar la importancia de proteger la mente en la guerra espiritual. Pues, como vimos en un capítulo anterior, la batalla por la verdad se gana o se pierde en la mente. Por eso, el objetivo principal de Satanás es entretener, engañar y distraer la mente del creyente para alejarla cada vez más de la verdad de Dios. Nuestro archienemigo sabe muy bien que "como piensa [el hombre] dentro de sí, así es él" (Pr 23:7), y activamente busca la manera de cautivar nuestros pensamientos y nuestras emociones para sujetarlos a su perversa voluntad.

En ese sentido, la idea de tomar el casco de la salvación implica prestar mucha atención a qué cosas están dando forma a nuestra mente. Implica ser cuidadosos con las cosas que permitimos entrar a nuestra mente, pero también con los pensamientos que se originan en nuestra mente caída y que no se conforman a "todo lo que es verdadero, todo lo digno, todo lo justo, todo lo puro, todo lo amable, todo lo honorable [...] o algo que merece elogio" (Fil 4:8). De manera que, si en el día de mañana identificamos pensamientos o anhelos que no se corresponden con la voluntad de Dios, con aquello que Él ha revelado en Su Palabra, debemos hacer todo lo posible por no continuar alimentando esas cosas porque tarde o temprano provocarán nuestra destrucción. Por el contrario, tomemos esos pensamientos y esos anhelos y llevémoslos cautivos a los pies de Cristo (2 Co 10:5). Asimismo, debemos santificar nuestros pensamientos mediante la renovación de nuestra mente para que entonces podamos conocer "cuál es la voluntad de Dios: lo que es bueno y aceptable y perfecto" (Ro 12:2).

LA ESPADA DEL ESPÍRITU (LA PALABRA DE DIOS)

La espada del Espíritu es la sexta y última pieza de la armadura de Dios, y el único elemento ofensivo en toda la armadura. El cinto, la coraza, los calzados, el escudo y el casco son elementos defensivos porque están diseñados para brindarnos protección. Sin embargo, la espada es un arma ofensiva, y el apóstol Pablo literalmente nos dice que la espada del Espíritu es la Palabra de Dios. Esto implica que la Palabra es nuestra única y mejor arma de defensa en la guerra espiritual.

Lamentablemente, en el relato bíblico encontramos suficiente evidencia de que el pueblo de Dios con frecuencia ha errado en la manera de empuñar y hacer uso de esa espada. De manera particular, la Biblia hace énfasis en dos males que son comunes entre los hijos de Dios: ignorancia de la Palabra (Os 4:6) y conocimiento sin práctica (Stg 1:22-25). A través del profeta Oseas, Dios declaró que el mayor problema de la nación de Israel era la falta de conocimiento de la Palabra de Dios. Observe esto en el siguiente pasaje de las Escrituras:

> "*Mi pueblo es destruido por falta de conocimiento.* Por cuanto tú *has rechazado el conocimiento*, Yo también te rechazaré para que no seas Mi sacerdote. Como *has olvidado la ley de tu Dios*, Yo también me olvidaré de tus hijos". (Os 4:6, énfasis añadido)

Los sacerdotes israelitas habían rechazado la instrucción del Señor, descuidando e ignorando Sus leyes y Sus caminos, y como resultado no había fidelidad, misericordia ni conocimiento de Dios en la tierra (Os 4:1b), pues los sacerdotes eran los responsables de instruir al pueblo conforme a la ley de Dios (Lv 10:11). Básicamente, el pueblo de Israel estaba pereciendo porque no conocía a su Dios, ya que la Palabra dada a través de los profetas fue la manera en que Dios decidió revelarse a Su pueblo.

Por otro lado, la carta de Santiago describe otra área en la que los hijos de Dios frecuentemente han fallado al hacer uso de la espada del Espíritu, y es aquella que tiene que ver con poner en práctica las enseñanzas de la Palabra de Dios.

> "*Sean hacedores de la palabra y no solamente oidores* que se engañan a sí mismos. Porque si alguien es oidor de la palabra, y no hacedor, es semejante a un hombre que mira su rostro natural en un espejo; pues después de mirarse a sí mismo e irse, inmediatamente se olvida de qué clase de persona es. Pero el que mira atentamente a la ley perfecta, la ley de la libertad, y permanece en ella, no habiéndose vuelto un oidor olvidadizo sino un hacedor eficaz, este será bienaventurado en lo que hace". (Stg 1:22-25, énfasis añadido)

En la guerra espiritual, la espada del Espíritu, que es la Palabra de Dios, se considera como un arma ofensiva contra las insidias del maligno. Por tanto, no ponerla en práctica en nuestro diario vivir es como pelear con una espada embotada; peor aún, es como salir a enfrentar al enemigo en el campo de batalla y nunca desenvainar nuestra espada.

La Palabra de Dios es el arma más poderosa que tenemos para destruir cualquier idea, pensamiento, hábito, deseo o anhelo pecaminoso en nuestras vidas. La Palabra es el arma idónea para corregir caminos torcidos y hacer sendas derechas para nuestros pies. El mejor instrumento "para enseñar, para reprender, para corregir, y para instruir en justicia, a fin de que el hombre de Dios sea perfecto, equipado para toda buena obra" (2 Ti 3:16-17). Es por esto que, refiriéndose al poder de Su Palabra, Dios dice a través de Jeremías: "«¿No es Mi palabra como fuego», declara el Señor, «y como martillo que despedaza la roca?»" (Jer 23:29).

LA ORACIÓN EN LA GUERRA ESPIRITUAL

Cuando Pablo termina de citar todos los elementos de la armadura de Dios, él concluye con un poderoso llamado a la oración.

> "Con *toda oración y súplica* oren en todo tiempo en el Espíritu, y así, velen con toda perseverancia *y súplica* por todos los santos. *Oren también por mí,* para que me sea dada palabra al abrir mi boca, a fin de dar a conocer sin temor el misterio del evangelio, por el cual soy embajador en cadenas; que al proclamarlo *hable sin temor, como debo hablar"*. (Ef 6:18-20, énfasis añadido)

Pablo, el gran predicador y apóstol de Cristo Jesús por la voluntad de Dios, entendió y reconoció que necesitaba las oraciones del pueblo de Dios para poder proclamar el mensaje de salvación debidamente y sin temor. Más que cualquier otro, Pablo estaba consciente de sus carencias y limitaciones humanas, pero también del poder de Dios para suplir todo lo que necesitaba para cumplir el propósito para el cual había sido apartado. Él concluyó rogando a los efesios que oraran y clamaran a Dios en todo tiempo porque sabía muy bien que sin la oración, sin la dependencia absoluta en el Señor, la armadura de Dios no puede funcionar correctamente.

LA ORACIÓN ES VITAL

Para ilustrar cuán vital es la oración en la guerra espiritual, veamos a continuación una cita del pastor y teólogo Joel Beeke, a quien hemos citado previamente, que nos habla de la relación que existe entre la armadura de Dios y la oración del creyente. Según el pastor Beeke: "La oración es crítica porque cada pieza de la armadura del cristiano es inservible sin ella. La oración es como el aceite. De la misma manera que cada parte de un motor es inservible sin aceite, de esa misma forma la batalla espiritual es en vano sin oración. Luchar contra Satanás sin oración es como David luchando con Goliat en la armadura de Saúl... La armadura no encaja, y es inefectiva contra los golpes del enemigo".[40]

40. Joel Beeke, *Striving Against Satan* (Wales: Bryntirion, 2006), p. 56.

No podemos decir que dependemos del poder de Dios para librar la batalla espiritual si no estamos orando y confiando en el Señor para que nos asista y nos fortalezca. De hecho, según Clinton E. Arnold, teólogo y erudito del Nuevo Testamento, "la oración es la esencia de la guerra espiritual y es el método más importante a través del cual los creyentes son fortalecidos por Dios".[41] Esto lo podemos ver ilustrado en Getsemaní, donde el Señor Jesucristo fue fortalecido por Dios a través de la oración para someter voluntariamente todos sus deseos humanos a la voluntad del Padre y completar así la misión para la cual vino a la tierra. Según el Evangelio de Lucas, del cielo apareció un ángel para fortalecer a Cristo mientras él, estando en extrema agonía, hasta el punto de que "Su sudor se volvió como gruesas gotas de sangre", oraba a Dios con gran fervor (Lc 22:43-44). Bueno, como hemos expresado antes, hay eventos que tienen lugar en la esfera espiritual que escapan completamente a nuestro conocimiento y entendimiento, de manera que, aun si Dios decidiera enviar a uno de Sus ángeles para socorrernos en un momento de gran necesidad, con toda probabilidad nosotros estaríamos completamente desapercibidos de ello. Pero, de lo que sí podemos dar testimonio es de que Su Espíritu Santo, que mora dentro de cada creyente, día a día se encarga de fortalecernos cuando acudimos a Él en oración. De ahí que la oración sea vital para que los hijos de Dios puedan permanecer firmes y pelear la buena batalla.

Si todavía le queda alguna duda de cuán importante es el rol de la oración en la vida del creyente y de manera particular en la guerra espiritual, tome en consideración el siguiente dato: "La oración tiene un lugar enorme en el libro de los Hechos. El libro de Romanos tiene 433 versículos y 56 de ellos están dedicados a la oración. El libro de Efesios, mucho más corto que Romanos, tiene 155 versículos y 31 están dedicados a la oración o a nuestras oraciones".[42] En otras palabras, si al inspirar Su Palabra, Dios puso tanto énfasis en que la oración fuera parte de nuestra vida diaria, ya que Él sabía que este sería el medio que usaría para tener comunión con

---

41. Clinton E. Arnold, *Ephesians: Zondervan Exegetical Commentary on the New Testament* (Grand Rapids: Zondervan, 2010), p. 474.

42. Brian Borgman y Rob Ventura, *Spiritual Warfare: A Biblical and Balanced Perspective* (Grand Rapids: Reformation Heritage Books, 2014), p. 88.

Sus hijos y fortalecerlos para la batalla, entonces es nuestro deber y nuestro privilegio acudir a Él en oración todos los días, porque así demostramos que confiamos y dependemos exclusivamente de Su gracia y Su favor para hacer lo que nos toca.

SI LA GUERRA ESPIRITUAL ES CONTINUA, ASÍ DEBE SER LA ORACIÓN

En su primera carta a los tesalonicenses, el apóstol Pablo menciona algunos deberes prácticos de la vida cristiana y de manera particular exhorta a la iglesia en Tesalónica a orar sin cesar (1 Ts 5:17). Él los llamó a orar de esta manera porque estaba consciente de que la oposición que el creyente recibe en la guerra espiritual es real, intensa e incesante, por lo que el hijo de Dios debe ser constante en su vida de oración si en verdad anhela permanecer firme en la fe, sin vacilar.

Ahora bien, orar sin cesar no significa que debemos dejar a un lado nuestros compromisos laborales o personales para dedicarnos exclusivamente a la oración a tiempo completo y sin interrupción. Más bien, orar sin cesar implica que la oración forma parte de cada momento de nuestras vidas. Oraciones breves y precisas que surgen en medio de una jornada de trabajo, mientras hacemos una larga fila en el banco o mientras nos trasladamos de un lugar a otro, son también una manera de cultivar nuestra comunión con Dios y de obedecer el llamado a orar sin cesar.

Por otro lado, el Evangelio de Lucas relata que en una ocasión Jesús narró una parábola a Sus discípulos con el propósito específico de "enseñarles que ellos debían orar en todo tiempo, y no desfallecer" (Lc 18:1). Esto nos habla una vez más de la importancia que Dios ha dado a la oración, algo que la Iglesia primitiva entendió muy bien porque la Palabra misma da testimonio de que los creyentes de aquel entonces se dedicaban continuamente a la oración (Hch 2:42). El problema de muchos cristianos hoy en día es que si no reciben con prontitud la respuesta que esperan, inmediatamente dejan de orar porque entienden que Dios no los escucha. Pero Dios, que conoce todas las cosas, con frecuencia nos hace esperar, y la espera en sí misma constituye una respuesta, porque mientras esperamos Dios nos enseña a confiar y descansar en Él.

LA ESENCIA DE LA ORACIÓN

La importancia de la oración radica en el hecho de que esta nos coloca en una posición de dependencia absoluta de Dios, y esa es la mejor posición en la que podemos encontrarnos si queremos salir victoriosos en la guerra espiritual porque el Señor Jesucristo claramente dijo: "Separados de Mí nada pueden hacer" (Jn 15:5b). En otras palabras, si no permanecemos arraigados en el Señor, como el pámpano que permanece unido a la vid, no podremos permanecer firmes en la fe, mucho menos ganar la batalla contra la carne, contra el mundo de pecado que nos rodea y contra Satanás, que tan ferozmente nos asedia. Y resulta que, una de las maneras en que Dios ha dispuesto que Sus hijos permanezcan conectados a Él es precisamente por medio de la oración. Esto implica entonces que no debemos hacer nada sin orar.

DEBEMOS ORAR CONSTANTEMENTE Y EN EL ESPÍRITU

En Efesios 6:18, Pablo exhorta a los creyentes a orar en todo tiempo en el Espíritu. Este llamado es equivalente al llamado a orar sin cesar, pues también apunta a que la disciplina espiritual de la oración esté presente de manera constante en nuestras vidas. Pero es posible que se esté preguntando qué implica exactamente orar en el Espíritu. Aunque esta frase pudiera sonar un poco mística, la realidad es que la oración en el Espíritu no es más que aquella que se hace conforme a la Palabra de Dios, conforme a los propósitos de Dios, conforme a la fe y la confianza que tenemos en Dios, y conforme a un espíritu de obediencia a la voluntad de Dios. Esa es la oración de un cristiano que ha rendido toda su vida al control del Espíritu. Cuando estos elementos no están presentes, la oración que hacemos no es en el Espíritu, sino en la carne. En otras palabras, es una oración que no es guiada por el Espíritu de Dios, sino que nace de una mente, una voluntad y de emociones que están teñidas por el pecado producto de nuestra naturaleza caída. Y como ya sabemos, los deseos de la carne se oponen a los deseos del Espíritu (Gá 5:17), lo que implica que una oración hecha en la carne no será respondida por Dios porque sin duda alguna será opuesta a Sus deseos y Sus propósitos eternos.

Para ilustrar brevemente este punto, específicamente la necesidad de orar con un espíritu de obediencia a la voluntad de Dios, observe lo que el autor de Hebreos dice sobre Cristo y la oración:

> "Cristo, en los días de Su carne, ***habiendo ofrecido oraciones y súplicas con gran clamor y lágrimas*** al que lo podía librar de la muerte, ***fue oído a causa de Su temor reverente***". (Heb 5:7, énfasis añadido)

Al traducir este pasaje, algunas versiones de la Biblia dicen que Cristo fue oído "por su obediencia". Al leer este pasaje, debe llamarnos la atención que el texto no dice que Dios escuchó a Cristo porque Él era la segunda persona de la Trinidad o Dios hecho hombre, sino que la respuesta a Sus oraciones estuvo directamente relacionada a Su espíritu de obediencia, al hecho de que Cristo se sometió voluntaria y gozosamente a los propósitos de Dios. De igual manera, nuestras oraciones, que son imprescindibles en la guerra espiritual, deben ser hechas conforme a un espíritu de obediencia a la voluntad de Dios. Sin esa obediencia, y sin los demás requisitos que hemos mencionado, nuestras oraciones no serán escuchadas por Dios ni obtendrán respuesta favorable, lo que nos dejaría completamente vulnerables en el campo de batalla y totalmente a expensas de nuestro archienemigo.

Procuremos pues, como bien nos aconseja el apóstol Pablo, tomar y vestirnos de toda la armadura de Dios, ya que sin ella no podremos librar la batalla del Señor efectivamente ni podremos permanecer firmes en el día de la prueba.

LA ARMADURA DE DIOS ES ESENCIAL PARA RESISTIR LA TENTACIÓN

Las tentaciones forman parte de nuestro diario vivir; si queremos resistirlas necesitamos hacer uso de la armadura de Dios como ya acabamos de describir y a la vez necesitamos entender cómo funciona la tentación.

1. La tentación no es pecado.

La tentación en sí misma no es pecado y la mejor manera de ilustrar esta afirmación se encuentra en el libro de Hebreos, capítulo 4, que dice: "Porque no tenemos un Sumo Sacerdote que no pueda compadecerse de nuestras flaquezas, sino Uno que ha sido tentado en todo como nosotros, pero sin pecado" (He 4:15). En Su humanidad, Cristo estuvo expuesto a todo tipo de tentaciones, sin embargo, Él nunca pecó. De manera que, una cosa es ser tentado por algo o por alguien, y otra cosa muy distinta es pecar en respuesta a la tentación. Ciertamente, si alguien nos está tentando, esa persona está pecando al tentarnos, pero para nosotros, la tentación no es pecado a menos que nos dejemos llevar y seducir por ella, tal como dice la epístola de Santiago, y de nuestras pasiones y deseos nazcan actos pecaminosos que, una vez consumados, engendran la muerte (Stg 1:15). Cuando seamos tentados, tenemos en Cristo un modelo a seguir para no ceder a la tentación, pero también un Sumo Sacerdote que se compadece de nosotros porque Él experimentó en carne propia el poder seductor de la tentación. Jesús usó la espada del Espíritu cuando fue tentado ("escrito está"), y así debemos hacer nosotros cuando nos veamos tentados. Háblele verdad a su alma.

2. La tentación es permitida por Dios, pero no es de Dios.
Vale la pena insistir en que la tentación es permitida por Dios, pero no procede de Dios. Pues, como vimos en la epístola de Santiago, cuando alguien es tentado, no debe pensar que Dios ha sido el causante de esa tentación porque Dios no tienta a nadie, sino que cada uno es seducido por su propio corazón (Stg 1:13-14). Dios la permite porque eso es parte de nuestro entrenamiento para la vida de santidad.

3. La tentación puede ser resistida si la armadura es usada.
Existen múltiples pasajes en las Escrituras que directa o indirectamente enseñan que la tentación puede ser resistida. En el desierto, Cristo resistió la tentación durante cuarenta días y cuarenta noches. En Egipto, José no accedió a acostarse con la esposa de Potifar, a pesar de que ella lo acosaba y le insistía día tras día. Ambos ejemplos son evidencia de que Santiago estaba en lo correcto cuando escribió: "Por tanto, sométanse a Dios. Resistan, pues, al diablo y huirá de ustedes" (Stg 4:7). Es más, tenemos la certeza de que la tentación puede ser resistida porque, como afirmamos anteriormente, Dios siempre provee una vía de escape para Sus hijos. Así lo vemos en las palabras del apóstol Pablo a los corintios:

> "No les ha sobrevenido ninguna tentación que no sea común a los hombres. Fiel es Dios, que no permitirá que ustedes sean tentados más allá de lo que pueden soportar, sino que con la tentación proveerá también la vía de escape, a fin de que puedan resistirla". (1 Co 10:13)

La intención de Dios cuando permite la tentación en nuestras vidas es siempre que podamos resistirla en el poder de Su Espíritu, porque al hacerlo ejercitamos el músculo del dominio propio, probamos la calidad de nuestra fe y la fidelidad de nuestro corazón, siendo nuestro carácter purificado en el proceso.

4. Aunque Satanás lo tiente, usted es responsable de sus hechos.

Nunca debe olvidar que, aunque Satanás lo tiente, usted es responsable de sus hechos. Cuando David fue incitado por Satanás a hacer un censo de Israel, Dios no culpó al tentador, sino que toda la responsabilidad cayó sobre los hombros de David (1 Cr 21:1-14). De esa misma manera, cuando cedemos a la tentación en vez de resistirla, la responsabilidad no es de Satanás, sino de nosotros que no hemos aprovechado la puerta de escape que Dios mismo provee para Sus hijos en medio de la tentación. Y a la vez hay elementos de la armadura de Dios, de los cuales no hicimos uso en esos casos como lo es la oración y la fe depositada en Dios para triunfar.

5. Cualquiera puede ser tentado y caer.

Es evidente a lo largo de todas las Escrituras que cualquiera puede ser tentado y caer. Adán y Eva, sin tener una naturaleza pecadora como nosotros la tenemos, fueron seducidos por la tentación y pecaron contra el Creador. El rey David, aun siendo un hombre conforme al corazón de Dios, fue tentado y cayó. Por eso, el apóstol Pablo disciplinaba su cuerpo para hacerlo su esclavo, pues sabía muy bien que aquellos que creen estar firmes deben tener mucho cuidado, no sea que caigan (1 Co 10:12). Lamentablemente, algunos piensan que es todo lo contrario, que mientras más firmes estamos en nuestro caminar con el Señor, mientras más conocimiento teológico hemos adquirido, mientras más experiencia ministerial tenemos y mientras más dones espirituales tenemos, menos probabilidad hay de caer. Pudiera ser así; pero no siempre es el caso. Es precisamente cuando nos creemos invencibles que más vulnerables somos a la tentación. Cualquiera de nosotros puede ser tentado, por ende, cualquiera de nosotros puede tropezar y caer. Lo único que nos protege contra los tropiezos y las caídas es una vida disciplinada, cercana a Dios, y completamente llena y dependiente del Espíritu Santo.

6. Resistir la tentación requiere el poder de Dios y no el poder de nuestra carne.

La mayoría de los creyentes están familiarizados con la respuesta que el apóstol Pablo recibió de parte de Dios cuando le rogó repetidas veces que removiera el aguijón en su carne que, según él, le fue dado para que no se enalteciera dada la extraordinaria grandeza de las revelaciones que había recibido (2 Co 12:7). Leamos a continuación la respuesta de Dios y prestemos atención a la actitud de Pablo al escuchar la respuesta a su petición: "Y Él me ha dicho: «Te basta Mi gracia, pues Mi poder se perfecciona en la debilidad». Por tanto, con muchísimo gusto me gloriaré más bien en mis debilidades, para que el poder de Cristo more en mí" (2 Co 12:9).

Son innumerables las veces que este versículo ha sido recitado de memoria en las aulas de la escuela dominical; las veces que se ha proclamado y enseñado desde el púlpito; las veces incluso que se le ha puesto melodía a la gran verdad que este pasaje bíblico contiene. Sin embargo, en la práctica, los hijos de Dios constantemente se empeñan en vencer la tentación en sus propias fuerzas, olvidándose del poder de Dios que a todos nos ha sido dado por medio de Su Espíritu. Por eso tantos tropiezos, por eso tantas caídas, porque separados de Él, nada podemos hacer (Jn 15:5). El fruto del Espíritu en Gálatas 5:22-23 trabaja en conjunto con la armadura de Dios.

7. El permitir la tentación es parte del proceso de crecimiento.

Si Dios permite la tentación es porque esta tiene un propósito provechoso para nosotros. El permitir la tentación es parte del proceso de crecimiento del creyente, ya que por medio de ella, nuestra fe es fortalecida y nuestro carácter es santificado. Dios pudiera remover la tentación de nuestras vidas o simplemente impedir que seamos tentados, pero no lo hace porque al final del camino, las pruebas y las tentaciones son instrumentos de santificación usados por Dios para moldear nuestro carácter y formar en nosotros la imagen de Cristo. Por esta razón, Santiago dice en su carta:

> "Tengan por sumo gozo, hermanos míos, cuando se hallen en diversas pruebas, sabiendo que la prueba de su fe produce paciencia, y que la paciencia tenga su perfecto resultado, para que sean perfectos y completos, sin que nada les falte". (Stg 1:2-4)

En pocas palabras, si disciplinamos nuestra carne, si establecemos los límites necesarios de manera que no seamos llevados ni seducidos por nuestras propias pasiones, si huimos de la tentación y la resistimos en el poder del Espíritu, Dios usará esa experiencia para producir en nosotros un buen resultado: ser perfectos y completos en Él, sin que nos falte nada.

8. La tentación puede ser más fuerte que la debilidad de nuestra carne, pero no más fuerte que el Señor.

No hay duda de que en nuestras propias fuerzas somos incapaces de resistir la tentación, porque nuestra naturaleza carnal tiende a desear más las cosas de este mundo que a Dios. Por eso decíamos que ante la tentación nuestra mejor opción siempre será correr hacia Dios. El autor del libro de Proverbios nos motiva a refugiarnos en Dios y descansar en Su poder cuando dice: "Porque el Señor será tu confianza, y guardará tu pie de ser apresado" (Pr 3:26). Ciertamente, la tentación tiene poder sobre la debilidad de nuestra carne, pero el Espíritu de Dios que mora en nosotros es más poderoso que la tentación que nos asedia (1 Jn 4:4). No lo olvide, Dios está dispuesto a socorrernos, pero debemos acudir a Él en busca de auxilio. Si, por el contrario, tratamos de luchar contra la tentación basados en nuestra propia prudencia y contando con nuestras propias fuerzas, sin duda tropezaremos y caeremos vencidos ante la tentación.

12

LA BATALLA POR EL LIDERAZGO BAJO LA MIRA

"Simón, Simón, mira que Satanás los ha reclamado a ustedes para zarandearlos como a trigo; pero Yo he rogado por ti para que tu fe no falle; y tú, una vez que hayas regresado, fortalece a tus hermanos". (Lc 22:31-32)

El liderazgo de una iglesia o de cualquier otra institución juega un rol fundamental en la salud y estabilidad de dicha organización cristiana o no. Dios conoce esa realidad y Satanás también. Como ha sido dicho, "todo se levanta o se cae desde el liderazgo".[43] Como va el liderazgo, así va el pueblo. Esto explica la razón por la que tanto Dios como Satanás siempre han convocado (Dios) o atacado (Satanás) a los líderes del pueblo de Dios:

- **Después de la caída:** Dios convocó a Adán (Gn 3:9).
- **En el desierto:** Dios convocó a Moisés múltiples veces.
- **En las crisis:** Dios convocó a sus profetas en el Antiguo Testamento.

43. John Maxwell, *Las 21 cualidades indispensables de un líder* (Grupo Nelson: 1999).

- **En el aposento alto:** Cristo convocó a los apóstoles.
- **En Mileto:** Pablo llamó al liderazgo de la iglesia de Éfeso (Hch 20:18-32).

De una manera similar, podemos hablar de que nuestro enemigo ha ido detrás de los líderes de Dios.

Satanás:

- Fue tras **Adán** usando a su esposa, Eva.
- Fue tras **Job**, un hombre intachable.
- Incitó a **David** a hacer un censo (1 Cr 21:1).
- Usó a Jezabel para atemorizar a **Elías.**
- Acusó al sumo sacerdote, **Josué**, de estar sucio de pecado (Zac 3).
- Tentó a **Jesús** en el desierto.

Adán desobedeció a Dios; pero tropezó y cayó cuando no lideró a Eva en medio de la tentación. En cierta manera, abdicó su liderazgo y su silencio fue mortal. Se dejó llevar por la idea de que la mentira de Satanás era más cierta que la verdad de Dios. Cuando el líder de Dios comienza a dudar de su Señor, ya está a punto de caer porque es Dios quien nos sostiene en la batalla y el único que nos habla verdad. Todas las demás voces nos alejan del único lugar seguro, de la roca inconmovible, Cristo Jesús. Cuando Dios nos coloca en una posición de liderazgo es para ejercerla en humildad y bajo sumisión a Su señorío. Satanás sabe muy bien que si logra hacernos dudar de Dios, ya ha ganado un enorme terreno en nuestras mentes y nuestros pensamientos, tarde o temprano, dirigirán nuestras acciones.

Satanás cuestionó la integridad de **Job** y su compromiso de seguir a Dios de manera incuestionable. En la prueba, Job se mantuvo creyendo en su integridad, pero terminó cuestionando al Dios Creador, quien se le apareció con múltiples preguntas acerca de la creación, para las cuales Job no tuvo respuestas. Una vez más, vemos la astucia de Satanás al cuestionar el caminar de un hombre que Dios calificó de intachable para hacerlo terminar cuestionando el carácter de Dios. Job no fracasó como Satanás esperaba, pero su fe fue sacudida. Dios aprovechó dicha sacudida para fortalecer la fe de Su hijo. El liderazgo de la Iglesia necesita mucho discernimiento porque, con frecuencia, el enemigo parece traer la tentación desde una dirección para hacernos caer desde otra totalmente diferente. Es como un ladrón que nos hace creer que entrará por la puerta principal y luego entra por la puerta trasera. En el caso de Job, su integridad parecía ser el blanco de ataque para hacerlo tropezar con relación a su confianza en Dios.

David fue incitado por Satanás a hacer un censo para ver cuán listo estaba para la batalla (1 Cr 21). Asumimos que la forma como lo incitó fue haciéndolo sentir inseguro para la victoria. El siervo de David, Joab, trató de evitar dicho censo sabiendo que Dios siempre les había dado la victoria cuando el pueblo había confiado en Él. Pero David insistió en hacer su voluntad. Si la inseguridad fue la motivación para el censo, entonces no hay duda de que Satanás logró que David perdiera parte de su confianza en Dios en esta ocasión. Israel pagó finalmente con la muerte de 70.000 personas.

LA PÉRDIDA DE NUESTRA CONFIANZA EN DIOS HA SIDO EL INICIO DE MÚLTIPLES MALAS DECISIONES CON CONSECUENCIAS CATASTRÓFICAS

Elías dio muerte a 450 profetas de Baal en una verdadera batalla espiritual y luego salió corriendo, intimidado por Jezabel, la esposa del rey Acab. De haber confiado en Dios, como lo hizo en la batalla contra los profetas de Baal, hubiese enfrentado a Jezabel, pero el temor lo traicionó. Cuando Satanás no logra hacernos dudar de Dios, frecuentemente logra que experimentemos temor y el temor nubla nuestros ojos, impidiéndonos ver la tentación o la batalla espiritual a través de Dios, y terminamos viendo a Dios a través de las batallas.

El sumo sacerdote Josué fue acusado de pecado por Satanás porque esa es una de sus estrategias: acusar a los hijos de Dios para que estos se sientan desechados por su Padre e incapacitados de llevar a cabo la misión que nos ha sido entregada. En Zacarías 3 vemos de qué manera el "ángel del Señor" reprendió a Satanás, defendiendo y justificando a Josué al mismo tiempo. Necesitamos confiar en la posición que Dios nos ha entregado en Cristo Jesús para no ser debilitados en medio de la batalla.

Satanás fue tras Jesús, pero esta vez fracasó en su intento. Su deseo de que el Hijo dejara de confiar en el Padre ("Si eres Hijo de Dios") fue ignorado. En su lugar, Jesús hizo uso de la verdad bíblica ("Está escrito") para repeler sus ataques. Jesús también rehusó el dejarse intimidar para ceder terreno. Él fue impulsado al desierto (Mr 1:12) por el Espíritu después de haber sido ungido y llenado por Él. Jesús conocía Su misión y no se dejaría distraer. Cuando un líder conoce su misión encomendada por Dios y conoce las "reglas de juego", evita ser distraído, desviado, entretenido o seducido. No olvide que el liderazgo está en la línea de fuego.

SATANÁS SACUDE A LOS DISCÍPULOS ANTES DE LA CRUCIFIXIÓN

Horas antes de su crucifixión, Cristo advirtió a Pedro que Satanás había solicitado permiso para zarandear al grupo completo de los apóstoles y, de manera particular, a Pedro. Jesús había orado por Pedro para que su fe no fallara en el momento de la prueba. Veamos el texto de la Palabra con el que iniciamos este capítulo:

> "«Simón, Simón, mira que Satanás los ha reclamado a ustedes para zarandearlos como a trigo; pero Yo he rogado por ti para que tu fe no falle; y tú, una vez que hayas regresado, fortalece a tus hermanos». Y Pedro le dijo: «Señor, estoy dispuesto a ir adonde vayas, tanto a la cárcel como a la muerte». Pero Jesús le dijo: «Te digo, Pedro, que el gallo no cantará hoy hasta que tú hayas negado tres veces que me conoces»". (Lc 22:31-34)

Cristo se dirigió a Pedro "Simón, Simón", pero la prueba era para el grupo de los once: "Satanás los ha reclamado a ustedes". La prueba no sería pequeña, sino "para zarandearlos como a trigo". Evidentemente, la prueba sería particularmente difícil para Pedro, y por eso, Jesús rogó por Pedro, pero no para evitarle la prueba, sino para que su fe no fallara. Pedro, en desconocimiento de sus debilidades y de las habilidades sobrenaturales de Satanás, respondió de forma atrevida, pero quizás sincera: "Señor, estoy dispuesto a ir adonde vayas, tanto a la cárcel como a la muerte". Con estas palabras, Pedro también dejó ver su orgullo. Jesús responde en esa parte del diálogo con estas palabras: "Te digo, Pedro, que el gallo no cantará hoy hasta que tú hayas negado tres veces que me conoces".

Estamos luchando una batalla contra un enemigo invisible que conoce nuestras debilidades. Y lamentablemente, el orgullo quizás sea nuestra mayor debilidad, ya que nos hace confiar en nuestro propio entendimiento (Pr 3:5) y porque, como la Palabra revela, Dios se opone al orgulloso (Stg 4:6). Si Dios se opone a alguien, no hay nadie más que le pueda ayudar contra Dios. Decía el gran predicador Charles Spurgeon que el orgullo es "la red de pesca con la que el diablo más peces ha logrado capturar, más que con cualquier otra, con la excepción de la dilación". Por otro lado, Paul Tripp alude a esta vulnerabilidad de los líderes en la guerra espiritual en su último libro titulado *Lead* (Sé líder):

> "El liderazgo espiritual no es una fortaleza en contra del ataque espiritual; de hecho, es la línea de fuego. La experiencia teológica no te protege del ataque, pero el orgullo del conocimiento puede ser una de las cosas que te hace susceptible al ataque, precisamente. Dones poderosos no aminoran tu vulnerabilidad, ya que, debido al engaño del pecado, nosotros somos mejores al predicar el evangelio a otros que a nosotros mismos".[44]

Quizás uno de los problemas con el orgullo es que nos vuelve ciegos hacia nosotros mismos y, por tanto, usualmente somos incapaces de detectarlo hasta que alguien nos hace la observación. La siguiente nota puede ayudarnos a entender cómo opera dicho orgullo:

MI NOMBRE ES ORGULLO

> "Soy un engañador. Te engaño acerca de tu destino dado por Dios porque tú exiges tu propio camino. Te robo el contentamiento porque te convenzo de que mereces algo mejor que esto. Te engaño con relación al conocimiento porque ya tú lo conoces todo.

44. Paul David Tripp, *Lead* (Wheaton: Crossway, 2020), p. 126 [(*Sé líder*: B&H Publishing Group, 2021)].

> Te engaño con relación a tu sanación porque estás demasiado lleno de mí como para perdonar. Te engaño acerca de tu santidad porque te rehúsas a admitir cuando estás equivocado. Te robo tu visión porque prefieres mirarte en el espejo antes que mirar a través de la ventana. Te engaño con relación a la amistad genuina porque nadie va a conocer quién eres verdaderamente. Te engaño con relación al amor porque el romance real demanda sacrificio. Te privo de la grandeza en los cielos porque te rehúsas a lavar los pies de otros. Te privo de la gloria de Dios porque te convencí de buscar tu propia gloria. Mi nombre es orgullo. Yo soy un engañador. Te caigo bien porque piensas que siempre quiero lo mejor para ti. No es cierto, yo estoy buscando hacer de ti un estúpido. Dios tiene tanto para ti, yo lo admito, pero no te preocupes, si permaneces conmigo tú nunca lo sabrás".[45]

El orgullo es frecuentemente detectado en aquellos que han alcanzado el éxito de forma rápida, que han llegado a la cima antes de que su carácter hubiese llegado. Ese grupo es un blanco para Satanás. Entendemos que esta es la realidad porque mientras más efectivo es un líder para el reino de los cielos, mayor interés tendrá el reino de las tinieblas en hacerlo caer. Los líderes altamente efectivos con frecuencia han sido grandemente dotados por Dios y, por consiguiente, tienen una mayor tendencia a confiar en sus habilidades y experiencia a la hora de hacer ministerio y eso los vuelve particularmente vulnerables. En las guerras de los hombres ocurre de una manera similar porque mientras más alto es el rol que juega el oficial de guerra en la estrategia de combate, mayor es el interés que existe en deshacerse de él por parte del enemigo. Si la cita anterior no sirve de advertencia, la siguiente es aun de mayor peso: "Es importante entender que el arma primaria que el enemigo usa para atacar, desarticular, derrotar y poner a un lado a los líderes ministeriales es el ministerio mismo".[46] En el ministerio nos acostumbramos a manejar las cosas sagradas: oramos al Dios del cielo y de la tierra; predicamos una palabra infalible; enterramos a una persona

45. Beth Moore, *Praying God's Word: Breaking Free from Spiritual Strongholds* (Nashville: B&H, 2009), pp. 59-60.

46. Paul David Tripp, *Lead* (Wheaton: Crossway, 2020), p. 125.

que pasó a la eternidad; casamos a una pareja, cuya unión representa la unión de Cristo con Su Iglesia; y así podemos hacer una larga lista de cosas sagradas que en el tiempo se convierten en ordinarias. Si ese líder no se cuida, de repente ya no siente la presencia manifiesta de su Dios en medio de sus actividades religiosas, pero estas últimas le siguen convenciendo de que Dios está con él. Y cuando Dios ha retirado Su protección, ese individuo queda a expensas del enemigo.

Lamentablemente, cuando un líder cae a la vista de todos, hace tiempo que dicho líder se había desviado en cuanto a su confianza en Dios y a nivel de su corazón. De manera que, lo que antes era un corazón completamente comprometido con Dios pasó a ser un corazón dividido por sus propios intereses, pasiones y tentaciones. Por eso siempre se ha dicho que "yo soy mi peor enemigo". Como ha sido señalado por el teólogo puritano John Owen en uno de sus libros, *La mortificación del pecado*, y otros por igual: tenemos un problema, ya que debemos luchar contra un enemigo, pero resulta que ese enemigo somos nosotros mismos, pues tenemos pasiones carnales que combaten contra nuestra alma. El apóstol Pedro ya nos había hablado exactamente de la misma realidad (1 P 2:11). Muchas veces nuestras luchas se pierden o se ganan en nuestras rodillas. Si no decidimos delante de Dios obedecer Sus mandamientos y la dirección del Espíritu a la hora de la prueba, ya hemos perdido la batalla antes de habernos levantado de nuestras rodillas.

En los últimos años hemos visto un número de líderes perder su posición debido a luchas muy típicas de la carne, muchas de las cuales pueden ser observadas en los líderes que aparecen en el registro bíblico. A continuación, algunas ilustraciones anónimas recientes de estos tropiezos y caídas:

2014: Un conocido pastor renunció acusado de abuso de poder.
2018: Otro reconocido pastor y autor renunció por acusaciones sexuales.
2019: El pastor titular fue cancelado por acusaciones de abuso de autoridad y mal uso de finanzas.
2019: Otro pastor y autor negó la fe y anunció su divorcio al mismo tiempo.
2020: El suicidio de un gran líder y pastor sacudió la comunidad cristiana.

2020: Surgen múltiples escándalos sexuales con relación a un líder cristiano de trascendencia internacional.

Todos estos líderes en algún momento fueron de gran influencia en iglesias o ministerios de gran tamaño. Eran hombres con grandes dones de predicación y liderazgo, algunos con grandes habilidades para defender la fe y, sin embargo, llegado el momento, se desviaron del camino. Por cada uno de estos casos citados, hay probablemente 100 o 200 o quizás más, lamentablemente. Estos son solo algunos de los más conocidos. La pregunta que debemos hacernos es: ¿qué causa estas caídas y si hay algo que podemos hacer para evitarlas? Los líderes no podemos olvidar que somos personas de carne y hueso, sujetos a múltiples debilidades y, por consiguiente, necesitamos depender continuamente de la gracia de Dios para permanecer en el camino de la verdad. Del gran profeta Elías se dice que "era un hombre de pasiones semejantes a las nuestras" (Stg 5:17). Si esto puede decirse del gran profeta Elías, entonces, lo mismo puede decirse de todos nosotros.

Estamos ministrando a un pueblo mientras estamos bajo ataque continuo del reino de las tinieblas. No espere a ser la próxima víctima para abrir los ojos. Si creamos una estrategia para llevar a cabo la Gran Comisión, deberíamos hacer lo mismo para librar la guerra espiritual. Leemos acerca de la guerra espiritual, la afirmamos, incluso llegamos a enseñarla, pero luego vivimos como si no tuviéramos enemigos dentro y fuera de nosotros.

Jesús describió la realidad en medio de la cual nosotros ministramos: "Miren, Yo los envío como ovejas en medio de lobos; por tanto, sean astutos como las serpientes e inocentes como las palomas" (Mt 10:16). Jesús estaba enviando a Sus discípulos a ministrar y a expulsar demonios y, entre otras cosas, les advierte que estarían ministrando no solo a ovejas, sino también a cabritos e incluso en medio de lobos. Dicho en otras palabras, entre las personas que escucharían su predicación estarían algunos o muchos que serían, más bien, falsos maestros o enviados de Satanás con la intención expresa de causar división y destrucción entre las ovejas y de ahí la advertencia de ser muy astutos y al mismo tiempo inocentes. Asimismo, **Pablo** habló a los ancianos de la iglesia de Éfeso y les advirtió que después de su partida vendrían lobos feroces que tratarían de dividir y destruir el rebaño (Hch 20:29).

De manera similar, Pedro nos advirtió sobre esto cuando dijo: "Sean de espíritu sobrio, estén alerta. Su adversario, el diablo, anda al acecho como león rugiente, buscando a quien devorar" (1 P 5:8). La palabra "sobrio" nos habla de ser emocionalmente estable; no bajo el control de las influencias intoxicantes del pecado, sino bajo el control del Espíritu Santo. El llamado a ser de espíritu sobrio es similar a lo que Pablo dice a Timoteo: "No permitas que nadie menosprecie tu juventud, sino sé ejemplo de los creyentes en palabra, conducta, amor, fe y pureza" (1 Ti 4:12). El llamado ministerial tiene cierto peso y más aún si sabemos que nuestro llamado está íntimamente ligado a luchar contra fuerzas espirituales de maldad en las regiones celestiales.

En cuanto a la palabra "alerta", esta nos llama a estar despiertos y vigilantes. El llamado del creyente es a estar alerta; por tanto:

- No se distraiga (Ef 5:15-16).
- Cultive una mente bíblica (Ro 12:2).
- Viva en dependencia del Espíritu (Ro 8:5-6).
- Nutra su alma con la Palabra (Dt 8:3).
- Cuide sus emociones (Ef 5:18).
- Cuide sus pensamientos (Fil 4:8).
- Cuide sus relaciones (1 Co 15:33).
- Cultive su vida de oración (Ef 6:18).

Por otro lado, Pedro nos habla de un adversario, el diablo, que es un león airado que busca a quien devorar. Dicho enemigo es invisible, poderoso, sin escrúpulos, que juega sucio, cuyo propósito es la destrucción y la división. Es un enemigo que puede actuar como una serpiente, como un león o como un ángel de luz.

CÓMO VIVIR PREPARADOS PARA LA BATALLA

Cultive la humildad.

Quizás no hay mejor defensa contra un ataque espiritual que la humildad de un siervo de Dios. Dios da gracia al humilde (Stg 4:6); habita con el humilde de espíritu (Is 57:15); enseña a los humildes (Sal 25:12); mira de manera especial al humilde (Sal 66:2) y atiende al humilde (Sal 138:6). El humilde está consciente de los peligros espirituales de vivir en un mundo caído y del pecado en su mundo interior. La persona humilde reconoce que no merece ningún reconocimiento, posición o influencia que le brinde su posición. Reconoce que el pecado en nosotros requiere de personas a nuestro alrededor que puedan darnos la mano y levantarnos antes de caer. Nosotros somos un riesgo para nuestro ministerio si caminamos solos o alejados de Dios o ambas cosas. Jesús advirtió sobre esto a los apóstoles en el aposento alto, apenas horas antes de morir: "... separados de mí nada pueden hacer» (Jn 15:5b). Innumerables batallas espirituales, pequeñas y grandes, han sido perdidas debido a la autosuficiencia de los líderes del pueblo de Dios. La persona humilde reconoce que está bajo sumisión a su Señor y disfruta estarlo porque eso trae paz a su alma. Él está consciente de sus debilidades y, por consiguiente, reconoce que todo cuanto él hace no es más que el resultado de la gracia de Dios operando en él. Nadie lo expresó mejor que el apóstol Pablo, el más grande líder del Nuevo Testamento, después de nuestro Señor Jesucristo: "Con Cristo he sido crucificado, y ya no soy yo el que vive, sino que Cristo vive en mí; y la vida que ahora vivo en la carne, la vivo por la fe en el Hijo de Dios, el cual me amó y se entregó a sí mismo por mí" (Gá 2:20).

La humildad no simplemente desea servir, sino que también, de manera muy especial, ama a aquellos a quienes sirve. Delante de la caída va la arrogancia de espíritu, dice Proverbios 16:18. Dios no desea la caída del orgulloso, pero lamentablemente, a menudo tiene que permitirla, ya que todo otro intento por cultivar la humildad en esa persona ha resultado en vano. La humildad necesita ser cultivada o de lo contrario, el orgullo nos derrumbará:

- Cuando un corazón orgulloso experimenta las bendiciones de Dios, cree que se las merece.
- Cuando un corazón orgulloso experimenta la gloria de Dios, cree que es él quien la ha producido.
- Cuando un corazón orgulloso experimenta el poder de Dios, hace alarde de ese poder, lo usa y luego lo abusa.
- Cuando un corazón orgulloso experimenta los privilegios de Dios, llega a creer que dichos privilegios son derechos.

- Cuando un corazón orgulloso recibe un don, llega a creer que ese don es una destreza que él ha desarrollado.

Cultive la oración.

La dependencia de la oración es vital a la hora de batallar a favor de la causa de Cristo. Pablo pidió oración por él mismo en múltiples ocasiones porque conocía lo que él estaba batallando. En Efesios 6:19, ya citado en el capítulo anterior, leemos lo siguiente: "Oren también por mí, para que me sea dada palabra al abrir mi boca, a fin de dar a conocer sin temor el misterio del evangelio". Pablo reconocía que la batalla espiritual puede ser intimidante y, por tanto, pedía oración para predicar sin temor. El liderazgo de la Iglesia no puede liderar al pueblo de Dios en contra de una legión de seres espirituales de maldad en las regiones celestiales sin hacer uso continuo de la oración.

Dios nos habla acerca de la oración en cientos de pasajes tanto del Antiguo como del Nuevo Testamento y, sin embargo, podríamos afirmar que este es el recurso más subutilizado por el cristiano a pesar de sus beneficios. Librar una batalla espiritual sin el poder de la oración es como salir a la calle sin estar debidamente vestido. En el huerto de Getsemaní, justo antes de ser apresado, Jesús advirtió a los discípulos: "Velen y oren para que no entren en tentación; el espíritu está dispuesto, pero la carne es débil" (Mt 26:41). Esa noche, mientras Jesús oraba, los discípulos se quedaron dormidos en más de una ocasión y poco tiempo después cayeron en tentación y todos fueron dispersados. Peor aún, Pedro terminó negando al Maestro tres veces antes de oír cantar al gallo.

No es por accidente que cuando los discípulos vinieron a Cristo y le pidieron que les enseñara a orar, dicha oración termina diciendo "líbranos del mal" o "líbranos del maligno», dependiendo de la traducción que estemos usando (Mt 6:13). En una ocasión, Jonathan Edwards llegó a decir que la oración era la respiración del alma puesta en palabras. "La oración tiene un lugar enorme en el libro de los Hechos. El libro de Romanos contiene 433 versículos y 56 de ellos están dedicados a la oración y la carta a los Efesios contiene 155 versículos y 31 de ellos están dedicados a la misma actividad: la oración".[47] En 1 Tesalonicenses 5:17 se nos manda a orar sin cesar

47. Brian Borgman y Rob Ventura, *Spiritual Warfare: A Biblical and Balanced Perspective* (Grand Rapids: Reformation Heritage Books, 2014), p. 88.

y Cristo enseñó de la misma manera: "Jesús les contó una parábola para enseñarles que ellos debían orar en todo tiempo, y no desfallecer" (Lc 18:1, LBLA). De hecho, el texto de Efesios 6 acerca de la guerra espiritual termina diciendo: "Con toda oración y súplica oren en todo tiempo en el Espíritu, y así, velen con toda perseverancia y súplica por todos los santos" (Ef 6:18). El académico Joel Beeke entiende esta realidad perfectamente bien al decir: "La oración es crítica porque cada pieza de la armadura del cristiano es inservible sin ella. La oración es como el aceite. De la misma manera que cada parte de un motor es inservible sin aceite, de esa misma forma la batalla espiritual es en vano sin oración. Luchar contra Satanás sin oración es como David luchando con Goliat en la armadura de Saúl. La armadura no encaja, y es inefectiva contra los golpes del enemigo".[48]

La oración ejerce su mejor influencia cuando el cristiano depende del Espíritu Santo para vivir su vida y para llevar a cabo su misión. De esta dependencia del Espíritu hablaremos en el próximo capítulo cuando desarrollemos el tema de la Gran Comisión.

Cuide de la doctrina en la línea de fuego.

El liderazgo de la iglesia tiene la obligación de cuidar de la doctrina bíblica porque sobre esa roca y el poder del Espíritu depende su triunfo o su derrota. Por muchos años hemos oído que muchas de las herejías han surgido en el campo misionero. Quizás parte de la razón se deba al hecho de que muchos misioneros fueron enviados sin estar debidamente preparados para ir al campo de batalla. Por otro lado, es posible que muchos, preocupados por la suerte de los no alcanzados, hayan diluido o tergiversado el mensaje del evangelio tratando de ganar más almas para el Señor. En este último caso, colocamos al hombre en el primer lugar y a Dios y Su plan de redención en un segundo plano, acarreando así terribles consecuencias. No olvidemos que Satanás conoce muy bien que una de las maneras de hacer a la Iglesia inefectiva es corrompiendo su doctrina. Siempre ha existido la urgencia de mantener la ortodoxia de la fe cristiana. Harold Brown escribió: "La vida cristiana es frecuentemente presentada como una guerra espiritual. Si los paganos son los enemigos; los herejes

---

48. Joel Beeke, *Striving Against Satan* (Wales: Bryntirion, 2006), p. 56.

son los traidores".[49] Son traidores porque después de haber creído, tergiversaron la verdad con la intención de atraer verdaderos discípulos hacia sí mismos.

Es increíble ver la facilidad con que las herejías son propagadas. La pregunta es: ¿por qué? Irineo (130-202), uno de los padres de la Iglesia, responde a esta pregunta en su libro *Contra las herejías*: "De hecho, el error nunca se expone de forma desnuda, no sea que, una vez expuesto, pueda ser detectado de inmediato. Sino que está elegantemente adornado con un vestido atractivo, de manera que, por su apariencia exterior, le haga parecer a los inexpertos (por ridículo que parezca la expresión) más verdadero que la verdad misma".

Dios jamás hará soplar su gracia a través de una iglesia que ha descuidado la doctrina que Él reveló de manera inerrante e infalible. El apóstol Pablo advierte a su discípulo más joven, Timoteo, sobre las herejías cuando escribe: "El Espíritu dice claramente que en los últimos tiempos algunos se apartarán de la fe, prestando atención a espíritus engañadores y a doctrinas de demonios" (1 Ti 4:1). La necesidad de la sana doctrina siempre ha sido un tema relevante para la Iglesia y particularmente relevante a la hora de llevar a cabo la guerra espiritual y la Gran Comisión. Lo es hoy y lo fue para el apóstol Pablo en sus días. Esto último lo sabemos por el número de veces que Pablo se refirió a la necesidad de:

- predicar a Cristo y a este crucificado, cuando escribió a la iglesia de Corinto.
- no regresar a las obras de ley, cuando envió su carta a los gálatas, quienes comenzaron por la gracia, pero querían continuar por las obras de la ley. Ellos olvidaron el evangelio; pero una iglesia deja de ser iglesia cuando pierde el evangelio.
- estar alerta para no ser cautivados por medio de filosofías y vanas sutilezas, cuando escribió a la iglesia de Colosas.
- cuidarse de aquellos que son enemigos de la cruz y que predican a Cristo por ambición personal, cuando se dirigió a los creyentes en Filipo.

49. Harold O. J. Brown, *Heresies: Heresy and Orthodoxy in the History of the Church* (Peabody: Hendrickson Publishers, 2007, cuarta impresión), p. 3.

- no prestar atención a aquellos que enseñan que el día del Señor ya ha llegado, cuando escribió a la iglesia de Tesalónica.
- cuidar de la doctrina, cuando le escribió a Timoteo, refiriéndose a este tema varias veces y de varias maneras.

Lo cierto es que, Dios ha revelado claramente que la doctrina importa, como ha dicho el pastor John Piper en múltiples ocasiones. No podemos olvidar que la Iglesia (cada iglesia local) es responsable de mantener la pureza doctrinal porque como afirmó el apóstol Pablo, la Iglesia es columna y sostén de la verdad (1 Ti 3:15). Si la Iglesia negocia la verdad, la sociedad queda sin esperanza. Pero en la iglesia local, esa responsabilidad descansa sobre los hombros del liderazgo. Satanás conoce esta realidad.

El primer ataque a la doctrina bíblica ocurrió muy tempranamente en el jardín del Edén cuando la serpiente vendió la idea a Adán y a Eva de que Dios no había sido veraz en Su revelación a ellos. Esa es la manera como Satanás siempre ha obrado: cambiando la verdad de Dios por la mentira porque ese es el origen de la idolatría (Ro 1:25). En este caso, la meta de Satanás era Adán, más que la propia Eva, porque Adán era nuestro representante o cabeza federal, el responsable de que se cumpliera lo ordenado por Dios, y eso lo colocaba automáticamente en la línea de fuego.

La segunda carta de Pablo a Timoteo representa las últimas palabras del apóstol antes de morir. Este veterano pastor y misionero estaba anticipando su muerte y por eso habla de que él estaba listo para ser derramado como ofrenda de libación (2 Ti 4:6). La doctrina importa no simplemente de manera general, sino de forma particular cuando de la guerra espiritual se trata. En la armadura de Dios descrita en Efesios 6, la Palabra es llamada "la espada del Espíritu", como vimos anteriormente. Esta es el arma ofensiva de la armadura; por tanto, debe estar bien afilada (no corrompida) para ir a la guerra. Esta última carta de Pablo a Timoteo es una epístola muy personal, final e intensa. De esa epístola quisiéramos resaltar dos versículos para enfatizar la importancia doctrinal y la necesidad de mantener la pureza de la doctrina al llevar a cabo la Gran Comisión:

> "Retén la norma de las sanas palabras que has oído de mí, en la fe y el amor en Cristo Jesús. Guarda, mediante el Espíritu Santo

que habita en nosotros, el tesoro que te ha sido encomendado". (2 Ti 1:13-14)

Cuando Pablo dice a Timoteo, "retén la norma de las sanas palabras", el llamado es a conservar, a no dejar ir, a cerrar los puños de manera apretada sobre la doctrina recibida... sobre aquello que ha sido puesto en las manos de Timoteo y que Pablo identifica como "sanas palabras". "Retén la norma de las sanas palabras" es el consejo de este veterano para su joven discípulo. La Nueva Traducción Viviente nos ayuda a entender lo que Pablo está tratando de comunicar: "Aférrate al modelo de la sana enseñanza" (2 Ti 1:13a). La sana enseñanza o doctrina fue una preocupación continua por parte de Pablo. Lo vemos, por ejemplo, cuando escribe a los Tesalonicenses y les dice: "... conserven las doctrinas que les fueron enseñadas, ya de palabra, ya por carta nuestra" (2 Ts 2:15). ¡Conserven las doctrinas! Esto también lo vemos en su primera carta a Timoteo, cuando le dice: "Al señalar estas cosas a los hermanos serás un buen ministro de Cristo Jesús, nutrido con las palabras de la fe y de la buena doctrina que has seguido" (1 Ti 4:6). Las palabras de la fe y de la buena doctrina. Otra vez, leemos este énfasis en su epístola a Tito: "Debe retener la palabra fiel que es conforme a la enseñanza para que sea capaz también de exhortar con sana doctrina y refutar a los que contradicen" (Tit 1:9). Esto es muy similar a las palabras que leímos más arriba: "Retén la norma de las sanas palabras". En el original, el verbo está en el presente imperativo, lo cual implica que el llamado es a una acción continua y no de un solo día. Nuestra lucha es intensa y de ahí la forma del imperativo que Pablo usa para exhortar a Timoteo, y no solo es intensa, sino que también es continua.

EL ENEMIGO NO VA A MERMAR SU ATAQUE, NI EN INTENSIDAD NI EN FRECUENCIA

El enemigo solo está esperando que nos descuidemos para regresar y atacar. En 2 Timoteo 1:13, Pablo se refiere a las enseñanzas que Timoteo había escuchado de parte del mismo Pablo y que él debía retener con sumo cuidado porque entendía la manera en que la tentación opera. La tentación continua es a considerar aquello que es innovador, que llama la atención, que está de moda, aquello que el mundo aplaude y celebra; aquello que le ha dado éxito a una iglesia en particular. La tentación es a ceder a la presión para no sentirnos fuera de la nueva corriente o de la nueva onda. Lo nuevo no es necesariamente mejor y lo viejo no expira obligatoriamente. En cuanto a nuestra fe se refiere, lo nuevo de hoy es frecuentemente la herejía de ayer, como se ha dicho. No olvide que no hay nada nuevo debajo del sol (Ec 1:9). Pablo dice: "Reten la norma de las sanas palabras". La palabra traducida como "norma", otros la traducen como "estándar". Lo que Timoteo escuchó de parte de Pablo, esa es la norma; ese es el estándar. En el original, la palabra es *hupotuposis* del verbo *hupotupóo,* que tiene que ver con hacer un dibujo. Como el pintor que hace una prueba inicial del dibujo que quiere hacer y luego todo el resto tiene que conformarse a ese patrón inicial. Así es el evangelio. Es el patrón por medio del cual debemos medir todas las demás enseñanzas.

La revelación de Dios es como el plano que el arquitecto desarrolla y que debe guiar la construcción del edificio. De esa manera, los líderes tenemos un plano para predicar y enseñar y ese plano original es la revelación completa de Dios. A ese patrón o plano inicial que es la revelación de Dios, Pablo le llama las "sanas palabras". Esta expresión está relacionada en el original a la palabra *higiene.* Y, por tanto, quizás de manera ilustrativa podemos ver el evangelio y el resto del consejo de Dios como las palabras capaces de limpiar continuamente nuestra mente, si ellas continúan con nosotros permanentemente. De lo contrario, las sucias corrientes de los ríos de falsas enseñanzas inundarán nuestra mente, la contaminarán aun después de haber sido limpiadas, y si no paramos la lluvia de mentiras a tiempo, el río crecerá e inundará nuestra mente hasta que ya no podamos más. Las sanas palabras de las que habla Pablo son las que pueden ayudarnos con nuestra "higiene mental".

A los corintios, Pablo les dice en su primera carta que en lo que concierne al evangelio, les estaba transmitiendo lo mismo que él había recibido (1 Co 15:1-4). Ahora, Pablo dice a Timoteo que tenga cuidado de retener la norma de las sanas palabras que había recibido de él. Esta es una excelente advertencia para nosotros. Tenemos la responsabilidad y la obligación de pasar a la próxima generación la misma enseñanza que hemos recibido. Note cómo Pablo vuelve a enfatizar la misma enseñanza en el versículo 14 del pasaje bíblico que citamos más arriba: "Guarda, mediante el Espíritu Santo que habita en nosotros, el tesoro que te ha sido encomendado" (2 Ti 1:14). ¡Guarda! La Nueva Versión Internacional dice: "Cuida la preciosa enseñanza que se te ha confiado". En el versículo anterior (v. 13) a este pasaje, Pablo exhorta a Timoteo a retener las sanas palabras, y ahora le dice cómo hacerlo: ¡Mediante el Espíritu Santo!

Timoteo tiene que guardar el tesoro que se le ha encomendado, pero el tesoro no es otra cosa que el evangelio mismo, que ciertamente es un tesoro para ser cuidado de manera extraordinaria. Pero ese tesoro no puede ser cuidado a través del esfuerzo humano. Nosotros, como seres humanos, somos poco confiables para cuidar un tesoro de tan alto valor. Por otro lado, Satanás es demasiado astuto para que Dios confíe el mensaje del evangelio, escrito con la sangre del Unigénito, a personas que pueden ser fácilmente engañadas por el enemigo. Es por esa razón que el apóstol Pablo instruye a Timoteo a guardar el tesoro, pero mediante el Espíritu Santo que habita en nosotros.

Charles Spurgeon lo dijo de esta manera: "La campana en el campanario podrá estar bien puesta, bien hecha, y ser del mejor metal, pero no suena hasta que la hagan sonar. Y [...] el predicador no tiene palabra de vida para los muertos en el pecado, o de consuelo para los santos vivos, a menos que el Espíritu divino le dé un empuje de gracia, y le unja para hablar con poder. De ahí la necesidad de orar, tanto por el predicador como por los oyentes".[50] Notemos cómo Spurgeon habla del predicador. Él, como pastor, es el líder de la iglesia y, por consiguiente, necesita cuidar la Palabra de verdad.

El guardar la sana doctrina fue una prioridad para el apóstol Pablo, el más grande evangelista de todos los tiempos y se convirtió casi en una obsesión, en el buen sentido de la palabra. Pero lo que le da verdadero valor al evangelio, que es la doctrina que proclamamos, es el hecho de que:

- Dios movió el cielo y la tierra para escribirlo;
- Dios envió a su unigénito para comunicarlo;
- Dios lo exhibió en una cruz para demostrarlo;
- y luego Él hizo resucitar a Su Hijo de entre los muertos para garantizarlo.

---

50. Charles Spurgeon, *The Quotable Spurgeon* (Wheaton: Shaw Books, 1990), p. 207.

EL ALEJAMIENTO DE LA PALABRA

Si estamos en guerra y lo estamos, no podemos descuidar el terreno firme sobre el cual estamos parados, y ese terreno es la doctrina que se nos entregó mediante autores inspirados por Dios. El descuido de la Palabra:

- produjo inmadurez espiritual en Corinto (1 Co 3:3-5);
- enfrió el amor por Dios en Éfeso (Ap 2:1-4);
- permitió que doctrinas falsas penetraran en el interior de la iglesia en Pérgamo (Ap 2:13-15);
- mató la iglesia en Sardis (Ap 3:1-3);
- produjo autosuficiencia y orgullo en Laodicea (Ap 3:14-19).

Todas estas fueron iglesias locales que con el tiempo sufrieron las consecuencias de no haber cuidado la doctrina recibida. Bien dijo Martyn Lloyd-Jones: "Todos los males de la iglesia, y de las naciones hoy, se deben a una desviación de la Palabra de Dios".[51]

51. Martyn Lloyd-Jones, *The Christian Soldier: An Exposition of Ephesians 6:10-20* (Grand Rapids, MI: Baker Book House, 1977), p. 210.

13

LA BATALLA GLOBAL: LA GRAN COMISIÓN

"Acercándose Jesús, les dijo: «Toda autoridad me ha sido dada en el cielo y en la tierra. Vayan, pues, y hagan discípulos de todas las naciones, bautizándolos en el nombre del Padre y del Hijo y del Espíritu Santo, enseñándoles a guardar todo lo que les he mandado; y ¡recuerden! Yo estoy con ustedes todos los días, hasta el fin del mundo»". (Mt 28:18-20)

Dios creó a Adán y Eva y los colocó en el huerto y los bendijo y les dijo: "Sean fecundos y multiplíquense. Llenen la tierra y sométanla" (Gn 1:28a). El Señor también dio ordenes al hombre diciendo: "De todo árbol del huerto podrás comer, pero del árbol del conocimiento del bien y del mal no comerás, porque el día que de él comas, ciertamente morirás" (Gn 2:16b-17). Dios había hablado y las instrucciones estaban claras. Sin embargo, esto no fue suficiente para que guardaran distancia. Y vemos que, tiempo después, la serpiente se acercó a la primera pareja, contradijo las instrucciones de Dios y esta creyó la mentira, y así se perdió el paraíso y el futuro de la humanidad. La mentira fue la bomba que hizo explosión y destruyó lo que Dios había creado y que había declarado como bueno en gran manera. Si la verdad de Dios fue cambiada por la mentira, como dijimos en un capítulo inicial, tiene sentido entonces que la victoria final se logre por medio de la proclamación de la verdad del mismo Dios y que triunfe sobre la mentira del enemigo. Y esa es la función de la Gran Comisión: la proclamación del evangelio; la predicación del mensaje capaz de traer a la libertad a aquellos que han estado cautivos del diablo para hacer su voluntad (2 Ti 2:26).

Como ya hemos dicho, la mentira esclavizó al ser humano y la verdad de Cristo lo hace libre (Jn 8:32-36). Por eso el apóstol Pablo escribió a los romanos y dijo: "Porque no me avergüenzo del evangelio, pues es el poder de Dios para la salvación de todo el que cree, del judío primeramente y también del griego. Porque en el evangelio la justicia de Dios se revela por fe y para fe, como está escrito: Mas el justo por la fe vivirá" (Ro 1:16-17). Pablo entendió perfectamente bien el valor del evangelio en alcanzar a los perdidos y rescatar aquello que se había perdido. Por eso dice que no se avergüenza del evangelio a pesar de que:

- había sido ignorado en Atenas;
- había escapado escondido de Berea;
- había sido burlado en Corinto;
- había estado en prisión en Filipo;
- había sido apedreado y dejado por muerto en Lista.

Si el evangelio es el mensaje emancipador de la raza humana, es razonable pensar que Cristo idearía una estrategia para proclamar dicho mensaje y que el mundo de las tinieblas crearía una estrategia contraria para oponerse a tal proclamación.

Dios llamó al apóstol Pablo y de una manera clara reveló que su misión era "para que les abras sus ojos a fin de que se conviertan de las tinieblas a la luz, y del dominio de Satanás a Dios, para que reciban, por la fe en Mí, el perdón de pecados y herencia entre los que han sido santificados" (Hch 26:18). El paso de las tinieblas a la luz se da cuando el hombre escucha el evangelio, lo recibe, lo cree y lo obedece. De ahí la importancia de llevar a cabo la Gran Comisión, la cual expande lo que Cristo inició. De la misma manera que la predicación se opone al mundo de las tinieblas, Satanás y sus seguidores se oponen activamente a la predicación del evangelio. Esto explica la persecución en contra de la Iglesia desde el mismo momento de su nacimiento. La gran mayoría de los cristianos han visto la Gran Comisión como una forma de evangelización global y no como una verdadera guerra espiritual destinada a conquistar todo el terreno que se había perdido. Cuando Cristo dijo haber venido para rescatar lo perdido, no especificó cómo lo haría, pero con el tiempo fue evidente y sigue siendo evidente que la extensión de la Gran Comisión a lo largo de las naciones corresponde al más grande contrataque contra el dominio de Satanás sobre el mundo (1 Jn 5:19). En la medida en que escudriñamos el Nuevo Testamento nos percatamos de manera progresiva de cuánta verdad hay en esto que acabamos de mencionar. De modo que, algunos versículos bíblicos bastarán para ilustrar lo que estamos tratando de explicar.

LA PROCLAMACIÓN DEL EVANGELIO Y LA RECUPERACIÓN DEL TERRENO PERDIDO

En el Evangelio de Lucas, capítulo 10, se narra cómo Cristo envío a los setenta a predicar las buenas nuevas de salvación y cuál fue el reporte que ellos dieron a su regreso:

> "Los setenta regresaron con gozo, diciendo: «Señor, *hasta los demonios se nos sujetan en Tu nombre*». Y Él les dijo: *«Yo veía a Satanás caer del cielo como un rayo.* Miren, les he dado autoridad para pisotear sobre serpientes y escorpiones, y sobre todo el poder del enemigo, y nada les hará daño. Sin embargo, no se regocijen en esto, de que los espíritus se les sometan, sino regocíjense de que sus nombres están escritos en los cielos»" (Lc 10:17-20, énfasis añadido).

Jesús sabía lo que estaba ocurriendo como resultado de la predicación de Su evangelio por parte de Sus discípulos. De modo que, con esta respuesta quizás quiso comunicar que de la misma manera que en un tiempo pasado Satanás fue expulsado de los cielos, no sería sorpresa que sus demonios quedarán sujetos al mismo poder y autoridad cuando la verdad de Dios fuera predicada en el nombre de Cristo. Al mismo tiempo, de forma muy sutil les comunicó que no había razón para enorgullecerse de que cosas como estas estuvieran ocurriendo, sino que más bien había ocasión para regocijarse al recordar que sus nombres estaban escritos en el libro de la vida. Lo que ocurrió en esa primera misión encargada a los apóstoles seguiría siendo el patrón a lo largo de todo el libro de los Hechos, lo cual nos ayuda a ver de manera más clara que ciertamente nosotros estamos involucrados en una batalla espiritual de dimensiones impresionantes.

Los seguidores de Cristo continuaron predicando el evangelio y de esa misma manera la Palabra comenzó y continúa ganando terreno perdido:

> "Así que los que habían sido esparcidos *iban predicando la palabra.* Felipe, descendiendo a la ciudad de Samaria, les predicaba a Cristo. Y las multitudes unánimes prestaban atención a lo que Felipe decía, al oír y ver las señales que hacía. Porque de *muchos que tenían espíritus inmundos, estos salían de ellos gritando a gran voz;* y muchos que habían sido paralíticos y cojos eran sanados" (Hch 8:4-7, énfasis añadido).

Demonios eran expulsados de manera natural como consecuencia de la predicación de la Palabra, tal como vimos al inicio del pasaje anterior. Los versículos anteriores claramente ilustran cómo la predicación del evangelio hace oposición al mundo de las tinieblas. Hay un poder intrínseco en la predicación de la Palabra, aun de manera general. No descartamos que hay momentos de hacer encuentros personales, uno a uno; pero podemos ver que la "simple" predicación de la Palabra, cuando Dios quiere usarla, hace que los espíritus inmundos salgan. Necesitamos creer que hay poder en la Palabra de Dios de la misma manera que cuando Dios habló y el universo se formó como expresión del poder de Su palabra. El poder no está en nuestras palabras, sino en la Suya.

SATANÁS TRATA DE PLANTAR LA CIZAÑA ENTRE EL TRIGO

Satanás está activamente haciendo oposición a la predicación y propagación del evangelio, pues él sabe muy bien que la Gran Comisión es la estrategia de contrataque de Cristo, es decir, la forma como Cristo se propone recuperar el terreno perdido con la caída del hombre. La Gran Comisión hace avanzar el reino de la luz y hace replegar al reino de las tinieblas. De ahí que, Satanás constantemente anda buscando la manera de interferir con dicha misión, aunque sabe que jamás podrá detenerla. Para ilustrar esto, volvamos a la parábola del trigo y la cizaña:

> "Entonces Jesús dejó a la multitud y entró en la casa. Y se acercaron Sus discípulos, diciendo: «Explícanos la parábola de la cizaña del campo». Jesús les respondió: «El que siembra la buena semilla es el Hijo del Hombre, y el campo es el mundo; la buena semilla son los hijos del reino, y la cizaña son los hijos del maligno; el enemigo que la sembró es el diablo, la siega es el fin del mundo, y los segadores son los ángeles. Por tanto, así como la cizaña se recoge y se quema en el fuego, de la misma manera será en el fin del mundo». El Hijo del Hombre enviará a Sus ángeles, y recogerán de Su reino a todos los que son piedra de tropiezo y a los que hacen iniquidad; y los echarán en el horno de fuego; allí será el llanto y el crujir de dientes. Entonces LOS JUSTOS RESPLANDECERÁN COMO EL SOL en el reino de su Padre. El que tiene oídos, que oiga". (Mt 13:36-43, énfasis añadido)

En otras palabras, en el mundo hay hijos del reino de los cielos, representados en esta parábola por la buena semilla, y hay hijos del reino de las tinieblas, representados aquí por la cizaña. Cristo, el Hijo del Hombre, siembra la buena semilla en el mundo, pero Satanás se encarga de sembrar cizaña en medio de la buena semilla para obstaculizar la obra de Cristo. Esta porción de las Escrituras generalmente es interpretada solo en el sentido de que Satanás aprovecha cualquier oportunidad para infiltrar la Iglesia y sembrar cizaña en el pueblo de Dios. Sin embargo, aunque eso también es cierto, Cristo explica esta parábola a Sus discípulos y les dice que el campo es el mundo, de manera que, Satanás está trabajando activamente en este mundo que habitamos sembrando y haciendo brotar cizaña (hijos del maligno) con el objetivo de interferir así con la misión de hacer discípulos (hijos del reino de los cielos). No obstante, como mencionamos anteriormente, Dios tiene un propósito al permitir que el trigo y la cizaña crezcan juntos tanto dentro de la Iglesia como en el mundo. Los hijos de la luz y los hijos de las tinieblas frecuentemente cohabitarán con autorización de Dios para llevar a cabo planes que Él no nos ha revelado. Cuando Satanás logra plantar la cizaña en medio de la buena semilla, eso constituye parte de la oposición que él trata de hacer contra la expansión del reino de la luz que continúa replegando al reino de las tinieblas. De hecho, cuando los hijos de las tinieblas conviven con los hijos de la luz, muchos de los que observan desde afuera confunden a unos por otros y aquellos inconversos terminan dando una mala reputación a la fe cristiana y a los hijos de Dios.

Podemos ver parte de este trabajo en un evento narrado en el libro de los Hechos, capítulo ocho. Allí se cuenta que un cierto hombre llamado Simón ejercía la magia entre el pueblo y tenía a mucha gente asombrada por el gran poder que lograba desplegar y todos, desde el menor hasta el mayor, le prestaban atención. De hecho, algunos llegaron a llamarle el gran poder de Dios. Sin embargo, cuando Felipe llegó a Samaria, comenzó a proclamar las buenas nuevas del reino de Dios y el nombre de Cristo Jesús, y muchos terminaron bautizándose; incluso Simón llegó a creer y a bautizarse, estando atónito por las señales y los grandes milagros que se hacían. No obstante, pronto comenzó a dar señales de que ciertamente no era un verdadero converso. El texto de Hechos 8:18 dice que cuando Simón vio que el Espíritu se daba por la imposición de las manos de los apóstoles, les ofreció dinero para él poder hacer lo mismo con todo aquel sobre quien impusiera sus manos. A continuación, la respuesta de Pedro, la cual revela que Simón nunca llegó a creer a pesar de haberse bautizado:

> "Entonces Pedro le contestó: «Que tu plata perezca contigo, porque pensaste que podías obtener el don de Dios con dinero. No tienes parte ni suerte en este asunto, porque tu corazón no es recto delante de Dios. Por tanto, arrepiéntete de esta tu maldad, y ruega al Señor que si es posible se te perdone el intento de tu corazón. Porque veo que estás en hiel de amargura y en cadena de iniquidad»". (Hch 8:20-23)

Lamentablemente, Simón no responde con palabras de arrepentimiento, sino que termina pidiendo que los apóstoles rueguen por él para que no recayeran sobre él ninguna de las palabras que habían sido pronunciadas en su contra: "Pero Simón respondió: «Rueguen ustedes al Señor por mí, para que no me sobrevenga nada de lo que han dicho»" (Hch 8:24).

El lenguaje que Pedro usa no es un lenguaje que un apóstol aplicaría a un creyente, pues habló de un corazón que estaba en hiel de amargura. Esta es una buena ilustración de que en ocasiones cuando la Palabra está siendo predicada hay gente que cree, pero que realmente no ha creído. Por eso Juan advirtió en su primera carta: "Ellos salieron de nosotros, pero en realidad no eran de nosotros, porque si hubieran sido de nosotros, habrían permanecido con nosotros. Pero salieron, a fin de que se manifestara que no todos son de nosotros" (1 Jn 2:19). Asimismo, hay gente que se bautiza que tampoco es creyente.

Asimismo, en la segunda epístola de Pablo a los corintios vemos cómo Satanás parece interferir de alguna manera con el entendimiento de la Palabra de Dios. Observe su manera de proceder en el siguiente texto: "Y si todavía nuestro evangelio está velado, para los que se pierden está velado, en los cuales el dios de este mundo ha cegado el entendimiento de los incrédulos, para que no vean el resplandor del evangelio de la gloria de Cristo, que es la imagen de Dios" (2 Co 4:3-4).

Esto implica que Satanás está activamente obrando a fin de entenebrecer el entendimiento de los hombres para que cuando la Palabra de Dios sea predicada no caiga en un terreno fértil, sino en una mente y un corazón incapaz de ver y comprender la verdad de Dios porque está completamente ciego. Y como hemos mencionado antes, es debido a esta ceguera absoluta que Dios tiene que abrir nuestros ojos y regenerar nuestro corazón para que podamos ver el resplandor de Su evangelio. No sabemos exactamente cómo puede hacerlo, pero Satanás es capaz de interferir con nuestros pensamientos. Esto no significa que puede leer los pensamientos del hombre, pero sí que tiene la habilidad de poner intenciones en la mente del hombre, lo cual veremos un poco más adelante.

SATANÁS Y SU OPOSICIÓN A LA PROCLAMACIÓN DEL EVANGELIO

Aún no hemos visto cómo el mundo de tinieblas hace oposición al mensaje de salvación. Quizás esto no sea tan evidente en nuestros días, pero sí lo es en la narración que encontramos en el libro de los Hechos. Según el relato bíblico, el apóstol Pablo fue comisionado por la iglesia de Antioquía para ir en su primer viaje misionero acompañado de Bernabé, y muy pronto nos encontramos con una oposición de parte del reino de las tinieblas, como se puede apreciar en el siguiente pasaje:

> "Después de haber recorrido toda la isla hasta Pafos, encontraron a cierto mago, un falso profeta judío llamado Barjesús, que estaba con el procónsul Sergio Paulo, hombre inteligente. Este hizo venir a Bernabé y a Saulo, *y deseaba oír la palabra de Dios.* Pero Elimas, el mago, pues así se traduce su nombre, *se les oponía, tratando de desviar de la fe al procónsul.* Entonces Saulo, llamado también Pablo, lleno del Espíritu Santo, fijando la mirada en él, dijo: *«Tú, hijo del diablo, que estás lleno de todo engaño y fraude, enemigo de toda justicia, ¿no cesarás de torcer los caminos rectos del Señor?* Ahora, la mano del Señor está sobre ti; te quedarás ciego y no verás el sol por algún tiempo». Al instante niebla y oscuridad cayeron sobre él, e iba buscando quien lo guiara de la mano. Entonces el procónsul, cuando vio lo que había sucedido, creyó, maravillado de la doctrina del Señor" (Hch 13:6-12, énfasis añadido).

Notemos que el deseo del procónsul era oír la Palabra de Dios; pero la intención de Elimas, el mago, era desviar al procónsul de la fe. Pablo, inspirado por el Espíritu, logró identificar de dónde provenía esta intención y por eso le llama hijo del diablo y pronuncia una maldición sobre él. No pasemos por alto que el versículo nueve dice que Pablo estaba lleno del Espíritu Santo, ya que es imposible librar la batalla espiritual de forma exitosa sin esta llenura. Asimismo, debemos recordar que aunque el apóstol Pablo nos informa en Efesios 6 que nuestra lucha es contra potestades y principados en las regiones celestiales, dicha batalla se libra a través de personas humanas, como podemos ver en el ejemplo anterior.

SATANÁS SE VISTE DE ÁNGEL DE LUZ

Quizás una de las verdades más conocidas es el hecho de que Satanás es capaz de vestirse de ángel de luz; pero frecuentemente olvidamos que la

Palabra también enseña en el mismo pasaje que sus servidores son capaces de hacer exactamente lo mismo, como afirma Pablo en 2 Corintios 11:

> "Porque los tales son falsos apóstoles, obreros fraudulentos, que se disfrazan como apóstoles de Cristo. Y no es de extrañar, pues aun Satanás se disfraza como ángel de luz. Por tanto, no es de sorprender que sus servidores también se disfracen como servidores de justicia, cuyo fin será conforme a sus obras". (2 Co 11:13-15)

A veces leemos pasajes como estos y pensamos que son formas poéticas de expresar ciertas realidades. Pero luego nos encontramos con otros pasajes de las Escrituras que nos dejan ver con claridad que ciertamente Satanás es capaz de encubrirse de la misma manera que lo hizo en el jardín del Edén cuando apareció en forma de serpiente. Prestemos atención al siguiente pasaje, el cual se encuentra unos capítulos más adelante, después del encuentro del apóstol Pablo con el mago Elimas que estaba tratando de evitar que el procónsul pudiera escuchar el evangelio y llegar a creer.

> "Mientras íbamos al lugar de oración, nos salió al encuentro una muchacha esclava que tenía espíritu de adivinación, la cual daba grandes ganancias a sus amos, adivinando. Esta, siguiendo a Pablo y a nosotros, gritaba: «Estos hombres son siervos del Dios Altísimo, quienes les proclaman el camino de salvación». Esto lo hacía por muchos días; pero desagradando esto a Pablo, se volvió y dijo al espíritu: «¡Te ordeno, en el nombre de Jesucristo, que salgas de ella!». Y el espíritu salió en aquel mismo momento». (Hch 16:16-18,)

Parecería que esta joven fue inspirada por Dios para afirmar lo que Pablo decía y contribuir a que la gente pudiera encontrar el camino de la salvación, cuando en realidad ella simplemente estaba tratando de encubrirse para no ser descubierta como un espíritu endemoniado. Ahora bien, esta realidad es fácil de ver cuando solo tenemos que leerla en la narración bíblica, pero las cosas son mucho más complejas cuando nos toca vivir experiencias como esta en el mundo de hoy. Desafortunadamente, muchos se han ido al extremo y terminan viendo un demonio detrás de cada evento natural que ocurre en la vida diaria. Otros se han ido al extremo opuesto y no dejan espacio en el mundo de hoy para que eventos similares pudieran formar parte de la realidad que nos rodea. Mas Dios controla la interacción entre la maldad y el bien, por así decirlo.

LA PREDICACIÓN DE LA PALABRA DESPEJA LA OSCURIDAD

Uno de los eventos más extraordinarios en la narración del libro de los Hechos es la manera como la Palabra de Dios avanza, despejando la oscuridad y abriéndose paso a pesar de la enorme oposición encontrada a lo largo del camino. Una vez más queremos enfatizar el hecho de que la mayoría lee estos textos bíblicos y simplemente los ve como triunfos de la evangelización de la Iglesia primitiva, pasando por alto el hecho de que los eventos narrados representan grandes triunfos de la guerra espiritual en contra del reino de las tinieblas. En Hechos 19, por ejemplo, vemos cómo las prácticas ocultistas comenzaron a desaparecer:

> "También muchos de los que habían creído continuaban viniendo, confesando y declarando las cosas que practicaban. Muchos de los que practicaban la magia, juntando sus libros, los quemaban a la vista de todos. Calcularon su precio y hallaron que llegaba a 50,000 monedas de plata (180 kilogramos). Así crecía poderosamente y prevalecía la palabra del Señor". (Hch. 19:18-20)

Tomemos muy en cuenta que la destrucción de estos libros de magia fue simplemente el resultado de haber creído el evangelio, y al mismo tiempo prestemos mucha atención a que Lucas describe como poderosa la forma en que la Palabra de Dios crecía e incluso hace la anotación de que esta prevalecía, dándonos a entender que lo que ellos estaban viendo con sus ojos era simplemente el triunfo de la fe cristiana y el triunfo del reino de la luz sobre el reino de las tinieblas.

Al inicio del libro de los Hechos, Lucas habla de tres mil nuevos creyentes, luego de cómo la iglesia había crecido hasta contar con cinco mil hombres, pero llegó un momento en que el crecimiento fue tan rápido que Lucas más bien comienza a hablar acerca de la manera en que la Palabra de Dios crecía en medio de oposición. Es como si la Palabra dirigiera el crecimiento de la Iglesia. Entonces, Lucas personifica el crecimiento de la Palabra, y así continúa hasta el final de su libro:

> "Y la palabra de Dios crecía, y el número de los discípulos se multiplicaba en gran manera en Jerusalén, y muchos de los sacerdotes obedecían a la fe". (Hch 6:7)

El avance de la Palabra puede verse ilustrado en el libro de los Hechos en la manera en que la fe cristiana fue penetrando hasta alcanzar las clases sociales más influyentes de la época. Inicialmente, los que comenzaron a creer eran gente campesina, de poca educación, pero Lucas relata que aun los sacerdotes, que representaban una autoridad espiritual en Israel, habían comenzado a creer. Asimismo, Lucas habla de la conversión de Cornelio (Hch 10), que era un centurión romano, y de Lidia, una mujer de dinero, que también creyó el evangelio (Hch 16). De modo que, el evangelio afectó todas las clases sociales, y por primera vez, gente que habitaba en tinieblas vio una gran luz (Mt 4:16).

> "Entretanto la iglesia gozaba de paz por toda Judea, Galilea y Samaria, y era edificada; y andando en el temor del Señor y en la fortaleza del Espíritu Santo, seguía creciendo". (Hch 9:31)

Nunca podemos separar la Gran Comisión de la expansión de la Palabra y de la dirección del Espíritu de Dios, como vemos en el versículo anterior. Entonces, en la guerra espiritual hay una combinación entre la proclamación de la Palabra, el poder de la Palabra y el poder del Espíritu. De hecho, el rol del Espíritu Santo es fundamental en la guerra espiritual:

- Iluminará nuestro entendimiento.
- Nos advertirá de los peligros.
- Aplicará la verdad a nuestros corazones.
- Producirá en nosotros tanto el querer como el hacer.

- Nos dará las palabras para defender el evangelio cuando sea necesario.
- Nos proveerá la gracia en el momento oportuno para enfrentar las amenazas. Esa gracia nos permitirá enfrentar el dolor, el sufrimiento, y la perdida.
- Nos dará el discernimiento necesario para filtrar las enseñanzas erróneas.
- E incluso nos permitirá guardar las buenas nuevas del evangelio sin corromperlo (2 Ti 1:14).

"Pero la palabra del Señor crecía y se multiplicaba" (Hch 12:24, énfasis añadido). Cada vez que una persona cree, él o ella representa una persona más que ha sido invadida por el reino de Dios.

"Así que las iglesias eran confirmadas en la fe, y diariamente crecían en número" (Hch 16:5, énfasis añadido). Más creyentes eran añadidos y más iglesias eran plantadas, ¡diariamente! Este era un avivamiento enorme a través de una iglesia pequeña, perseguida y de pocos recursos. Y así, Satanás seguía perdiendo terreno.

"Así crecía poderosamente y prevalecía la palabra del Señor" (Hch 19:20, énfasis añadido). La Iglesia comenzó a crecer en el primer siglo y ha continuado creciendo a pesar de todas sus debilidades, tropiezos y desaciertos.

"Pablo se quedó por dos años enteros en la habitación que alquilaba, y recibía a todos los que iban a verlo, predicando el reino de Dios y enseñando todo lo concerniente al Señor Jesucristo con toda libertad, sin estorbo" (Hch 28: 30-31, énfasis añadido). El hecho de que Pablo pudo hacer esto por dos años consecutivos sin que fuera estorbado es testimonio de la gracia de Dios, pero al mismo tiempo, también es evidencia de que la fe estaba siendo aceptada cada vez más.

Así pues, podemos ver cómo todo el territorio dominado por el enemigo estaba siendo influenciado, impactado, y cambiado por la predicación de la Palabra. De esto testificó Lutero durante la Reforma cuando dijo que él no hizo nada, sino que la Palabra lo hizo todo.

Entonces, ¿qué es lo que la Gran Comisión está haciendo? Está proclamando el evangelio para que por medio del evangelio las personas lleguen al conocimiento de la verdad, y llegando al conocimiento de la verdad vuelvan en sí y escapen del lazo del diablo que les tenía cautivos (2 Ti 2:25-26). Literalmente, la Palabra de Dios se refiere a los incrédulos como prisioneros del diablo y la proclamación del evangelio es el medio que Dios ha provisto para traer libertad a los cautivos.

LA NECESIDAD DEL ESPÍRITU DE DIOS EN LA GUERRA ESPIRITUAL Y LA GRAN COMISIÓN

Cristo dependió del Espíritu Santo toda su vida, tanto así que no inició su ministerio sin antes ser ungido por Él. El Evangelio de Marcos relata que inmediatamente después de su bautismo, Jesús fue llevado por el Espíritu al desierto para ser tentado, como ya aludimos. Allí libró una batalla espiritual por cuarenta días que concluyó victoriosamente, pero no sin disfrutar la llenura del Espíritu de Dios. Asimismo, recordemos que en Hechos 1:8, Jesús anunció a Sus discípulos que recibirían poder de lo alto y entonces podrían dar inicio a la Gran Comisión. Obviamente, la presencia del Espíritu de Dios era necesaria para todas y cada una de las funciones que los apóstoles estarían realizando al salir a evangelizar, pero de manera especial la necesitarían para ministrar en medio de una guerra espiritual que es continua, aunque no veamos al opositor. De ahí que, Juan escribe a sus seguidores y les recuerda que mayor es el que está en nosotros que el que está en el mundo (1 Jn 4:4), como una manera de afianzar el trabajo que la Iglesia había realizado y que continúa realizando hasta el día de hoy.

En realidad, toda la obra misionera descrita en el libro de los Hechos estuvo a cargo del Espíritu de Dios, tal y como muestra el siguiente texto: "Pasaron por la región de Frigia y Galacia, habiendo sido impedidos por el Espíritu Santo de hablar la palabra en Asia" (Hch 16:6). Y en Efesios 6, que es el texto que más ampliamente habla acerca de la guerra espiritual, se nos anima a orar en todo tiempo en el Espíritu (Ef 6:18). La oración y la dependencia del Espíritu están íntimamente relacionadas. En Hechos 4 encontramos la siguiente narración: "Después que oraron, el lugar donde estaban reunidos tembló, y todos fueron llenos del Espíritu Santo y hablaban la palabra de Dios con valor" (Hch 4:31). Note la conexión entre la oración, la llenura del Espíritu y la habilidad de hablar la Palabra de Dios con valor o con denuedo, como dicen algunas traducciones. Oraron, fueron llenados del Espíritu y luego tuvieron denuedo para predicar la Palabra.

La oración no garantiza el avivamiento, pero el Señor soberanamente decidió que la oración debe preceder al envío de obreros misioneros a la cosecha, como ya hemos visto. Asimismo, la oración no garantiza el avivamiento, pero no podemos tener un avivamiento sin la llenura del Espíritu. Recuerde las palabras de Jesús: "Pues si ustedes siendo malos, saben dar buenas dádivas a sus hijos, ¿cuánto más su Padre celestial dará el Espíritu Santo a los que se lo pidan?" (Lc 11:13). ¿Y cómo lo pedimos? En oración. Y si somos cristianos, ¿implica esto que debemos volver a pedir el Espíritu? ¡Claro que no! Entonces pedimos la llenura del Espíritu.

En Hechos 4:31 leemos acerca de la llenura del Espíritu, como ya vimos, y dos versículos después leemos estas palabras: "Con gran poder los apóstoles daban testimonio de la resurrección del Señor Jesús, y había abundante gracia sobre todos ellos" (Hch 4:33). De nuevo, note la conexión entre:

- la llenura del Espíritu (v. 31);
- el gran poder para testificar acerca de la resurrección del Señor Jesús (v. 33).
- la abundante gracia que estaba sobre todos ellos (v. 33).

La gracia estaba sobre todos ellos. ¡Eso es asombroso! Ellos estaban testificando, a diestra y siniestra, en tiempo y fuera de tiempo; a judíos y a gentiles; a hombres y a mujeres; a personas con recursos y a personas sin ellos. El testificar en el contexto del libro de los Hechos es un sinónimo de evangelismo, sin duda, un evangelismo poderoso que ganaba las batallas espirituales. Craig Keener, en su comentario masivo de 4.000 páginas sobre el libro de Hechos, dice que: "La mayoría de los estudiosos reconocen que la actividad principal del Espíritu enfatizada en Hechos es capacitar a los testigos para su misión".[52] Y luego, él agrega: "El poder aquí está directamente relacionado con la tarea mencionada en Hechos 1:8 específicamente y, por lo tanto, es poder ser testigos entre las naciones.[53]

52. Craig S. Keener, *Acts: An Exegetical Commentary,* Vol. 1 (Grand Rapids: Baker Academic, 2012), p. 689.

53. *Ibid.*, p. 4041.

En la medida en que revisamos el libro de los Hechos, queda claro que la habilidad de ser un buen testigo de Cristo es una obra del Espíritu Santo. Si descuidamos el trabajo del Espíritu, la Gran Comisión se convierte en una misión imposible. Como dice John D. Harvey en su libro *Anointed with the Spirit and Power* [Ungido con el Espíritu y el poder]:

> "La Iglesia cumple su misión solo confiando en el empoderamiento del Espíritu. Los eventos de Hechos 2 nos enseñan que el Espíritu proporciona poder para testificar, trae convicción a través de la Palabra de Dios e incorpora a los nuevos creyentes a la Iglesia como resultado de testificar. Si la misión de la Iglesia es llegar al mundo con el evangelio de Jesucristo, y lo es, el empoderamiento del Espíritu Santo es indispensable para esa misión. No importa la edad de nuestras iglesias. No importa qué tan bueno sea el personal, los programas o las estrategias de nuestra iglesia. Solo si el Espíritu empodera nuestros esfuerzos serán verdaderamente efectivos en lo que realmente importa: transformar vidas para el reino de Dios".[54]

Si removemos el nombre del Espíritu Santo y Su obra del libro de Hechos, no tendríamos un libro porque ese libro en particular es el testimonio del obrar del Espíritu de Dios mientras trabajaba a través de los apóstoles para la gloria de Cristo. Su nombre aparece en el primer capítulo del libro de los Hechos, en el capítulo final y en quince de los capítulos restantes.

Las bajas o las víctimas de la guerra espiritual en el campo misionero han sido muchas y en gran medida debido a la poca dependencia del trabajo del Espíritu. Satanás conoce la diferencia entre un cristiano lleno del Espíritu y uno en quien el Espíritu no está obrando efectivamente. Él también conoce la diferencia entre un cristiano que está orando y uno que está confiando en su propia sabiduría.

En el libro de los Hechos el Espíritu Santo empoderó la predicación (Hch 2); dirigió la evangelización (Hch 8:29; 16:6-8); reveló la

54. John D. Harvey, *Anointed with the Spirit and Power* (Phillipsburg: P & R Publishing, 2008), p. 120.

presencia de un espíritu de adivinación (Hch 16:16-18); reveló hechos ocultos (Hch 5:1-9); capacitó para la defensa de la fe (Hch 6:10); fortaleció la Iglesia (Hch 9:31); capacitó para profetizar (Hch 11:28); envió misioneros al campo (Hch 13:2-4), entre muchas otras cosas. No es por accidente que "la palabra *espíritu* aparece setenta y cinco veces en el libro de los Hechos y cincuenta y cinco de esas veces se refiere a la tercera persona de la Trinidad",[55] dice John D. Harvey, a quien citamos anteriormente. Asimismo, Harvey comenta que: "El Espíritu Santo es el recurso de los apóstoles cuando la Iglesia enfrenta su primera oposición [esto es guerra espiritual], la fuente del primer avivamiento de la Iglesia, la solución al primer problema de la Iglesia, la fortaleza del primer mártir de la Iglesia y el enviador del primer equipo misionero de la Iglesia. Él guía en la toma de decisiones corporativas y coloca a los líderes en posición de autoridad sobre las congregaciones locales".[56]

Por otro lado, el Espíritu Santo que mora en nosotros juega un rol preponderante en mantener la pureza del evangelio. De hecho, el mismo Señor Jesús enseñó acerca del rol del Espíritu Santo en mantener la pureza de su revelación. Es por esto que en Juan 16 leemos lo siguiente: "Pero cuando Él, el Espíritu de verdad venga, los guiará a toda la verdad, porque no hablará por Su propia cuenta, sino que hablará todo lo que oiga, y les hará saber lo que habrá de venir" (Jn 16:13).

A la hora de instruir a Timoteo sobre cómo debe guardar aquello que se le ha encomendado, que no es otra cosa que el evangelio, note la manera en que Pablo exhorta a su discípulo: "Guarda, mediante el Espíritu Santo que habita en nosotros, el tesoro que te ha sido encomendado" (2 Ti 1:14). Pablo le recuerda que se le ha encomendado algo que es considerado como un tesoro. Timoteo captó mejor que nosotros el peso de lo que Pablo estaba diciendo porque estas palabras fueron escritas en un contexto cultural que hoy en día no tenemos. La palabra traducida como encomendado hace referencia a un depósito que necesita ser cuidado. En el primer siglo no había bancos y, por tanto, en ocasiones alguien confiaba en que otra persona, quizás de mejores condiciones económicas, pudiera guardar algo con mayor seguridad para preservarlo de los peligros de robo o de adulteración,

55. *Ibid.*, p. 124.

56. *Ibid.*

según fuera el caso. Ocasionalmente, algunas personas nos han entregado dinero o documentos para guardar en una caja fuerte que tenemos en nuestra casa. A partir de ahí, somos los primeros responsables de que nada le ocurra a eso que se nos ha entregado. De la misma manera, Timoteo había recibido las enseñanzas del evangelio, y Pablo le insta en nombre de Dios a conservar el mensaje tal cual como lo recibió. Pero para tal encomienda, Timoteo necesitaba contar con la participación del Espíritu Santo porque de lo contrario perdería el gran tesoro que le fue confiado.

Cuando Jesús predicó su primer mensaje en una sinagoga, después de ser bautizado por Juan, leyó una porción del libro del profeta Isaías que decía: "El Espíritu de Dios está sobre mí, porque me ha ungido el Señor para traer buenas nuevas a los afligidos" (Is 61:1,). Jesús fue ungido por el Espíritu para enseñar aquello que Su Padre le había encomendado. Si el Espíritu Santo jugó un rol preponderante en la vida del Señor Jesús, Su participación no puede ser menor en nuestras vidas a la hora de llevar a cabo la Gran Comisión.

La predicación del evangelio es guerra espiritual porque representa la disipación de las tinieblas por medio del uso de la luz de la Palabra. Pero debemos tener claro que la efectividad en el evangelismo no depende de nuestras habilidades, sino del trabajo del Espíritu. A menos que el Espíritu convenza de pecado,

- nuestras palabras pueden ser interesantes,
- nuestra oratoria puede ser impresionante,
- nuestras oraciones contundentes,
- nuestras ideas convincentes,
- y nuestra exégesis incuestionable.

Pero si el Espíritu no aplica lo dicho al corazón del oyente, no habrá fruto. "«No por el poder ni por la fuerza, sino por Mi Espíritu», dice el Señor de los ejércitos" (Zac 4:6). La iglesia en ocasiones no ha tenido un programa misionero más eficaz porque muchas veces ha olvidado que la doctrina importa y otras veces ha ignorado la dependencia del Espíritu de Dios.

Satanás siempre ha deseado debilitar o destruir la iglesia porque es la institución a cargo de la más grande ofensiva contra las fuerzas del mal:

la Gran Comisión. Esa misma Iglesia es la columna y sostén de la verdad, como ya apuntamos. Por consiguiente, entendemos que en esta guerra espiritual en la que nos encontramos, Satanás debe tener un especial interés en destruir la Iglesia, su doctrina y su liderazgo, como venimos analizando. La Iglesia es el centro de comando de la guerra espiritual aquí en la tierra y posee las armas más poderosas contra el reino de las tinieblas: la Palabra de Dios y el poder de Su Espíritu. La Palabra es la verdad que destruye el poder de Satanás que está en la mentira y es la luz que destruye y disipa las tinieblas.

Cerramos este capítulo con las siguientes enseñanzas:

- La obra del Espíritu Santo es más importante que cualquier otra cosa que nosotros podamos hacer. La predicación, aun expositiva, carece de poder sin la unción del Espíritu.
- El Espíritu obra la salvación y la santificación por medio de la Palabra de Dios, pero la Palabra de Dios no obra sin la acción del Espíritu. Donde está Su Palabra, está Su Espíritu y donde está Su Espíritu, está Su Palabra. Él fue quien inspiró la Palabra.
- La predicación efectiva depende más de la preparación del mensajero que de la preparación del mensaje. El mensaje lo preparara el mensajero; al mensajero lo prepara Dios.
- La verdad de Dios es más cortante que cualquier espada de dos filos, pero sin la obra del Espíritu es como un hombre común y corriente con un bisturí en la mano, listo para hacer una cirugía de corazón abierto.
- La evangelización siempre tendrá oposición. Nosotros sembramos el trigo; Dios sacará la cizaña.
- Finalmente, un creyente o una iglesia sin la llenura del Espíritu serán derrotados una y otra vez.

CONCLUSIÓN

HASTA QUE RUJA EL LEÓN DE JUDÁ

Entonces uno de los ancianos me dijo: "No llores; mira, el León de la tribu de Judá, la Raíz de David, ha vencido para abrir el libro y sus siete sellos" (Ap 5:5).

La narración bíblica inicia con la descripción de la creación del universo por parte de Dios, incluyendo la creación de la primera pareja de seres humanos, hechos a Su imagen y semejanza, a quienes Dios dio la responsabilidad de crecer, multiplicarse y dominar la tierra bajo Su señorío. Lamentablemente, poco tiempo después, "la serpiente antigua que se llama Diablo y Satanás, el cual engaña al mundo entero" (Ap 12:9) sedujo a Adán y Eva y los llevó a una rebelión en contra de Su Creador con una simple estrategia de guerra: le cambió la verdad de Dios por la mentira. Con una aparente sencillez, Satanás extendió la guerra espiritual desde los cielos hasta la tierra. Inmediatamente después, Dios anunció el fin de la guerra:

> "Y el Señor Dios dijo a la serpiente:
> «Por cuanto has hecho esto,
> Maldita serás más que todos los animales,
> Y más que todas las bestias del campo.
> Sobre tu vientre andarás,
> Y polvo comerás
> Todos los días de tu vida.
> Pondré enemistad
> Entre tú y la mujer,
> Y entre tu simiente y su simiente;
> Él te herirá en la cabeza,
> Y tú lo herirás en el talón»". (Gn 3:14-15)

Con estas palabras, Dios anunció el final de la guerra espiritual, aunque tomaría tiempo para ver el triunfo. Llegado el momento, la simiente de la mujer (Cristo) heriría mortalmente a Satanás, representado por la serpiente, hasta que posteriormente llegara el momento de encerrarla permanentemente en el lago de fuego (Ap 20:10) junto con todos aquellos que se había rebelado en contra del reinado del cordero de Dios (Ap 19:20; 20:14-15). A lo largo de la narración bíblica, vamos quedando con la impresión de que Satanás ha ido ganando la batalla y que Dios simplemente va teniendo pequeñas victorias en momentos puntuales. Decimos esto porque al leer los acontecimientos bíblicos y aún la historia secular, quedamos con la idea de que la maldad triunfa y de que el mundo progresa en medio de una oscuridad que se hace cada vez más densa. Sin embargo, Dios revela de forma muy clara que Él es quien controla los eventos de la humanidad quitando reyes y poniendo reyes (Dn 2:21) y providencialmente ordenando los eventos de toda la historia para hacerlos cooperar a favor de Sus propósitos. La historia secular se desarrolló de manera paralela a la historia del pueblo hebreo desde que Dios llamó a Abraham. Y en "la plenitud del tiempo, Dios envió a Su Hijo, nacido de mujer, nacido bajo la ley, a fin de que redimiera a los que estaban bajo la ley, para que recibiéramos la adopción de hijos" (Gá 4:4-5). La plenitud del tiempo hace referencia a la culminación de los eventos orquestados por Dios para que Su Hijo hiciera entrada al mundo. En ese momento, Roma gobernaba sobre Israel... la historia secular y la historia del pueblo de Dios se entrecruzaron de tal manera que Su Hijo llegara para cambiar el curso de ambas historias de manera permanente como hemos visto hasta el día de hoy. La batalla espiritual que inició en la tierra con la rebelión de Adán y Eva continuó su avance hasta que llegó el momento cuando el Hijo de Dios murió en un madero para resucitar al tercer día. Ese fin de semana representó el anuncio del triunfo del Cordero de Dios y el León de la tribu de Judá. Jesús murió como un cordero por el perdón de nuestros pecados y rugió como un león cuando dejó la tumba vacía. La mentira fue el instrumento de engaño, pero el pecado y la muerte fueron los instrumentos de derrota para toda la humanidad. En el Calvario, Cristo triunfó sobre el pecado, muriendo sin pecado a favor de aquellos que habrían de recibir redención. Y al dejar la tumba vacía, triunfó sobre la muerte. De ahí las palabras del apóstol Pablo:

> "Pero cuando esto corruptible se haya vestido de incorrupción, y esto mortal se haya vestido de inmortalidad, entonces se cumplirá la palabra que está escrita: «Devorada ha sido la muerte en victoria. ¿Dónde está, oh muerte, tu victoria? ¿Dónde, oh sepulcro, tu aguijón?». El aguijón de la muerte es el pecado, y el poder del pecado es la ley; pero a Dios gracias, que nos da la victoria por medio de nuestro Señor Jesucristo". (1 Co 15:53-57)

El día que Jesús murió algo mas ocurrió con implicaciones monumentales en contra del reino de las tinieblas: "Y habiendo despojado a los poderes y autoridades, hizo de ellos un espectáculo público, triunfando sobre ellos por medio de Él" (Col 2:15). Satanás fue desarmado. Su poder de intimidación le fue arrebatado: el pecado del redimido tendría perdón y su muerte terrenal no sería el punto final de la historia. Nuestra muerte representa "nuestra ceremonia de graduación en la tierra" para "ejercer" la vida eterna en la presencia y en dependencia absoluta de Dios.

Este capítulo inicia con una cita del libro de Apocalipsis (5:5) donde se nos habla del triunfo del León de la tribu de Judá. Prestemos atención a los detalles de esa narración ampliada:

> "En la mano derecha de Aquel que estaba sentado en el trono vi un libro escrito por dentro y por fuera, sellado con siete sellos. Vi también a un ángel poderoso que anunciaba a gran voz: «¿Quién es digno de abrir el libro y de desatar sus sellos?». Y nadie, ni en el cielo ni en la tierra ni debajo de la tierra, podía abrir el libro ni mirar su contenido. Yo lloraba mucho, porque nadie había sido hallado digno de abrir el libro ni de mirar su contenido". (Ap 5:1-4)

Lo que estaba en el interior del rollo ha sido debatido por grandes académicos. Algunos entienden que posiblemente el rollo contenía el plan de Dios a través de la historia de la humanidad. Otros piensan que podía representar las promesas de Dios y el cumplimiento de estas. Otros piensan que quizás el rollo contenía la descripción de los eventos finales con el triunfo de Cristo. En 4:1, a Juan se le dice que se le mostrará lo que ha de acontecer. De manera que quizás Juan estaba llorando porque si nadie era digno de abrir el rollo, entonces ni las promesas de Dios podrán ser cumplidas, ni habría triunfo de Dios sobre el mal, ni él podría conocer el contenido del rollo; o quizás una combinación de estas verdades. El rollo cerrado y sin nadie para abrirlo representaba la derrota de Dios y la pérdida permanente de las promesas del pueblo de Dios, lo cual es una imposibilidad. En ese momento a Juan le faltaba más revelación. Todavía otros piensan que quizás el rollo representaba una especie de título de propiedad de la tierra, la cual le pertenece a Dios. Tanto en Egipto como en Grecia y Roma, existieron rollos de papiros cerrados con sellos (diferentes en números), que solo podían ser abiertos por la persona autorizada o la persona con autoridad para tal acción.[57]

En la visión, las cosas comienzan a cambiar en la mente de Juan a partir del versículo 5 cuando él escuchó las siguientes palabras: "Entonces, uno de los ancianos me dijo: «No llores; mira, el León de la tribu de Judá, la Raíz de David, ha vencido para abrir el libro y sus siete sellos»". Para Juan esto representaba el rugir del León de Judá; pero en realidad ese hecho ocurrió el día que Jesús resucitó y abandonó la tumba triunfando sobre la muerte… el último enemigo del hombre. Alguien con autoridad se había levantado en la visión para caminar y tomar de la mano de Dios Padre el rollo de la revelación. Mientras el Padre permanecía "pasivo" sentado en Su trono. Este solo hecho representaba la infinita autoridad del Cordero inmolado que tuvo la osadía para tomar de la mano del Padre el rollo que nadie era digno de abrir.

Hay una batalla de cierre que representa el juicio de Dios contra Satanás y todo Aquel que se ha resistido al señorío de Cristo. Esto es como Juan relató el cierre de la historia redentora:

> "Y la bestia [representativa de la figura del anticristo] fue apresada, junto con el falso profeta que hacía señales en su presencia, con las cuales engañaba [la mentira siempre ha sido el arma de Satanás] a los que habían recibido la marca de la bestia y a los que adoraban su imagen. Los dos fueron arrojados vivos al lago de fuego que arde con azufre" (Ap 19:20)

57. Grant R. Osborne, *Revelation* (Grand Rapids: Baker Academic, 2029), pp. 248-50.

> "Y el diablo que los engañaba fue arrojado al lago de fuego y azufre, donde también están la bestia y el falso profeta. Y serán atormentados día y noche por los siglos de los siglos". (Ap 20:10)

Juan describe además el juicio ante el trono blanco (Ap 20:11-15) como parte del cierre final y nos dice: "Y el que no se encontraba inscrito en el libro de la vida fue arrojado al lago de fuego" (20:15).

Por ahora seguimos batallando en medio de una intensa lucha contra Satanás, el mundo y el mismo pecado que aún reside en nosotros. Pero no pierdas la esperanza; el triunfo del León de Judá ha sido anunciado desde Génesis 3:15 y su triunfo es nuestro triunfo. Veremos el día, no muy lejano en el calendario de Dios, cuando, "... al nombre de Jesús se doble toda rodilla de los que están en el cielo, y en la tierra, y debajo de la tierra, y toda lengua confiese que Jesucristo es Señor, para gloria de Dios Padre" (Fil 2:10-11).

Luchamos temporalmente, pero celebraremos libremente por toda la eternidad en presencia de nuestro Dios Trino: "Entonces oí una gran voz que decía desde el trono: «El tabernáculo de Dios está entre los hombres, y Él habitará entre ellos y ellos serán Su pueblo, y Dios mismo estará entre ellos. Él enjugará toda lágrima de sus ojos, y ya no habrá muerte, ni habrá más duelo, ni clamor, ni dolor, porque las primeras cosas han pasado»" (Ap 21:3-4). Hay un final; un final de triunfo y habrá un comienzo sin fin en un mejor jardín que el Edén, con un mejor reposo y mejores garantías. No mas posibilidad de pecar y no mas posibilidad de rebelión.

Nuestra confianza no descansa en la educación, ni en la ciencia, ni en los gobiernos, ni en ninguna persona o institución humana. Permanezcamos firmes porque nuestra confianza y esperanza está en Aquel que reveló todas estas cosas y que se identificó así mismo diciendo:

"«Yo soy el Alfa y la Omega», dice el Señor Dios, «... el que es y que era y que ha de venir, el Todopoderoso»" (Ap 1:8). Él dijo a Juan: "«No temas, Yo soy el Primero y el Último, y el que vive, y estuve muerto. Pero ahora estoy vivo por los siglos de los siglos, y tengo las llaves de la muerte y del Hades»" (Ap 1:17-18). A nosotros solo nos queda decir:

> "Amén. Ven, Señor Jesús". (Ap 22:20)

Coalición por el Evangelio es un grupo de pastores, iglesias, y líderes comprometidos con la centralidad del evangelio para toda la vida y el ministerio. Logramos este propósito mediante diversas iniciativas, incluyendo nuestra página web, eventos, y publicaciones. Además, hemos unido esfuerzos con diferentes casas editoriales para producir recursos que enfocan nuestra fe en Jesucristo, y moldean nuestras prácticas conforme a las Escrituras.

Cuando un libro lleva el logotipo de Coalición por el Evangelio, usted puede confiar que fue escrito, editado, y publicado con el firme propósito de exaltar la verdad de Dios y el mensaje del evangelio.

TGC COALICIÓN POR EL EVANGELIO

www.coalicionporelevangelio.org

www.ingramcontent.com/pod-product-compliance
Lightning Source LLC
LaVergne TN
LVHW030927050225
802935LV00008B/83